Natascha Frankenberg
Queere Zeitlichkeiten in dokumentarischen Filmen

Film

Natascha Frankenberg ist wissenschaftliche Mitarbeiterin am Institut für Medienwissenschaft der Ruhr-Universität Bochum. Ihre Forschungsschwerpunkte sind Queere Zeitlichkeit, Dokumentarfilm sowie Konzepte und Ansätze der queer-feministischen Film- und Medienwissenschaft. Sie war Kollegiatin am »Helene Lange Kolleg Queer Studies und Intermedialität: Kunst – Musik – Medienkultur« der Carl von Ossietzky Universität Oldenburg. Für das Internationale Frauen* Film Fest Dortmund+Köln kuratiert sie die Sektion »begehrt!«.

Natascha Frankenberg

Queere Zeitlichkeiten in dokumentarischen Filmen

Untersuchungen an der Schnittstelle von Filmwissenschaft und Queer Studies

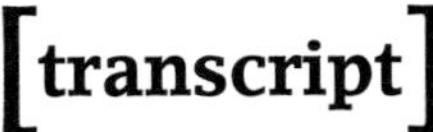

Die erste Fassung der vorliegenden Publikation ist 2018 von der Fakultät für Philologie an der Ruhr-Universität Bochum als Dissertation angenommen worden.
Gutachterinnen: Prof. Dr. Eva Warth, Prof. Dr. Barbara Paul
Datum der Disputation: 20.12.2018

Diese Publikation wurde im Rahmen des Fördervorhabens 16TOA002 mit Mitteln des Bundesministeriums für Bildung und Forschung im Open Access bereitgestellt.

Bibliografische Information der Deutschen Nationalbibliothek
Die Deutsche Nationalbibliothek verzeichnet diese Publikation in der Deutschen Nationalbibliografie; detaillierte bibliografische Daten sind im Internet über http://dnb.d-nb.de abrufbar.

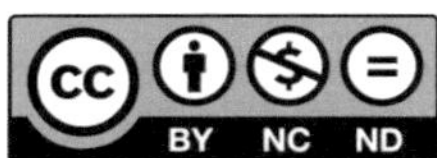

transcript Verlag | Hermannstraße 26 | D-33602 Bielefeld | live@transcript-verlag.de

Umschlaggestaltung: Kordula Röckenhaus, Bielefeld
Umschlagabbildung: Joey Carducci, basierend auf Material des Films GENERATIONS (USA 2010, R.: Joey Carducci / Barbara Hammer)
Lektorat: Ulf Heidel
Druck: Majuskel Medienproduktion GmbH, Wetzlar
Print-ISBN 978-3-8376-5676-3
PDF-ISBN 978-3-8394-5676-7
EPUB-ISBN 978-3-7328-5676-3
https://doi.org/10.14361/9783839456767
Buchreihen-ISSN: 2702-9247
Buchreihen-eISSN: 2703-0466

Gedruckt auf alterungsbeständigem Papier mit chlorfrei gebleichtem Zellstoff.
Besuchen Sie uns im Internet: *https://www.transcript-verlag.de*
Unsere aktuelle Vorschau finden Sie unter *www.transcript-verlag.de/vorschau-download*

Inhalt

Für:
die Schwärmerei, das Begehren,
die Traurigkeit und die Angst

1. Einleitung

1.1 Zeitstörungen

2007 konstatiert Elizabeth Freeman im Themenheft »Queer Temporalities« der Zeitschrift *GLQ – Journal for Gay and Lesbian Studies* einen *turn towards time* in den Queer Studies (Dinshaw et al. 2007, 177). Queerness, so schreibt Freeman in der Einleitung zum Heft, werde in normativen Zeitordnungen zu einem Phänomen von Asynchronität (Freeman 2007, 159). In Bezug auf normative Zeitlichkeit lässt sich Queerness mit ihr also als eine Zeitstörung denken. Queere Zeitlichkeit ist in Momenten des Aufbrechens der normativen gesellschaftlichen Taktungen, ihrer Historiografie oder biografischen Entwürfe zu finden.

Ein Schwerpunkt der Diskussion von Zeitlichkeit in den Queer Studies ist die Auseinandersetzung mit gesellschaftspolitischen wie sozialen, normativen Aspekten von Zeit, die auch über Narrative tradiert werden. Im Zentrum dieser Diskussion steht die Kritik an ebendiesen normativen Aspekten von Zeit, die Begehren, Geschlechterkonstruktionen und Sexualitäten vereinfachen. Zugleich geht es um eine Suche nach Zeitlichkeit jenseits heteronormativer Strukturen und machtvoller Besetzungen. Die Themen, die in der hier interessierenden Diskussion der Queer Studies auftauchen, reichen von Möglichkeiten, Räume und Zeiten jenseits der Normativität zeitlicher Zuweisungen aufzuzeigen oder selbst zu erschaffen (vgl. Halberstam 2005) oder in jene normativen Strukturen zu intervenieren (vgl. Edelman 2004). Sie reichen von Fragen nach Homonormativität und identitätspolitischer wie queerer Historiografie (vgl. Freeman 2010) über Relektüren von Bewegungsgeschichte (vgl. Love 2007) zu Resignifikationen von Archiven (vgl. Cvetkovich 2003) und Kollektivität bis hin zur Suche nach Figurationen von Zeitlichkeit in Bezug auf Utopien und Handlungsmacht (vgl. Muñoz 2009). Zentraler Ausgangspunkt ist die Zeiterfahrung des gewaltvollen und tödlichen gesellschaftlichen Ausschlusses während der AIDS-Pandemie in den USA und die Frage nach der Möglichkeit, queere Erfahrung in Form einer queeren Historiografie zu bewahren. Dabei sollen individuelle Erfahrungen in kollektiven Erzählungen nicht verengt werden und Differenzen sichtbar bleiben.

In der Hinwendung zu Zeitlichkeit in den Queer Studies wird eine Figur zentral, die auch für identitätspolitische Bewegungen wichtig war und ist: das Kollektiv. Es wird quer durch die Zeit aufgerufen und gesucht. Das Kollektiv wird zur Figur, die sich im Kontext von Sexualität und Begehren als Erinnerung – nicht nur des Vergangenen, sondern ebenso des Zukünftigen und Möglichen – zeigt. Die Idee eines Kollektivs ist in den Ansätzen zur Zeitlichkeit eine Figuration, die sich der Erzählung eines in der Zeit andauernden linearen Fortschritts, einer identitätspolitischen Fortschrittserzählung verwehrt und stattdessen Gegenwart, Vergangenheit und Zukunft immer wieder durchkreuzt. Auch Bewegungsgeschichte wird zu einem Gegenstand der Diskussion um Queere Zeitlichkeit, weil sie in normativen Zeitkonzepten, z.B. linear abgeschlossener Historiografie entworfen wird.

Der Begriff der Bewegungsgeschichte_n wird nun im Kontext dieser Arbeit als ein spezifisch queerer filmischer Begriff gefasst. Wie werden im Medium Film über die zeitlichen Strukturen Aushandlungen von Konstruktionen einer Idee von Kollektivität betrieben? Wie reflektieren die Filme zudem Prozesse des Geschichte-Schreibens als mediale Prozesse? Wo machen sie die Lücken zwischen Narrativen und Historiografie in Bezug auf identitätspolitische Setzungen produktiv? Wo wird damit Bewegungsgeschichte, wo werden Bewegungsgeschichten zu Bewegungsgeschichte_n, die diese Lücke zwischen Erzählungen und immer unabdingbar unvollständiger Geschichtsschreibung offen hält?

Während die vorliegende Arbeit die Diskussionen zu Zeit und Zeitlichkeiten in den Queer Studies und in der feministischen Filmtheorie zum Ausgangspunkt nimmt, stellt sie diesen anhand von Dokumentarfilmanalysen die Praxis zur Seite, in der Bewegungsgeschichte_n im Namen eines Kollektivs erzählt, Sichtbarkeit und Repräsentationen geschaffen werden. Die ausgewählten queeren Dokumentarfilme reflektieren nicht nur Kollektivität, sondern auch Differenzen von Erfahrung in Bezug auf Sexualität, Begehren und Geschlecht. Die Kollektive, die sie aufrufen, bestehen aus vielen Einzelnen, so zum Beispiel aus Personen, die als *talking heads* in den Filmen auftauchen und eine gemeinsame Geschichte entwerfen. Sie bestehen zudem aus persönlichen, medialen, kollektivierten Erinnerungen, aus Vergessenem, Fundstücken, Aufzeichnungen von Demonstrationen, Nacherzählungen von Vergangenheit und auch aus einer aktiven Neuschreibung von nicht-existenter Filmgeschichte.

Bisher sind vor allem Spiel- und Experimentalfilme in Bezug auf Queere Zeitlichkeit in den Blick genommen worden. In der vorliegenden Arbeit soll ein Schwerpunkt auf lesbisches dokumentarisches Kino gelegt werden. Gerade da die Fragen nach Zeitlichkeit zunächst einmal sehr stark mit der Erfahrung der AIDS-Pandemie in den USA verbunden sind, möchte ich untersuchen, wie lesbische Filme – auch über die filminhärenten Auseinandersetzungen mit dem Dokumentarischen – eigene Konzepte zu Zeitlichkeit entwerfen. Zudem wird über den Schwerpunkt auf dokumentarische Arbeiten die Überschneidung der Hinwendung zu Queerer Zeitlichkeit zu einem *archival turn* in den Queer Studies relevant gemacht: Wie verhandeln die Filme selbst den Status des Dokumentarischen in Bezug auf Bewegungsgeschichte_n als ihren Beitrag zu einem queeren Archiv?

1.2 Queer Cinema Studies und Zeitlichkeit

In normativen Zeitstrukturen werden wirkmächtige Vorstellungen von Geschlecht und Begehren festgeschrieben. Es ist zu fragen, ob sich dies in Bezug auf filmische Narrative in kulturell dominanten Formen wie chronologischen, linearen Erzählweisen und geschlossenen, affektorientierten Handlungen zeigt und mit welchen (ästhetischen und spezifisch medialen) Verfahren die Filme selbst arbeiten, um Bedeutung zu produzieren oder auch zu stören. In Bezug auf kollektivierende Erzählungen queerer Bewegungen ist zu schauen, wie Fixierungen in Filmen über bestimmte Zeitstrukturen hergestellt werden, ob sie in der Wiederholung – auch filmischer Formen – Bedeutung erlangen, und zudem, was in Wiederholungen in der Zeit als Möglichkeitsraum, als Utopie, als Intervention erscheint. Welche Narrative von Identitäten, Sexualitäten und Begehren tradieren sich zeitbasiert über Film? Wo ist Film, aber auch Kino (zeitliche) Intervention in heteronormative Strukturen? Mit welchen formalen und narrativen Strategien gehen Normierungen einher, mit welchen werden sie durchbrochen? Welche Kollektive lassen die Filme erscheinen und wie verorten sie diese in Bezug auf Gegenwart, Vergangenheit und Zukunft?

Queere Studien, die sich mit den normativen und queeren Aspekten von Zeitordnungen, Verkörperungen von Zeit oder auch Historiografie auseinandersetzen, wählen immer wieder Filme zum Gegenstand ihrer Analysen.

Bisher ist eine Hinwendung zu der Frage, welche Beiträge dokumentarische Filme selbst dabei auf medialer Ebene zu einer Diskussion von Queerer Zeitlichkeit beitragen, ausgeblieben.

Queere Zeitlichkeit in ihrer filmwissenschaftlichen Relevanz finde ich insbesondere in den Ansätzen von Elizabeth Freeman (2010) und Chris Tedjaskumana (2014) fokussiert. Chris Tedjasukmana entwirft eine affektive Geschichtsschreibung auf der Basis der Erfahrung der Rezeption von Film. Elizabeth Freeman schaut sich Zeitlichkeiten, Rhythmen und Taktungen des Films an – sehr spezifisch auch in Bezug auf Klasse – und verbindet Filmgeschichte mit Fragen nach Zeitordnungen und Normalisierung. Freeman arbeitet intersektional auch mit lesbischen Positionen und konzentriert sich dabei stark auf experimentelle filmische Arbeiten. Tedjasukmana verbindet das queere Kino mit weiteren spezifischen historischen – etwa der Zeit nach 1968 – Erfahrungen und der Filmform. Mein eigener Ansatz nimmt ein dokumentarisches queeres Kino in den Blick, dass primär an Erfahrungen von Lesbischsein gebunden ist. Dabei begreife ich die Filme als Beiträge zur Diskussion um Queere Zeitlichkeiten und möchte zeigen, wie sie diese medienspezifisch filmisch führen. Meine These ist, dass die Auseinandersetzung mit Zeitlichkeit in den Queer Studies nicht nur über den Gegenstand Film konturiert ist, sondern dass sich spezifisch medial im Film angelegte Ideen von Zeitlichkeit hier einschreiben und die Diskussion mitbestimmen.

Über eine Fokussierung auf die – den Studien der Queer Studies bereits inhärenten – Filmanalysen und die folgende Schwerpunktverschiebung auf die Auseinandersetzung mit Zeitlichkeit im Medium selbst, soll mit der Arbeit ein Ansatz der Queer Cinema Studies unter dem Aspekt von Zeitlichkeit isoliert werden. Dieser Ansatz, so meine These, ist in den Theorien selbst bereits angelegt, aber bisher nicht dezidiert herausgearbeitet worden. Anhand einiger Filmanalysen, die bereits Teil der Auseinandersetzung um (queere) Zeitlichkeit sind, wird deutlich, dass sich Filme als Gegenstände insbesondere für die Diskussion der Ordnungsstruktur Zeit eignen. Dabei ist es wichtig zu berücksichtigen, dass es sich in diesem Kontext bei der Ordnungsstruktur Zeit um eine Form medialer Zeitlichkeit handelt. Inwieweit auch die Auseinandersetzung mit Zeitlichkeit in den Queer Studies bereits auf medial bestimmten Konzepten – genauer noch filmischen Entwürfen – von Zeitlichkeit basiert, werde ich untersuchen.

Ein Ziel der vorliegenden Arbeit ist es daher, über die untersuchten dokumentarischen filmischen Positionen zu Zeitlichkeit die Diskussionen zur Zeitlichkeit in den Queer Studies als Positionen der Queer Cinema Studies zu schärfen. Die zentralen Fragestellungen sind dabei: Was tragen dokumentarische Filme als medial spezifische Arbeiten zu einer Auseinandersetzung über die Normativität von Zeitordnungen bei? Welche Rolle nehmen dokumentarische Filme hier in der Konstruktion solcher Zeitordnungen ein und wie werden sie produktiv in Bezug auf ein Verständnis von Zeit, Biografien, Bewegungsgeschichte? Und wie bereichern queere Perspektivierungen filmischer Zeitlichkeiten filmwissenschaftliche Theoriebildungen zur Zeitlichkeit?

Als zeitbasiertes Medium macht Film Ordnungsprinzipien von Zeit nicht nur sichtbar, er bringt sie auch mit hervor und ist von ihnen determiniert. Eine Perspektive auf Film in Bezug auf Zeitlichkeiten einzunehmen, kann heißen, sich mit dem Material von Filmen, mit der Struktur oder auch mit den Motiven auseinanderzusetzen, die Ideen von Zeit und Zeitlichkeit in sich tragen oder weitertragen. All diese Ebenen und Elemente von Film bieten die Möglichkeit der Analyse zeitlicher Logiken und ihrer Effekte. Im Kontext dieser Arbeit kommt zudem noch die Frage der Produktivität queerer Filmgeschichte_n als Bewegungsgeschichte_n und ihrer zeitlichen Logiken hinzu.

Filmische Aushandlungen ergänzen dabei aus einer filmwissenschaftlichen Perspektive die Aushandlungen in den theoretischen Texten. Damit mache ich auch einen filmwissenschaftlichen Ansatz stark, der davon ausgeht, dass in und mit Filmen selbst Theorie verhandelt, aber auch hergestellt wird. So werden mediale Bedingungen von Zeitordnungen in Bezug auf Queerness im Medium selbst reflektiert und verändert. Dies geht über Fragen nach Figurenkonstellationen und Narrationen hinaus und findet sich im Film auch in Reflexionen, welche die normativen Aspekte von Zeitlichkeit, Konstruktionsebenen von Filmgeschichte als Bewegungsgeschichte_n und die Zeitlichkeit(en) von Materialität betreffen. Film als zeitlich basiertes Medium stellt Vorstellungen von Zeitordnungen mit her, macht sie aber auch befragbar.

Die Arbeit trifft die Feststellung, dass Fragen nach Zeitlichkeit in Bezug auf Normativität und Queerness auch im Medium Film verhandelt werden und dort auf einer medialen Ebene stattfinden. Die Filme werden in diesem Sinne auch als Positionen und Beiträge zu einer Auseinandersetzung mit Zeitlichkeit begriffen. Um zu verdeutlichen, dass es sich auch um eine Weiterführung bereits existierender Diskussionen handelt, die ein Nachdenken über normative wie queere Zeitlichkeit darstellen, werden aktuelleren Filmen immer wieder frühere Filme zur Seite gestellt, an die die Verfahren der neueren Filme anschließbar sind. Damit verwehre ich mich methodisch mit der Arbeit selbst auch gegen eine strikt lineare Lesart von Filmgeschichte. Meine Auseinandersetzung ist über die Filme als mediale Auseinandersetzung anschließbar an die Konzepte der Queer Studies, beschreibt aber kein neues Phänomen, sondern einen fortlaufenden Prozess der Arbeit an den und in den medialen Strukturen.

1.3 Filmauswahl

Seit 2010 kuratiere und konzipiere ich für das Frauen* Film Fest Dortmund+Köln (bis 2021 Internationales Frauenfilmfestival Dortmund|Köln) die queere Sektion: *begehrt!*. Mit dem Anfang meiner Arbeit dort sind mir in den ersten beiden Ausgaben 2010 und 2012 aktuelle Arbeiten queerer/lesbischer Filmemacher*innen begegnet, die im Medium lesbische Filmgeschichte über unterschiedliche filmische Verfahren und auf verschiedenen Ebenen thematisiert haben. Gleichzeitig mit der Entstehung ihrer Arbeiten, entstand auch das Buch *Time Binds, Queer Temporalities, Queer Histories* von Elizabeth Freeman (2010), in dem sie die Diskussion um Queere Zeitlichkeit mit queerer Historiografie und einer Geschichte des Films verbindet. Auch bei ihr wird Film zu einem zentralen Gegenstand ihrer Theorie der Chrononormativität, einer zeitlich bestimmten Normativität, die sich mit Freeman in Körper einschreibt (vgl. ebd, 3).

Die Fragen, die die Auseinandersetzung mit Zeitlichkeit in den Queer Studies behandeln, Fragen nach Historiografie, Archiven, Verkörperungen, normativer und queerer Zeitstrukturen sehe ich auch in den Filmen reflektiert. In ihnen findet die Auseinandersetzung auf medialer Ebene statt. Sie machen deutlich, dass im Medium Film, als zeitbasiertem Medium, Zeitstrukturen entworfen werden. Dies beschränkt sich nicht ausschließlich auf die Narration, sondern findet sich auch in Motiven wieder, die im Film aufgegriffen werden, in Entwürfen von Filmgeschichte und in den, dem Film zugrunde liegenden, Materialitäten. Die drei Filme, die mir in den ersten Jahren der Festivalarbeit auffielen, waren Filme von bereits für ein queeres oder lesbisches Kino bekannten Filmemacher*innen, von Gréta Ólafsdóttir und Susan Muska, Cheryl Dunye, Barbara Hammer und Joey Carducci. Gréta Ólafsdóttir und Susan Muska nutzen in ihrem Film EDIE AND THEA: A VERY LONG ENGAGEMENT (USA 2009) Motive von Ehe und Tod als tradierte filmische Motive, um damit eine lesbische Partnerschaft im Medium an Politiken von Anerkennung anzuschließen, Cheryl Dunyes dokumentarischer Beitrag zu Queerer Zeitlichkeit THE OWLS (USA 2010) ist eine ästhetische Reflektion von Filmgeschichte, Barbara Hammer und Joey Carducci begeben sich in GENERATIONS

(USA 2010) zu den Anfängen einer Filmgeschichte. Dies tun sie mit einem Besuch kurz vor der Schließung des Vergnügungsparks *Astroland* auf Coney Island und in der experimentellen Auseinandersetzung mit den Grundlagen des filmischen Materials.

Die Systematisierung der Arbeit folgt den Beiträgen zu Queerer Zeitlichkeit, die ich in den drei Filmen isoliert habe. Es sind die Motive Tod und Ehe, die Auseinandersetzung mit Filmgeschichte_n und die Zeitlichkeit der Materialität, die hier diskutiert werden. Die drei Aspekte binde ich auch immer an frühere Dokumentarfilme anderer Autor*innen zurück, um nicht selbst eine linear geschlossene Filmgeschichte zu entwerfen, wie es in den Queer Studies und auch im Laufe dieser Arbeit problematisiert wird. Damit ziehe ich Verbindungen zu einer Filmgeschichte, ohne diese allerdings abschließend zu entwerfen. Allen Arbeiten gemeinsam ist, dass sie sich nicht nur mit Effekten von normativer Zeitlichkeit und Queerer Zeitlichkeit im Film beschäftigen, sie alle sind zudem anschließbar an Fragen nach dem Verhältnis des Mediums Film zum Tod als einem auch zeitlichen Verhältnis, das den Film bereits seit seinen Anfängen begleitet (vgl. Mulvey 2006).

1.4 Queerness

Es gibt nicht eine Definition von *queer* oder *Queerness*, die Begriffe sind bewusst unbestimmt und sowohl in aktivistischen wie in akademischen Zusammenhängen geprägt und verändert. Ein Kennzeichen ist ihre strukturelle Offenheit.

Queer wird in der vorliegenden Arbeit daher auch als ein theoretisches/aktivistisches Konzept weitergetragen und soll mit der vorliegenden Untersuchung in seiner Relevanz für filmwissenschaftliche Diskussionen weiter gestärkt werden. Damit bedarf es auch einer eigenen Klärung und Reflexion der Begriffsverwendung.

Ich möchte der Arbeit ein Verständnis von queer zugrunde legen, das Fragen nach bzw. Kritik an Heteronormativität zum Ausgangspunkt nimmt, dabei aber nicht festschreibt, was Queerness sein kann. Hiermit schließe ich an Annemarie Jagoses Beschreibung von queer an, die sie historisch herleitet und in Bezug auf eine wissenschaftliche Auseinandersetzung als Konsequenz poststrukturalistischer Konzepte beschreibt:

> »Sicher gibt es keine allgemein akzeptierte Definition von queer. Tatsächlich bestehen zwischen einzelnen Auffassungen des Begriffs unauflösliche Widersprüche. Dennoch erweisen sich für bisherige Vorstellungen von Identität, Community und Politik die Veränderungen durch queer dort am beunruhigendsten, wo der normative Zusammenschluß von anatomischem Geschlecht, sozialem Geschlecht und Sexualität kritisiert wurde. Das ist genau für diejenigen Versionen von Identität, Community und Politik von zentraler Bedeutung, die scheinbar ›natürlich‹ aus diesem Zusammenschluß hervorgehen. Indem es sich weigert, eine feste Form anzunehmen, hält queer eine Beziehung aufrecht zum Widerstand gegen alles, was das Normale auszeichnet« (Jagose 2005, 127f.).

Die Weigerung, »eine feste Form anzunehmen«, kann auch in Bezug auf zeitliche Bestimmungen als immer wieder flüchtig und vorübergehend gelesen werden.

Als eine Kritik an der identitätskritischen Perspektive von queer klingt bei Jagose kurz nach dem oben genannten Zitat im Text der Einwand an, dass gerade identitätspolitische Positionen von Gemeinschaften, die auf Rassismuserfahrung und Ausschluss reagieren, in einem solchen Konzept von Queerness möglicherweise unberücksichtigt bleiben.

Gegen diese Ausschlüsse hat José Esteban Muñoz mit seinem Konzept von Queerness an die Theorie Ernst Blochs angeschlossen und queer selbst zu einem zeitlichen Moment gemacht. Er antwortet damit auch auf Konzepte der Queer Studies, die sich gegen (identitäts-)politische Logiken wenden, da sie diese als heteronormativ bestimmt ausmachen. Sein Buch *Cruising Utopia* beginnt mit der bekannten Formulierung: »QUEERNESS IS NOT yet here. Queerness is an ideality. Put another way, we are not yet queer […]« (Muñoz 2009, 1, Herv. i. O.). Wenig später führt er sein Verständnis von Queerness weiter aus:

> »Queerness is that thing that lets us feel that this world is not enough, that indeed something is missing. Often we can glimpse the worlds proposed and promised by queerness in the realm of the aesthetic. The aesthetic, especially the queer aesthetic, frequently contains blueprints and schemata of a forward-dawning futurity« (ebd.).

Seine Idee von Queerness vereint bereits die Frage nach Zeitlichkeit – Queerness wird an eine Idee des Möglichen gebunden und zu einem Versprechen – mit der unbedingten Betonung der Relevanz ästhetischer Aushandlungen.

Das heißt, vor allem über künstlerische, aber auch popkulturelle Arbeiten ist eine Aushandlung von Queerness möglich. Mit der vorliegenden Arbeit möchte ich solche Aushandlungen im Medium des (Dokumentar-)Films weiterverfolgen.

1.5 Struktur

Die Untersuchung teilt sich in vier Teile. Unter dem Titel »Zeit und Zeitlichkeit in den Queer Studies« werden zunächst grundlegende Beiträge aus den Queer Studies zur Frage nach Zeit und Zeitlichkeiten vorgestellt, die unter dem Stichwort eines *turn towards temporalities* oder *turn towards time* gefasst werden. Zeitlichkeit gerät hier sowohl in Form von Geschichtsschreibung(en) und ihren normativen Setzungen in den Blick als auch in Form einer Ordnungsstruktur, die in Bezug auf biografische Konzepte oder auch Verkörperungen produktiv ist. Zeit und Zeitlichkeit finden sich auch als Figurationen von Zukunft und Vergangenheit, die in Bezug auf eine Bedeutungsproduktion etwa in identitätspolitischen Bewegungen untersucht werden. Die vorgestellten Positionen werden nach dem Aspekt einer *(Un-)Möglichkeit queerer Zeitlichkeit* differenziert. Die normativen und queeren Aspekte von Zeitlichkeit werden dabei als Einstieg in die Diskussion gewählt. Des Weiteren werde ich verschiedene Perspektiven auf queere Historiografie herausarbeiten und die Idee eines queeren Archivs vorstellen. Ann Cvetkovich hat herausgearbeitet, dass gerade queere Dokumentarfilme das Potential eines queeren Archivs haben, da sie so unterschiedliche Aspekte, Materialitäten, Blicke, Geschichten, Gefühle bewahren könnten (vgl. Cvetkovich 2002, Cvetkovich 2003).

Schließlich stelle ich über den Begriff der Bewegungsgeschichte_n die Frage nach der medialen Verfasstheit der Diskussion, die dann im Folgenden hin zu Queer Cinema Studies unter dem Aspekt von Zeitlichkeit zusammengeführt wird.

Fragen nach Machtverhältnissen sind auch in der Filmwissenschaft bereits über eine Reflexion der Ordnungsstruktur Zeit anhand des Mediums Film gestellt worden. Wie in Kapitel 3 gezeigt wird, findet sich Zeit in filmwissenschaftlichen Theorien als Phänomen in einer ähnlichen Vielfalt wie in den Diskussionen zur Zeitlichkeit in den Queer Studies. Hier werden Zeitkonzepte herausgearbeitet, die der Film als Medium selbst hervorbringt. Sie zeigen sich in narratologischen Fragestellungen, in der Montage und in Phantasien und Versprechen, die Film als Medium etwa in Bezug auf ein Bewahren, einer Erinnerung, eines Moments in der Zeit, einer Begegnung, über den Tod hinaus oder auch die Möglichkeit des Rückgriffs auf eine zeitlich fixierte Vergangenheit in sich trägt. Auch in der Systematisierung der filmwissenschaftlichen Beiträge zur hier geführten Diskussion verfolge ich deren Beschäftigung mit normativen Zeitlichkeiten. Aspekte von filmischer Historiografie werden vor allem in Bezug auf dokumentarische Formen diskutiert. Ergänzt wird dies zudem um Überlegungen zur Materialität, da diese in den Filmen selbst eine zentrale Rolle in Bezug auf Zeitlichkeit einnehmen.

In Kapitel 4 werden einige Filmanalysen, die bereits Teil der Auseinandersetzung mit Zeitlichkeit in den Queer Studies sind, zusammengeführt. So beginnt J. Jack Halberstam seine Überlegungen mit den beiden Filmen, die um die Ermordung Brandon Teenas, THE BRANDON TEENA STORY (USA 1998, R.: Susan Muska/Gréta Ólafsdóttir) und BOYS DON´T CRY (USA 1999, R.: Kimberly Peirce) entstanden sind und arbeitet an ihnen spezifische Zeitlichkeiten heraus. Auch das Kino Todd Haynes wird immer wieder auch in Bezug auf die AIDS-Pandemie in den Blick genommen. An den Filmanalysen zeigt sich die Relevanz der Verbindung des Gegenstands Film zur Argumentation der Auseinandersetzungen mit Zeitlichkeit in den Queer Studies. Analysen von Filmen begleiten dort die Diskussion über Queerness und Zeitlichkeit und eignen sich zur Verdeutlichung machtvoller Zeitstrukturen. Die Filme ermöglichen es, das Ordnungssystem Zeit zu untersuchen. Die Filmanalysen begreife ich als einen Ausgangspunkt zur These, dass die Diskussion als eine Diskussion der Queer Cinema Studies gefasst werden kann. Damit möchte ich die Relevanz für queere Fragestellungen in der Filmwissenschaft weiter betonen. Die queeren Analysen verdeutlichen durch die Fokussierung auf Zeitlichkeit am Gegenstand Film, dass queere Ansätze die Fragen nach Machtverhältnissen im zeitbasierten Medium über binäre Zuschreibungen hinaus erweitern und bereichern.

Schließlich werden dann in Kapitel 5, dem Hauptteil der Arbeit, queere Dokumentarfilme und ihre Positionen zur Zeitlichkeit näher betrachtet. In diesen Filmen verbinden sich Fragen nach der Zeit als Ordnungsprinzip mit Fragen nach Entwürfen einer queeren Historiografie im Medium Film und medialen Normalisierungsbewegungen. Zeit taucht hier auch in Form von Filmgeschichte und ihren Kategorisierungen auf. Sie wird medial umgearbeitet oder auch produktiv gemacht, d.h. Zeit als Ordnungsstruktur wird in den Filmen selbst umgearbeitet und bezüglich normativer Setzungen hinterfragt.

Die Analyse dieser filmischen Auseinandersetzungen mit Zeitlichkeit ist in drei Unterkapitel thematisch gegliedert. Sie beschäftigen sich mit dem Umgang mit normativer Zeitlichkeit, der Thematisierung von Historiografie als Filmgeschichte und Bewegungsgeschichte_n und schließlich der Reflexion von Zeitlichkeit ausgehend von der Materialität des Mediums.

Ich beginne in Kapitel 5.1 »Ehe und Tod als zeitliche Strukturen im Film« mit zwei Filmen, die über das Motiv des Sterbens, aber auch über das Motiv der Ehe zeitliche Strukturierungen im Film als (hetero-)normative Strukturen sichtbar machen und sie gleichzeitig umschreiben. Beide Filme verdeutlichen die Wirkmächtigkeit der normativen Struktur, die über den Film produktiv wird. EDIE AND THEA: A VERY LONG ENGAGEMENT (USA 2009, R.: Susan Muska/Gréta Ólafsdóttir) ist ein Porträt des Frauenpaares Edie Windsor und Thea Spyer. Von der gesetzlichen Möglichkeit einer gleichgeschlechtlichen Eheschließung in den USA zur Zeit der Entstehung des Film ausgeschlossen, wollen die beiden Frauen heiraten und finden dafür schließlich eine Lösung in Kanada. Sie sind zur Zeit der Dreharbeiten bereits einige Jahrzehnte ein Paar, die Dringlichkeit einer Eheschließung ergibt sich für sie daraus, dass der an Multiple Sklerose erkrankten Thea Spyer nur noch eine begrenzte Lebensdauer attestiert worden ist. Der Film stellt das Paar in eigenen medialen Entwürfen dar, die auch als Aushandlungen von medialen Zeitlichkeiten lesbar sind.

Wie der Umgang mit dem Medium nicht nur ein Überdauern nach dem Tod und Bedeutung versprechen soll, sondern auch schon im Prozess des Filmemachens zu einer Form des (Über-)Lebens vor dem Hintergrund gesellschaftlicher Isolation wird, wird mit dem Film SILVERLAKE LIFE: THE VIEW FROM HERE (USA 1993, R.: Tom Joslin/Peter Friedman) deutlich. Hier werden die zeitlichen Möglichkeiten und Entwürfe des Films aufgerufen und verändert. Der Film bildet im Korpus dieser Arbeit eine Ausnahme, da er der einzige Film ist, der von einem schwulen Paar in der AIDS-Pandemie erzählt. Da gerade die Gewalt des gesellschaftlichen Umgangs mit der AIDS-Pandemie in den USA die Auseinandersetzung mit Zeitlichkeit in den Queer Studies initiiert, stellt dieser Film eine Verbindung zu dieser Ausgangsfrage her. Er bildet dabei aber nicht das Andere zu den lesbischen Dokumentarfilmen, sondern interessiert mich in Bezug auf Überschneidungen darin.

Im Kapitel 5.2 »Die Produktivität von Filmgeschichten« widme ich mich einer Filmgeschichte, die als queere Filmgeschichte im Medium selbst entworfen wird. Wie betreiben queere Filme selbst Historiografie und wie verorten sie dabei die filmischen Gattungszuschreibungen von Dokumentarfilm und Spielfilm in ihrer jeweiligen Produktivität? Hier wird die Verortung von Geschichte als Filmgeschichte deutlich. Die untersuchten Filme arbeiten stark an den zeitlichen Logiken des Dokumentarischen in Bezug auf eine Spielfilmgeschichte und weichen gleichzeitig die grundlegenden Gattungskategorien im Kontext einer queeren Historiografie, die sie im Medium betreiben, auf. Filmgeschichte und queere Bewegungsgeschichte wird als miteinander verwoben lesbar und im Medium selbst untrennbar als Bewegungsgeschichte_n ausgestellt und angepasst. Mit THE OWLS (USA 2010, R.: Cheryl Dunye/Parliament Collective) und HIDE AND SEEK (USA 1996, R.: Su Friedrich) ist es eine lesbische Filmgeschichte, die in Bezug auf Effekte einer medialen Konstruktion von Begehren und geschlechtlich markierten Anrufungen reflektiert wird. Dabei erforscht und reflektiert der Film aus dem Jahr 2010 gewaltvolle Entwürfe lesbischer Figuren der 60er Jahr als ästhetisches Erbe zeitgenössischer Entwürfe von lesbischen Filmen. Der frühere Film setzt sich ebenfalls mit Fragen gewaltvoller normativer medialer Entwürfe als Rahmen lesbischen Begehrens auseinander.

Schließlich schaue ich mir im letzten Analysekapitel 5.3 »Materialitäten« die spezifisch medialen Zeitlichkeiten anhand des Materials von Film an, wobei Fragen nach analogen und digitalen Arbeiten in den Fokus rücken. Hier stehen Filme von Barbara Hammer im Mittelpunkt. Gemeinsam mit Joey Carducci realisiert sie mit GENERATIONS (USA 2010) ein Projekt, das Alter, Generationenzugehörigkeit und eine Geschichte des Kinos miteinander verwebt. Die beiden interessieren sich für die Unterscheidung von analogem und digitalem Material und setzen diese Unterscheidung in Beziehung zum Prozess ihrer gemeinsamen intergenerationalen Arbeit als Filmemacher*innen. Eine Geschichte des Kinos schreibt sich über die Materialität und über das Motiv des Freizeitparks in den Film ein.

Am Ende des Kapitels gehe ich anhand von frühen Arbeiten Hammers ihrer *politics of abstraction* als zeitlich verfasstem Konzept weiter nach. Während sie sich filmisch in den neueren Arbeiten stark den materiellen Bedingungen von Film auseinandersetzt, ist es ihr zunächst ein Anliegen, lesbische Erfahrung gegen eine patriarchal bestimmte Filmästhetik wiederum im Film selbst zu thematisieren. Sie beginnt also das Projekt einer eigenen Filmgeschichte. Auch hier arbeitet sie stark gegen lineare Narrative. Dabei rücken Inszenierungen von Körpern und Sexualität in den Vordergrund.

Im Fazit führe ich die Ergebnisse aus den Analysen zusammen. Hier soll auch noch einmal die Verbindung filmwissenschaftlicher Ansätze über das Motiv der Zeitlichkeit zu den Ansätzen aus den Queer Studies resümiert werden. Die Auseinandersetzung, wie sie in dieser Studie systematisiert wird, zeigt sich dann als eine Auseinandersetzung von Queer Cinema Studies unter dem Aspekt von Zeitlichkeit.

2. Die Auseinandersetzung mit Zeitlichkeit in den Queer Studies

2.1 Verkörperungen und Historiografie

Schon Judith Butlers Theorie der Performativität von Geschlecht (1991) lässt Geschlechtsidentität zu einem zeitlich bestimmten Phänomen werden. Geschlecht, so stellt sie heraus, ist nichts Vorkulturelles, denn Geschlecht als binäres Konstrukt von männlich/weiblich wird erst in tradierten Strukturen angenommen. Geschlechtsidentität basiert also auf einem zeitlichen Moment, das nicht stabil ist, vielmehr muss Geschlecht immer wieder aufgeführt und bestätigt werden und läuft gleichzeitig permanent Gefahr, die eigene Konstruktion offenzulegen, die Wiederholung zu verfehlen und zu scheitern (vgl. Butler 1997, 176f.).

Butler beschreibt das zeitliche Moment der Geschlechtsidentität als eine Form der Inszenierung wie folgt:

> »In welchem Sinne ist die Geschlechtsidentität ein ›Akt‹? Ähnlich wie andere rituelle gesellschaftliche Inszenierungen erfordert auch das Drama der Geschlechtsidentität eine *wiederholte* Darbietung. Diese Wiederholung ist eine Re-Inszenierung und ein Wieder-Erleben eines bereits gesellschaftlich etablierten Bedeutungskomplexes – und zugleich die mundane ritualisierte Form seiner Legitimation. Obgleich es die individuellen Körper sind, die diese Bezeichnung in Szene setzen, indem sie zu kulturell erzeugten Formen der Geschlechtsidentität *(gendered modes)* stilisiert werden, ist diese ›Handlung‹ öffentlich: Sie hat eine zeitliche und kollektive Dimension, und ihr öffentlicher Charakter ist kein Zufall.« (Butler 1991, 206, Herv. i. O.)

Zeit ist bei Butler also bereits als Ordnungsprinzip relevant. Ihr zufolge sind Geschlechtsidentitäten und -zuweisungen keine ontologischen Gegebenheiten, sondern werden gesellschaftlich und historisch bedingt, über die Zeit hergestellt, aufgeführt. Das zentrale Moment ist bei Butler die Wiederholung. Damit macht sie binäre Geschlechterkonstruktionen zum Gegenstand poststrukturalistischer Ansätze, die ontologische Setzungen dekonstruieren und die Kontingenz von Entwicklungen betonen.

In den folgenden Diskussionen, die ich als Auseinandersetzung mit Zeitlichkeit in den Queer Studies zusammenfasse, wird Zeitlichkeit als normatives Ordnungssystem zentral. Das heißt, es findet eine Auseinandersetzung mit Momenten von Bedeutungsproduktion in Bezug auf Verkörperungen und Begehren statt, die auf zeitlichen Konstruktionen und Phänomenen beruht. In den Fokus rücken dabei neben den Aspekten von zeitlich verfassten Verkörperungen und Subjektivierungen auch Fragen nach normativer und queerer Historiografie. Die Diskussionen, die verschiedenste Formen von Zeit und Zeitlichkeiten zu Fragen der Queer Studies machen, befassen sich mit Phänomenen von Normativitäten, die von Zeitordnungen getragen werden, sowie mit Fragen nach Historizität und ihren zeitlichen Bedingungen.[1] Es sind Fragestellungen, die sich mit der Wirkmächtigkeit von Zeit in gesellschaftspoli-

---

1 Die Diskussionen zur Zeitlichkeit, die ich untersuchen werde, basieren vor allem auf Konzepten und Überlegungen US-amerikanischer Theoretiker*innen. Sie sind geprägt von gesellschaftspolitischen Ereignissen, realpolitischen Entscheidungen, Kunst, Popkultur und Alltäglichem in den USA. Die Texte, die ich für einen Überblick zur Zeitlichkeit in den Queer Studies zusammentrage, sind also nicht ausschließlich, aber doch zu einem großen Teil US-amerikanisch verortet. Auch wenn die Frage nach Zeit in den Queer Studies zunächst eine allgemeine Frage zu sein scheint, so ist sie somit doch maßgeblich über den Ort (im Schwerpunkt die USA) und die Zeit (im Schwerpunkt seit Beginn der 2000er Jahre) bestimmt. Wissenschaftler*innen aus anderen Ländern und Kontinenten haben die Debatten aufgegriffen und ergänzt. Es bleibt allerdings, da auch der Begriff queer aus US-amerikanischen Kontexten und aktivistischen Bündnis-Politiken hervorgegangen ist, eng gebunden an eben diesen Ort. Auch die Konzepte der Zeitlichkeit, die in den Queer Studies als normative Formationen untersucht werden, gehen hervor aus einem nicht globalen, sondern nordamerikanisch-europäischen, postkolonial geprägten Zeitverständnis. Auch eine (post-)industrielle Organisation von Arbeit, Konstruktionen von Nation und darin als sinnvoll erscheinende Konstruktionen von Identität bestimmen den Rahmen des Sprechens über Zeit. Diese Zeitkonzepte werden in den Queer Studies in Bezug auf die Machtverhältnisse, die sie hervorrufen und stabilisieren, untersucht, etwa in Hinblick auf die diesen Konzepten eingeschriebenen rassistischen Implikationen und heteronormativen Prinzipien der Strukturierung und Subjektentwürfe. Meine Analysen, mein Blick sind nicht in den USA verortet, können also Gefahr laufen, ethnographisch zu sein oder aber eine Nähe vorauszusetzen, die nicht weiter begründet wird. Es muss also berücksichtigt werden, dass in den Theorien zur Zeitlichkeit in den Queer Studies auch spezifische

tischen Narrativen und Anforderungen in Bezug auch auf die Konstruktion von Identitäten oder Zuschreibungen beschäftigen.

Die Frage nach solchen normativen, aber auch queeren Aspekten von Geschichtsschreibungen wird zu einer Zeit relevant, in der die Erfahrung der 1980er und 90er Jahren mit der AIDS-Pandemie in den USA zu einem historischen Phänomen wird und damit auch eine Reflexion der Geschichte und des Status quo queerer Bewegungspolitiken in den USA ansteht. Aber auch die Erfahrung einer veränderten Zeitordnung ist eine Grundlage für die Auseinandersetzungen mit Zeitlichkeit. Diese Erfahrung einer veränderten Zeitordnung resultiert ebenfalls aus der AIDS-Pandemie. Die Konfrontation mit dem massenhaften Sterben und der damit verbundene Topos einer abgebrochenen Zukunft sind hier geknüpft an gesellschaftliche Ausgrenzung und Isolation. Diese Erfahrung von Zeit ist damit eng gebunden an Zuschreibungen nach sexuellen Identitäten.

Was ich unter dem Stichwort Auseinandersetzung mit Zeitlichkeit in den Queer Studies fasse, ist keine klar eingrenzbare Diskussion, die sich nur mit einem ganz bestimmten Aspekt von Zeitlichkeit auseinandersetzt oder mit ontologischen Fragen zur Zeit. Vielmehr sind es sehr diverse Fragestellungen und Zeitkonzepte, die hier zusammenkommen. Dies wird schon 2007 in der bereits erwähnten *Roundtable*-Diskussion mit dem Titel *Theorizing Queer Temporalities: A Roundtable Discussion* deutlich, in deren Rahmen Elizabeth Freeman gemeinsam mit acht weiteren Theoretiker*innen,[2] die sich in ihrer Arbeit mit Fragen nach Zeitlichkeiten auseinandersetzen, über ihren *turn towards time* spricht (Dinshaw et al. 2007).

In der Diskussion selbst, ordnen sich die Diskutant*innen dieser Hinwendung zur Zeit mit ihren unterschiedlichen Konzepten zu, aber sie beschreiben dabei kein Metakonzept oder eine umfassende Idee von Zeit. Im Gespräch wird stattdessen deutlich, dass sie sowohl Fragen nach den Möglichkeiten von Geschichtsschreibung, als auch Fragen nach Politiken oder Verkörperungen, die auf zeitlichen Logiken basieren, stellen und für ihre jeweiligen Ansätze auf sehr unterschiedliche Zeitkonzepte zurückgreifen. So sind es bei Lee Edelman psychoanalytische Zeitkonzepte, ausgehend von der Figur des Todestriebs in

---

Auseinandersetzungen mit Dekonstruktionen und Konzepten von Nation stattfinden und diese die Fragen zur Zeitlichkeit mitbestimmen.

2 Dies sind: Carolyn Dinshaw, Lee Edelman, Roderick A. Ferguson, Carla Freccero, J. Jack Halberstam, Annamarie Jagose, Christopher Nealon und Hoang Tan Nguyen.

psychoanalytischer Theorie (vgl. ebd., 181) oder bei Roderick A. Ferguson Konzepte der Philosophie, etwa Benjamins Geschichte der Zeit oder auch Derridas Zeitbegriff (vgl. ebd., 180). Im Verlauf der Diskussion wird außerdem herausgearbeitet, darauf weist Annemarie Jagose hin, dass die Konzepte von Zeit und Geschichte sehr abstrakte Konzepte sind. In Bezug auf eine Queere Zeitlichkeit fragt sie zudem, wie Konzepte, die sich gegen Linearität, chronologische Erzählformen und auf Zukunft ausgerichtete Politiken wenden und bereits eine Tradition außerhalb der Queer Studies haben, hier anschließbar sein können (vgl. ebd., 186f.).

Sind solche Formen und Theorien bereits mit Queerness zu beschreiben? Die Diskutant*innen stellen sich die Frage, was die Hinwendung zu Fragen nach Zeit und Zeitlichkeiten befragbar macht. Die Beschäftigung mit Zeit und Zeitlichkeit ist eine Möglichkeit, diese als Ordnungsprinzipien zu begreifen und strukturelle Fragen nach Machtverhältnissen zu stellen. Zeitordnungen in ihren unterschiedlichen Figurationen, als Historiografie, als Taktungen, reproduktive Logiken oder narrative Konventionen wie Linearität, werden auf ihre Normativität in Bezug auf Geschlechterkonstruktionen und Begehren in den Blick genommen.

Die Auseinandersetzung mit Zeitlichkeit ist, wie bereits skizziert, an sehr unterschiedliche Theorien und Konzepte gebunden. So finden sich wichtige theoretische Grundlagen etwa in Konzepten der Biopolitik (vgl. Freeman 2010; Luciano 2007), in Konzepten der Psychoanalyse (Edelman 2004; Bersani 2010) oder auch in marxistisch geprägten Ansätzen (Halberstam 2005; Muñoz 2009). Das bringt die Schwierigkeit einer Systematisierung mit sich, da nicht alle Positionen von den gleichen Ansätzen oder theoretischen Rahmungen ausgehen. Vielmehr erscheint die Hinwendung zur Zeitlichkeit in den Queer Studies als eine Fokusverschiebung, die zu (Re-)Lektüren sehr unterschiedlicher Ansätze und Theorien führt und über die Fragen danach gestellt werden können, welche Zeitkonzepte diesen zugrunde liegen oder durch sie überhaupt sinnhaft erscheinen. Erst eine solche Fokusverschiebung erlaubt es also, Gegenstände unter dem Aspekt ihrer zeitlichen Konstitution zu untersuchen und gleichzeitig Werkzeuge und Methoden auf ihre eigenen zeitlichen Logiken hin zu befragen. Welche zeitlichen Konzepte bringt etwa die Psychoanalyse in akademische Auseinandersetzungen ein? In welcher Form wird Zeitlichkeit in marxistische Ansätze eingebunden? Es gibt in den queeren Ansätzen zur Zeitlichkeit den Bereich der Erinnerungen, der Archive und Historiografie und es gibt den Bereich aktueller Verkörperungen und Anforderungen, der Fragen nach der zeitlichen Strukturierung und den biopolitischen/gouvernementalen Implikationen einer Jetztzeit, die zu körperlichen Einschreibungen oder psychischen/physischen Affektbindungen werden, aufwirft.

Was könnte Queerness in Bezug auf Zeitlichkeit sein? Elizabeth Freemans Zusammenführung der unterschiedlichen Positionen versucht diese Annäherung über die Idee der »*relationality*« (2010, 188). Sie fragt, ob nicht allen Positionen gemein ist, neue Formen von Bezüglichkeit zu denken.

> »The rubric of time at least seems to offer the possibility of unmaking the forms of relationality we think we know. Implicit in much of this is Foucault's suggestion that homosexuality is a way of inaugurating, creating, proliferating, shifting social relations. In this sense, might homosexuality (let's call it queerness) itself be a form of future-making, of re-creating the social, though perversely enough, not in the name of the future?« (ebd.)

In den Fokus rückt hier die Zeitlichkeit als eine Form, soziale Beziehungen zu strukturieren. Das Gespräch mit Foucault, *Von der Freundschaft als Lebensweise* (Foucault 1984), auf das Freeman im obigen Zitat verweist, ist immer wieder zentral in den Beiträgen zu queerer Zeitlichkeit. Foucault betont darin die historisch kontingente Entwicklung der Idee von Homosexualität und spricht sich dafür aus, Formen von (sexuellen) Beziehungen eben nicht mit Bedeutungen zu füllen, sondern über eine Leere zu kennzeichnen und gerade dadurch zu erweitern.

Die Betonung der Relationalität, die Elizabeth Freeman bei allen ihren Mitdiskutand*innen herausstellt, bezieht sich auch auf die in der Diskussion thematisierten Konstruktionen von *communities*. Bei der Mediävistin Carolin Dinshaw ist es zum Beispiel die Frage nach der Möglichkeit, »*communities across time*« zu bilden, sie spricht in Bezug auf die eigene historische Arbeit außerdem von der Idee eines »*touching across time*« (Dinshaw et al. 2007, 178).[3] In der Auseinandersetzungen mit Zeitlichkeit ist auch die Frage der Konstruktion von *communities* und ihren Normativitäten enthalten. Diese Konstruktionen von *communities* werden in der vorliegenden Arbeit als Fragen nach Bewegungsgeschichte_n aufgenommen.

Die Hinwendung zum Thema der Zeitlichkeit in den Queer Studies hängt eng mit weiteren Schwerpunktverschiebungen der Forschungsrichtung, et-

3 Für Dinshaw als Mediävistin umfasst die Auseinandersetzung mit der Normativität von Geschichtsschreibung auch eine methodische Frage danach, was Queerness in der eigenen Arbeit sein kann.

wa mit dem sogenannten *affective turn* zusammen, hier kommt es in zentralen Texten zu Überschneidungen. So fragt Ann Cvetkovich (2003) nach einem Archiv der Gefühle, Dana Luciano (2007) untersucht Trauer als ein zeitliches Phänomen und Lauren Berlant (2011) und Sara Ahmed (2010) fokussieren Glück und Optimismus als auch zeitlich bestimmte Phänomene und Anforderungen. Viele dieser Arbeiten untersuchen affektive Phänomene auch unter zeitlichen Aspekten. Sie interessieren sich im weitesten Sinne also auch für Formen von Verkörperungen oder psychische/körperliche Reaktionen in gesellschaftspolitischen Verhältnissen. Oder, noch einmal anders gefasst, für die affektiven Bedingungen für historische Formen von Verkörperungen, die über zeitliche Strukturen bestimmt sind.

Eine weitere Überschneidung findet sich zwischen queerer Zeitlichkeit und Positionen eines *archival turn*, der sich auch bereits in den von den Queer Studies aufgeworfenen Fragen zur Zeitlichkeit in Bezug auf einen Rückgriff auf die Vergangenheit, abzeichnet. Hier geht es auch um Perspektiven auf Historiografie, insbesondere mit dem Fokus auf den normativen Aspekt von Archiven und die Suche danach, was ein queeres Archiv auszeichnen könnte. Beschreibt ein queeres Archiv eine Struktur des Archivs oder beschreibt es die Dinge, die darin aufbewahrt werden und auf nicht-heterosexuelle Biografien verweisen? Im Hinblick auf queere Geschichte werden dabei auch affektive Ereignisse und Dinge genannt, aber auch materielle Gegenstände und immaterielle Konfigurationen sowie flüchtige Phänomene und die Frage nach der Möglichkeit ihrer Bewahrung oder ihres Zugriffs in Archiven.

Was macht die Hinwendung zur Zeitlichkeit damit beschreibbar? Es sind gesellschaftspolitische Verläufe, die in ihrer zeitlichen Struktur, als Taktung, als Linearität auftauchen und zu befragbaren Phänomenen werden. Wenn Zeit als eine bedeutungsgebende Struktur begriffen wird, die festsetzt, wie Geschichte erzählt wird, stellen sich sowohl Fragen nach sozialen/gesellschaftlichen/politischen Taktungen und ihren Effekten als auch nach den Grundlagen von Bedeutungsproduktion, nach den zeitlichen Bedingungen, unter denen etwa Identitätspositionen bedeutungsvoll aufgeladen werden.

Nicht nur die Möglichkeit, Geschichten als queere Geschichte und Lebensverläufe zu bewahren, ist Gegenstand der hier untersuchten Auseinandersetzung, auch die Frage danach, was im Zugriff auf und in Deutungen von Vergangenheit passiert, wird diskutiert. Hier wird eine medienwissenschaftliche Perspektive interessant: Wie kann eine mediale Auseinandersetzung mit der Vergangenheit stattfinden, die diese nicht in teleologischen Narrativen linear verengt und abschließend mit Bedeutung versieht? Unter welchen medialen

Voraussetzungen findet Geschichte statt? Zunächst soll in diesem Kapitel die Auseinandersetzung der Queer Studies mit Zeitlichkeit kurz skizziert werden, bevor dann der Fokus hin zu Überschneidungen mit filmwissenschaftlichen Ansätzen, beginnend mit dem nächsten Kapitel, verschoben wird. Wie stark ist die Auseinandersetzung mit Zeitlichkeit in den Queer Studies auch über Zeitordnungen geprägt, die über Film selbst produktiv sind oder hier sogar erst hergestellt werden?

2.2 Die (Un-)Möglichkeit queerer Zeitlichkeit

Für einen konkreten Einstieg in eine detaillierte Darstellung unterschiedlicher Ansätze zu queerer Zeitlichkeit eignet sich zunächst J. Jack Halberstams *In a Queer Time and Place* (2005), wobei Halberstam von der Möglichkeit einer *queer temporality* ausgeht und diese auch durch Beispiele untermauert. Davon, dass es eine – wie auch immer geartete – Queere Zeitlichkeit geben könnte, gehen nicht alle Beiträge zur Frage der Zeitlichkeit in den Queer Studies aus, die im Folgenden referiert werden. So geht es in anderen Beiträgen zu dieser Thematik um die Analyse normativer Zeitlichkeiten, die Suche nach subversiven Momenten hierin und Fragen nach gesellschaftlich produktiven Figurationen von Zeit, etwa in Bezug auf Zukunft und Vergangenheit. In einem zweiten Schritt stelle ich die beiden Positionen vor, die die Diskussion um Fragen nach Zeitlichkeit in den Queer Studies in Gang gesetzt haben, nämlich Lee Edelmans Absage queerer Politiken, die an Leo Bersanis Besetzung der Figur der Negativität anschließt. Beide haben gegen Möglichkeiten queerer Positionen in heteronormativen Kontexten argumentiert und aufgezeigt, wie diese Normativität über zeitliche Logiken stabilisiert wird. Zum Abschluss dieses Unterkapitels stelle ich dann mit José Esteban Muñoz eine nach Halberstam zweite Gegenposition hierzu vor, die auch Queerness gleich zu einem zeitlichen Moment werden lässt.

In J. Jack Halberstam 2005 erschienenem Buch *In a Queer Time and Place* wird die Möglichkeit Queerer Zeitlichkeit zentral. Als Queere Zeitlichkeit versteht Halberstam dabei solche Zeitlichkeit, die sich normativen Zeitstrukturen entgegensetzen, also zeitlichen Logiken, die auf Reproduktion, Altersangemessenheit oder Langlebigkeit basieren: Reproduktion als Formen von Verkörperungen kollektiver Logiken, die sich zum Beispiel in binären Geschlechtervorstellungen, aber auch in der Institution der Familie und ihrer Zeitlichkeit zeigen, vermeintliche Altersangemessenheit als Erfordernis sozial akzeptierter Verhaltensweisen und Langlebigkeit als Ideal für Beziehungen, aber auch Biografien (vgl. Halberstam 2005, 5). Halberstams Definition von queerer Zeit lautet:

> »›Queer Time‹ is a term for those specific models of temporality that emerge within postmodernism once one leaves the temporal frames of bourgeois reproduction and family, longevity, risk/safety, and inheritance« (ebd., 6).

Halberstams Konzept einer Queeren Zeitlichkeit ist stark an die Frage nach der Möglichkeit von Lebensentwürfen und Biografien gebunden, die sich normativen Abläufen entziehen. Er untersucht, wie gesellschaftspolitische Anforderungen der Reproduktion und die mit ihnen verbundenen normativen Zeitlichkeiten im Blick auf die Zukunft (temporär) ausgesetzt werden können. Momente einer Verweigerung normativer zeitlicher Logiken – widerständige Praktiken also – findet Halberstam vor allem in subkulturellen Kontexten und dort, wo der Binarismus von Jugend und Erwachsenenalter ausgesetzt ist (vgl. ebd., 2). Zentral ist dabei die Idee, dass diese queeren Zeiten keineswegs ein Außen normativer Zeiten beschreiben, sondern gerade innerhalb derselben funktionieren und sie dadurch subvertieren können. Gerade die Anforderungen individueller Verkörperungen werden als zeitliche Anforderungen beschreibbar, denn Halberstam macht deutlich, wie sehr zeitliche Strukturen Sex, (Geschlechts-)Identitäten, Begehren und biografische Entwürfe bestimmen. Sein Begriff queerer Zeitlichkeit ist bereits eng mit der Idee eines queeren Archivs verknüpft, da ein Ausgangspunkt seines theoretischen Interesses das um die Erinnerung an die Person Brandon Teena[4] herum vorhandene Archiv ist.

J. Jack Halberstams positive Hinwendung zu queeren Zeiten (und Orten) ist eine direkte Antwort auf Fragen der Negativität, die in den Queer Studies von Bersani (2010) und Lee Edelman (2004) aufgerufen wurden. Halberstam weist, obschon er nach queerer Zeitlichkeit sucht, darauf hin, dass eine strikte Trennung in heteronormative und Queere Zeitlichkeiten und Strukturen nicht sinnvoll ist, da sie nur in Bezug zueinander zu denken sind. In heteronormativen Zeitordnungen gibt es immer wieder Brüche, Auslassungen, Störungen, die als Queere Zeitlichkeiten vor dem Hintergrund dieser normativen Zeitlichkeiten lesbar werden.

---

4 Brandon Teena wurde im Jahr 1993 im Alter von einundzwanzig Jahren in Nebraska ermordet. Seine Ermordung ist insbesondere als Ausdruck transphober Gewalt diskutiert worden.

Die Negativität findet bei Edelman ihren Ausdruck in einer Ablehnung von Politiken und einer Verweigerung, sich in diese einzuschreiben. Zentraler Gegenstand seines 2004 erschienenen Buchs *No Future! Queer Theory and the Death Drive* ist die Zukunft. Edelmans hier besonders interessierende These lautet dabei, dass auf Zukunft ausgerichtete Politiken und Erzählungen schon strukturell heteronormativ sind.

In *No Future! Queer Theory and the Death Drive* nimmt Edelman queere Politiken, die auf rein formale Gleichstellung zielen, zum Ausgangspunkt seiner theoretischen Überlegungen zur Zeitlichkeit.[5] Er argumentiert, dass solche Gleichstellungspolitiken Queerness nicht bewahren könnten, da die gesellschaftliche Gleichstellung nur über die Aufgabe der Queerness zugunsten der, der Gleichstellung zugrunde liegenden, heteronormativen Struktur funktioniert. Anders gesagt kann Queerness kein Teil dieser Struktur sein, daher bleibt ihr nur das Außen (vgl. ebd., 13ff.).

Die Bezugspunkte von Edelmans appellativer und polemischer Theorie sind (akademische) Bedeutungsproduktion, identitätspolitische Bewegungen und Queer Theory. Er taucht im Kontext der Diskussion einer *queer temporality* als eine der maßgeblich beteiligten Personen auf. Ihm geht es im Blick auf identitätspolitische Bewegungen dabei nicht so sehr um die Analyse der zeitlichen Strukturierung etwa des Sozialen, sondern um eine Perspektivierung von Bedeutungsproduktion für identitätspolitische Bewegungen. Bedeutung(sproduktion) ist für Edelman ein Versprechen, das er unter Bezugnahme auf die Psychoanalyse Jacques Lacans als ein niemals einzulösendes ausmacht.

Mit dem Konzept der Negativität schließt Edelman an Leo Bersanis Verortungen queerer Politiken in der AIDS-Pandemie an (Bersani 2010 [1987]). Gemeinsam haben ihre Positionen einen *anti-social* oder *anti-relational turn* in den Queer Studies mitbegründet. Die Arbeiten beider basieren auf psychoanalytischen Ansätzen, mit denen sie sexuelle Identitäten und Begehren im Kontext gesellschaftlicher Ordnungen theoretisieren. Die Erkenntnis über die grundlegende heteronormative Strukturierung dieser Ordnungen erst führt bei beiden Theoretikern zu einer Hinwendung zur Negativität. Diese Hinwendung zur Negativität ist zugleich eine Antwort auf eine positiv affirmative Politik und die damit verbundene Hoffnung auf Anerkennung und sie ist in

5 Edelman benennt einige Ziele solcher Gleichstellungspolitiken: »the right to marry, to serve in the military, to adopt and raise children of their own« (ebd., 19).

ihrer theoretischen Grundlage, den psychoanalytischen Theorien Freuds und Lacans, begründet.

Bereits 1987 veröffentlicht Bersani seinen Aufsatz *Is the rectum a grave?* zur Verortung schwuler Sexualitäten in US-amerikanischen wie britischen Medien zur Zeit der frühen AIDS-Pandemie.[6] Er zeigt darin die Logiken auf, über die schwule Männer und auch Menschen mit Suchterfahrung durch AIDS als Personen konstruiert werden, die zu den *Anderen* der Gesellschaft werden und diese gleichzeitig bedrohen.

Bersanis Essay wendet sich gegen die positive, optimistische Annahme, dass Sexualität politisiert werden kann und subversive Praktiken als politische (soziale) Praktiken stark gemacht werden können. Seine Analyse gesellschaftlicher Verortungen von Sex und damit einhergehend von sexuellen Identitätskonstruktionen ist dagegen eindeutig pessimistisch bzw. negativ. Die gesellschaftspolitisch wirkmächtigen Narrative über Sex sind – so führt er aus – medial von Gewalt, zum Beispiel in Form von Misogynie und Homophobie und Mechanismen des Ausschlusses bestimmt. Subversive Erzählungen könne es nicht geben, da jegliche Form der Verortung von Sexualität Teil dieser machtvollen Verortungen werde.

Bersani zeigt auf, wie sich Machtverhältnisse in Diskursen über Sex immer wieder über phallozentrische Narrative, Misogynie und Homophobie stabilisieren.[7] Eine positive politische Verortung ist darin verunmöglicht, dies

6 Bersani stellt in diesem Essay schwule Männer und Schwarze als marginalisierte Gruppen einander gegenüber. Dies ist bezeichnend, da er dabei einen Binarismus aufbaut, der Schwulsein und Schwarzsein nicht intersektional zusammendenkt, sondern als sich ausschließende Positionen. Er führt dies auf eine Politik der 70er Jahre zurück (vgl. Bersani 2010 [1987], 10ff.).

7 Die grundlegende Machtposition ist die der Penetration, anhand derer sich Figurationen von Unterwerfung und Dominanz kulturell laufend wiederholen. Auf die Figur des Rektums als Grab kommt er am Ende seiner Ausführungen zurück: Wenn im Moment der Penetration das Ideal männlicher Subjektivität stirbt oder zugrunde geht, dann könnte das Rektum in diesem Fall ein Grab sein, das aber – anders als in der homophoben Diskussion während der AIDS-Krise – nicht den Schrecken des Todes darstellt, sondern auch die Möglichkeit, die phallozentrischen binären Machtverhältnisse auszusetzen. »The self is a practical convenience; promoted to the status of an ethical ideal, it is a sanction for violence. If sexuality is socially dysfunctional in that it brings people together only to plunge them into a self-shattering and solipsistic *jouissance* that drives them apart, it could also be thought of as our primary hygienic practice of nonviolence« (ebd., 30, Herv. i. O.). Und so plädiert Bersani am Ende dafür, die Erzählung einer »schwulen Obsession für Sex« nicht zu verneinen, sondern eine solche Obsession

begründet bei ihm die Umkehr in die Negativität, auf die sich dann auch Edelman fokussiert.

In *No Future!* fasst Edelman Politik als ein auf Logiken der symbolischen Ordnung basierendes Projekt, in dem Queerness nur als Negativität bestehen bleiben kann. Er positioniert sich in seinem theoretischen Ansatz quasi performativ jenseits von Bedeutungsproduktion und einer politischen Verwendung seines Texts.

Auch bei ihm ist das Subjekt ein psychoanalytisch bestimmtes Subjekt und es ist Edelmans nicht-politisches Anliegen, diesem Subjekt das Genießen frei von Bedeutung zu ermöglichen. Denn gerade der binären Struktur des Politischen gilt es, nach Edelman, zu entkommen. Dabei zeigt er keine möglichen Alternativen auf, sondern besteht eben auf dem Moment der Negativität. Jegliche Affirmativität geht bei Edelman mit dem Verschwinden queerer Positionen einher, weil es eine heteronormative Struktur ist, die hier Bedeutung verspricht (vgl. Edelman 2004, 2).

Das Gefangensein in heteronormativen Bedeutungssuchen (in Signifikationsprozessen) ist bei Edelman vor allem an die Figur des Kindes gebunden, welche narrativ oder auch phantasmatisch auf eine Zukunft hinweist und als ein Versprechen auf ebendiese zu lesen ist. Dieses Versprechen funktioniert als gesellschaftliche Antriebskraft, verweist jedoch auf eine Zeit, auf ein Ziel, das nie erreicht werden wird. Über sich stets wiederholende Symboliken und Narrative werden so Versprechen laufend aufrechterhalten, die allerdings niemals zu einer gegenwärtigen Einlösung kommen werden (vgl. ebd., 28ff.). Die Grundkonstellation von Zeitlichkeit, die bei Edelman zentral ist, ist also die der laufenden Verschiebung im Jetzt über die Konstante einer noch nicht erreichten Zukunft. Insbesondere nationale Politiken funktionieren über diese Figuration des Kindes. Sie appellieren an die Sorge der Bürger*innen um die Zukunft des Kindes, das stellvertretend für eine Nation steht. Über diese Figur ist Politik nie auf eine Gegenwart bezogen, sondern bleibt in der Logik der

---

zu feiern, nicht als ein sozial bestimmtes Moment, sondern als Moment des Verlusts einer Figur des gesellschaftlich idealisierten Selbst (vgl. ebd.). Bersani geht vor allem von heteronormativen Narrativen und Figurationen aus, denen Misogynie und Homophobie in einer (psychoanalytisch begründeten) Weise eingeschrieben sind. Positionen, die nicht-normative Sexualität und Begehren hier positiv verorten möchten, sind von Anfang an verunmöglicht (vgl. ebd., 11ff.). Mit der Figur des Todes im Moment der *jouissance*, der Auflösung männlicher Subjektivität, schafft Bersani eine Gegenerzählung, die als Negativität, als *anti-social* und als *anti-relational* begriffen worden ist und an die Edelman anschließt.

Reproduktion immer auf das Zukünftige verschoben. Sie ist gleichzeitig das Versprechen auf Bedeutung und das Versprechen auf einen sozialen Ort in Bezug auf identitätspolitische Bewegungen. Mit Edelman kann ein Ankommen an diesem Ort aber nur mit einem Fallen in heteronormative Strukturen einhergehen, in die Spirale des nie einzulösenden Begehrens.

Edelman argumentiert mit unterschiedlichen medialen Texten, mit Filmen, mit Romanen, mit Geschichten. Dabei ist herauszustellen, dass er sich in Bezug auf die Filme, die er für seine Analyse auswählt, stark auf die Narration sowie auf Figurenkonstellationen und -konstruktionen fokussiert und dass er vornehmlich solche Filme analysiert, die Teil eines US-amerikanischen filmgeschichtlichen Kanons sind, im Schwerpunkt Filme Alfred Hitchcocks, aber auch aktuellere Figuren wie Harry Potter.[8] Die zeitliche Ordnung, die das Medium selbst hervorbringt, spielt bei ihm keine Rolle. Er interessiert sich vor allem für die Figurenzeichnung, für diejenigen Figuren, die über ihre Negativität gekennzeichnet sind und für ihn damit zu Verkörperungen einer Queerness werden.

In Anlehnung an die theoretischen Arbeiten Lacans bestimmt Edelman die Möglichkeiten queerer Subjektivität. Die Zuschreibung von Bedrohlichkeit, die mit queeren Positionen verbunden ist und die zu einem gesellschaftlichen Ausschluss führt, gilt es nach Edelman als eigene Position zu besetzen. Gerade darum wendet er sich gegen identitätspolitische Affirmationsbewegungen, weil Anerkennung und Gleichheit, also die Aufnahme queerer Subjekte in heteronormative Systeme, ihm zufolge nur über die Aufgabe von Queerness funktionieren, also mit einem Verlust einhergehen (ebd., 2ff.). Anerkennung (im heteronormativen System) ist also gleichzusetzen mit einem Verschwinden von Queerness. Die Rolle, die Position, die queeren Subjekten nach Edelman bleibt, liegt in einer Annahme der Idee des Lacanschen *sinthome*[9] und verweist auf ein unbewusstes Zentrum des Subjekts, das nicht über Bezeichnung greifbar ist (vgl. ebd., 35). Edelman spricht von *sinthomosexuality*, der Verbindung von Homosexualität zum *sinthome* und verdeutlicht

---

8 Seine queeren Figuren findet er in ebendiesen Filmen und nicht in Beiträgen eines *queer cinema*. Es ist damit auch eine besondere Form des *queer reading*, die Edelman hier über die Figuren, die eine normative Ordnung innerhalb der filmischen Diegese stören, praktiziert.

9 Den Begriff *sinthome* übernimmt Edelman von Lacan und verortet ihn wie folgt: »The sinthome […] speaks to the singularity of the subject's existence, to the particular way each subject manages to knot together the orders of the Symbolic, the Imaginary, and the Real« (ebd., 35).

mit dieser Figur seine Diagnose einer Unmöglichkeit queerer Entwürfe kollektiver Identität.

Es ist nicht nur die Zukunft, der Edelman sich als wirkmächtigem Zeichen widersetzen möchte und von der er die Queer Theory befreien möchte, sondern auch jede optimistische (identitäts-)politische Utopie. Edelman zeigt auf, wie wirkmächtig zeitliche Strukturen als heteronormative Zuweisungen sind und verwirft jegliches Hoffen auf ein Später als Teil eines *reproductive futurism*, heteronormativer Politik, die jegliches Handeln in die Zukunft verschiebt, »für unsere Kinder«. Jegliche Produktion von Bedeutung ist für Edelman bereits in zeitlichen Logiken heteronormativ zu verorten. Ihm geht es nicht um ein anderes Lesen, eine Resignifikation von Zeitlichkeit, vielmehr ist Widerständigkeit für ihn nur als Negation, als Abkehr zu begreifen, als Annahme einer Position, die Queerness in dieser heteronormativen Ordnung schon zugewiesen ist. Die Funktion oder auch die Möglichkeit queerer Existenz und queerer Subjekte liegt für ihn im bedeutungsfreien Genießen, im Moment der *jouissance* und in der Figur der »Sinthomosexuellen« als derjenigen, die nicht nach Bedeutung streben, sondern nach einem Genießen, die als Figuren nicht Teil eines Kollektivs sind, sondern für sich allein stehen. Dem Begehren nach Bedeutung, das Edelman über die Figur des Kindes an die Zukunft bindet, stellt er die Vergangenheit zur Seite, als zweite bedeutungsversprechende Position, die – ebenso wie die Zukunft – über ihre Abwesenheit gekennzeichnet ist und in der das politische Versprechen ihren Anfang nimmt (vgl. ebd, 10), aber eben nie zu einer Erfüllung kommt.

Edelmans Theorie als politisch zu begreifen, ist problematisch, da er Politik als zukunftsgerichtet ausweist, er aber wie gezeigt eine solche Ausrichtung auf die Zukunft und somit Politik ad absurdum führt und folgerichtig ablehnt. Sie ist in jedem Fall eine starke Positionierung, eine Verneinung identitätspolitischer Bewegungen und bietet für die Analyse von Zeitlichkeit in der Queer Theory eine Perspektive der Wirkmächtigkeit des Versprechens auf die Zukunft ebenso wie eine Perspektivierung der Verbindung von Zeitlichkeit und Bedeutung. Konsequent betrachtet ist Edelmans Analyse nicht nur eine Verwerfung von Bedeutung, von Versprechen auf eine Zukunft, von Identitätspolitiken, sondern auch eine Verneinung von Zeitlichkeit generell zugunsten einer Konzentration auf das Jetzt und auf die *jouissance*. Genau dies ist das Versprechen, das Edelman selbst mit seinem Text produziert.

Die Positionen eines *anti-social-turn*,[10] die sich um die Konzepte von Edelman und Bersani herausgebildet haben, wenden sich gegen affirmative Bewegungen und weisen sie als hetero- wie homonormativ aus.[11] Sie setzen weitere Fokussierungen auch auf zeitliche Momente in Gang, die Fragen sowohl nach Möglichkeiten einer queeren Historiografie als auch nach Formen (hetero-)normativer Zeitordnungen und ihrer Effekte aufwerfen. Die Hinwendung zur Negativität bleibt dabei aber prägend, wie Gabriele Dietze, Elahe Haschemi Yekani und Beatrice Michaelis (2012, 192) herausstellen. Edelmans Konzept hat damit auch die Auseinandersetzung mit negativen Gefühlen/Affekten und den politischen Aspekten affektiver Politiken in den Queer Studies inspiriert.

Edelmans Vorschlag der Verneinung gesellschaftlicher Erwartungen produziert jedoch eine privilegierte Position. So wurde er stark dafür kritisiert, dass er nicht berücksichtigt, dass marginalisierte Personen weniger oder keine Möglichkeiten haben, die Zukunft zu verwerfen und auf ein Hier und Jetzt und das Genießen zu setzen. Angela Jones schreibt:

> »The idea that you can get human beings, queers specifically (in all of their variance), to abandon the hope of a future that ceases to marginalize their bodies and desires is downright naive. Edelman ignores that, for many – such

10 J. Jack Halberstam beschreibt 2008 im *Graduate Journal of Social Science* den von Bersani und Edelman mit ausgelösten *anti-social turn* in den Queer Studies und plädiert selbst für eine Hinwendung zur Negativität, aber auch für anhaltende Politiken von Kollektivität: »We need to craft a queer agenda that works cooperatively with the many other heads of the monstrous entity that opposes global capitalism, and to define queerness as a mode of crafting alternatives with others, alternatives which are not naively oriented to a liberal notion of progressive entitlement but a queer politics which is also not tied to a nihilism which always lines up against women, domesticity and reproduction. Instead, we turn to a history of alternatives, contemporary moments of alternative political struggle and high and low cultural productions of a funky, nasty, over the top and thoroughly accessible queer negativity. If we want to make the anti-social turn in queer theory, we must be willing to turn away from the comfort zone of polite exchange in order to embrace a truly political negativity, one that promises, this time, to fail, to make a mess, to fuck shit up, to be loud, unruly, impolite, to breed resentment, to bash back, to speak up and out, to disrupt, assassinate, shock and annihilate, and, to quote Jamaica Kincaid, to make everyone a little less happy!« (Halberstam 2008, 154).

11 Den Begriff der Homonormativität hat zunächst Lisa Duggan geprägt. Sie versteht unter einer *new homonormativity* »a politics that does not contest dominant heteronormative assumptions and institutions, but upholds and sustains them, while promising the possibility of a demobilized gay constituency and privatized, depoliticized gay culture anchored in domesticity and consumption« (Duggan 2003, 50).

> as queers of color or poor queers of color – their current material conditions make the potential for the experience of jouissance harder to achieve« (Jones 2013, 10).

Als eine Antwort auf die Unmöglichkeit der Verweigerung der Zukunft hat José Esteban Muñoz in *Cruising Utopia. The Then and There of Queer Futurity* (2009) Queerness als ein utopisches Moment stark gemacht. Damit hält er weiterhin an der Dringlichkeit (gesellschafts-)politischer Aushandlungen fest und macht die Hoffnung auf eine mögliche Veränderung stark. Bereits Halberstam hat mit Verweis auf Cathy Cohens *The Boundaries of Blackness: AIDS and the Breakdown of Black Politics* (1999) daran erinnert, worin das Problem der Verweigerung bei Edelman besteht: Die Idee eines sinnfreien, keine Bedeutung stiftenden Genießens im Augenblick und die Betonung des Jetzt kann nur denjenigen als eine alternative Zeitlichkeit erscheinen, die nicht schon vor der AIDS-Pandemie gesellschaftlich marginalisiert und ausgegrenzt wurden, deren Zukunft davor schon abgeschnitten war (vgl. Halberstam 2005, 3f.).

Muñoz nun reagiert auf diese Unmöglichkeit der Verweigerung einer Zukunft aus einer Queer-of-Color-Perspektive mit der Figur der Utopie und der Hoffnung. Dabei interessiert er sich vor allem für das utopische Potential ästhetischer Praxen in Performance, Fotografie, bildender Kunst und auch in der Popkultur. Hier wird die Wirkmächtigkeit künstlerischer Arbeiten als queeres Potential in Bezug auf die Idee gesellschaftspolitischer Veränderungen zentral. Bezeichnenderweise setzt Muñoz in seinen Analysen nicht auf die medialen Momente der Fixierung und Archivierung, sondern auf das Flüchtige. Auch er greift in unterschiedlicher Weise auf Medien zurück, schaut sich Fotografien, Gemälde oder auch Gedichte und Songtexte an. Dabei setzt er den Schwerpunkt auf die Frage nach der Potentialität,[12] die den jeweiligen Arbeiten eingeschrieben ist, auf die Frage nach der Hoffnung und dem Utopischen. Er interessiert sich – gegen den *anti-social turn* und vor allem gegen Edelman und Bersani – für Ideen von Kollektivität, die nicht über Gleichheit, sondern über Differenz bestimmt sind. Während gerade Edelman die Möglichkeit queerer Politiken verneint, zeigt Muñoz, dass diese Verneinung aus einer Queer-of-Color-Perspektive, aus der Erfahrung des

12 Muñoz geht es um ein Erahnen dessen, was sein könnte, und um das Potential zur Veränderung in künstlerischen Arbeiten, denen dieses Erahnen eingeschrieben ist. In Bezug auf Potentialität schreibt er: »Unlike a possibility, a thing that simply might happen, a potentiality is a certain mode of nonbeing that is eminent, a thing that is present but not actually existing in the present tense« (Muñoz 2009, 9).

Rassismus, nicht möglich ist. Und dass damit auch die psychoanalytische Position Edelmans Ungleichheit und Machtverhältnisse zwar auf der Basis von Sex, Geschlechterkonstruktion und Begehren begreift, aber etwa strukturellen Rassismus und andere Ungleichheitsverhältnisse nicht mitberücksichtigen kann. Queerness selbst wird bei Muñoz zu einer utopischen Idee, zu einem Ideal. Er entwirft dabei eine Form von Bewegungsgeschichte: Ausgangspunkt ist die Zeit vor den New Yorker *Stonewall Riots* von 1969. In künstlerischen und popkulturellen Ausdrucksformen, die in dieser Zeit die Artikulation eines politischen Begehrens nach Veränderung sind, erblickt er ein utopisches Potential. Er bezieht sich explizit auf diese Vergangenheit, um eine Zukunft zu imaginieren, einen utopischen Impuls zu reaktivieren (vgl. Muñoz 2009, 116). Auf diese Weise verschiebt er die Idee einer linearen Bewegungsgeschichte, nicht aber zugunsten einer nostalgischen Idealisierung der Vergangenheit, sondern zugunsten einer Aktualisierung zukünftiger Möglichkeiten. Gleichzeitig schließt er sich damit nicht einem linearen Fortschrittsnarrativ an, die Positionen der Vergangenheit werden vielmehr in ihrer Relevanz bestärkt.

Wie die in diesem Abschnitt vorgestellten Ansätze zeigen, führt die Auseinandersetzung mit der AIDS-Epidemie in den USA also zu der Frage nach den (Un-)Möglichkeiten queerer Zeitlichkeit in Bezug auf queere Bewegungsgeschichte, Historiografie und Identitätspolitiken. Edelman kommt in seiner Analyse der normativen zeitlichen Strukturen von Politiken und Bedeutungsproduktion zu dem Schluss, dass eine gesellschaftliche Anerkennung queerer Personen und Gruppen nur über den Verlust von Queerness möglich ist. In der Auseinandersetzung mit dieser negativen Positionierung und der darin attestierten Unmöglichkeit queerer Politiken entfalten sich weitere Konzepte zu Queerness und Zeitlichkeit, die sich Zeit als normative Ordnungsstruktur anschauen. Sie stellen in Bezug auf Historiografie und Verkörperungen immer weitere Aspekte einer solchen normativen Ordnungsstruktur heraus und fragen oft gleichzeitig danach, was Queerness dann in Bezug auf Zeit sein könnte.

2.3 Queere (affektive) Historiografie

Vor dem Hintergrund der Kritik an einer linearen queeren Fortschrittsgeschichte setzen sich einige Theoretiker*innen in Bezug auf Queerness stärker mit den Zuschreibungen und Verortungen auseinander, die einer Vergangenheit angehören. Der Aspekt queerer Historiografie als Teil der Auseinandersetzung mit Zeitlichkeit in den Queer Studies ist auf der einen Seite mit der Frage nach Möglichkeiten und Formen von Geschichtsschreibung verbunden, auf der anderen Seite mit der Frage nach einer Kontextualisierung der Vergangenheit in Bezug auf die Gegenwart. Hier finden sich identitätspolitische Ereignisse als Gegenstand der Theorien wieder, weil sie mit politischen Vorstellungen von Zukunft agieren, weil sie zudem auch Vergangenheiten einbinden und narrativieren und weil sich über diese Narrative Kausalitäten herstellen, Bedeutungen generiert werden. Fragen, die sich in Bezug auf historische Perspektivierungen von Bewegungsgeschichte stellen, sind: Welche Bedeutungen stellen sich über den Umgang mit Vergangenheit und Zukunft her? Wie können Verbindungen zwischen Vergangenheit und Gegenwart gezogen werden, die eben nicht linear sind, nicht auf dem Fortschrittskonzept beruhen, nicht der Gegenwart die Bedeutungshoheit über die Vergangenheit zusprechen und diese für erneute normative Bedeutungsproduktion instrumentalisieren?

Heather Love wählt in ihrem Beitrag zur Diskussion um Zeitlichkeit in der Queer Theory Gefühle und Affekte, die im Rahmen einer lgbtiq[13]-Emanzipationsgeschichte als unzeitgemäß gelten, zum Ausgangspunkt, um nach der Möglichkeit queerer Historiografie zu fragen. Wie Edelman die Funktion der Figur Zukunft untersucht, analysiert Love in *Feeling Backward. Loss and the Politics of Queer History* (2009) die Funktion der Vergangenheit, um aber über die verbreitete Annahme hinauszugehen, dass diese nur in der Perspektive des Jetzt ihre Relevanz bekommt. Die Problematik der Bedeutungsgenerierung ist auch bei Love zentral, sie aber fragt nach Perspektiven, die Vergangenheit zu betrachten, ohne sie für eine Gegenwart zu funktionalisieren, in Linearitäten aufzulösen, zu ihrem Gegenstand zu machen. In Bezug auf Edelman selbst sagt sie:

> »I am especially compelled by Edelman's complete refusal of the affirmative turn in gay, lesbian, and queer contexts. My own emphases in this book, however, are rather different. I am ultimately less interested in accounts of same-sex desire as antisocial or asocial than I am in instances of ruined or failed sociality« (ebd., 22).

Dabei ist es auf der zeitlichen Ebene eine Frage nach Kontinuitäten, von der sie zunächst ausgeht. Welche Gefühle bleiben mit Queerness verbunden? Sie

---

13 lgbtiq steht als Abkürzung für *lesbian, gay, bisexual, trans*, inter*, queer.*

interessiert sich für ein Archiv der Gefühle, das die körperlichen und psychischen Kosten von Homophobie sichtbar macht (vgl. ebd., 4). Zu den Gefühlen, die sie aufzählt, zählen unter anderem Scham, Melancholie, Nostalgie, Bedauern, Verzweiflung, Selbsthass. Diesen Gefühlen wird in den identitätspolitischen Narrativen, die von einer kontinuierlichen Verbesserung ausgehen, nur im Hinblick auf eine Vergangenheit Relevanz zugeschrieben. Diese Zuweisungen problematisiert Love. Ihr Gegenentwurf dazu setzt auf Kontinuitäten von Affekten und auf eine Form der Historiografie, die Vergangenheit nicht so beschreibt, dass sie auf eine Gegenwart zuläuft.

Für Love wird eine Rückwärtsgewandtheit, eine *backwardness*, zu einem Ausgangspunkt ihrer Forschung. Sie möchte das Verhältnis von Politik und Gefühlen neu bestimmen. Ikonische Figuren, mit denen sie arbeitet, sind dabei Lots Frau, die zur Salzsäule erstarrt, Walter Benjamins (bzw. Paul Klees) Engel der Geschichte, der, gezogen von der Zukunft, den Blick auf die Trümmer der Vergangenheit richten muss, ohne selbst handeln zu können, Orpheus, der sich nach Eurydike umdreht und damit ihr Verschwinden verschuldet und Odysseus, der, an den Mast seines Schiffes gefesselt, dem betörenden Gesang der Sirenen nur lauschen kann, ohne sich ihnen nähern zu können (vgl. ebd., 5). Zwei Aspekte in Bezug auf den Blick auf die Geschichte bei Love sind hier wichtig. Zum einen schreibt sie gegen ein Verständnis, das die von ihr hervorgehobenen Gefühle (wie zum Beispiel Scham, Melancholie oder Trauer) nur einer falschen Zeit und falschen gesellschaftlichen Bedingungen zuschreibt und das für deren Überwindung nur Stolz und Freude kennt. Zum anderen schreibt sie im Interesse an dem politischen Potential ebendieser von ihr benannten Affekte. Genau hier gründet ihre Kritik an identitätspolitischen Narrativen der Überwindung des Schmerzes hin zu einer besseren Zukunft. Die Erzählungen, die sie als identitätspolitische Erzählungen kennzeichnet, legen die Linearität vor allem in die Projektionen der Zukunft und binden Subjekte in einer Linearität des Versprechens auf eine glückliche Zukunft zu einer gefühlsgebundenen homogenen Einheit. Die schmerzvollen Gefühle der Vergangenheit und auch der Gegenwart werden so nur noch als Passagen eines eindimensionalen Weges denkbar und schließlich, so ihre Befürchtung, nur noch zu undenkbaren Positionen eines Außerhalb (vgl. ebd., 30).

Loves Vorschlag ist, diejenigen, deren Geschichten erzählt und analysiert werden, im Blick zurück in die Vergangenheit nicht von einem Standpunkt aus zu betrachten, der heutige Bewegungen als ihre Zukunft begreift. Sie besteht stattdessen darauf, die geschlossenen Bündnisse, die Beziehungen, die Blicke als historische Perspektiven oder akademische Auseinandersetzungen, die gerichtet werden, als komplexer und wechselseitig zu begreifen. Sie schließt sich zudem einem Verständnis von Geschichte an, wie sie es bei Foucault findet, um sich gegen Linearitäten zu wenden und auch, um Bewegungsgeschichte als eine Geschichte von Brüchen und Zufällen, als kontingent begreifen zu können.

> »In his description of the unpredictable and accidental nature of events, Foucault argues against the idea that history's movement is continuous or marked by progress. As a result, he suggests that we can find no solid epistemological basis in the present for identifications in the past. Resemblances across time are not dependable since over time the very terms of inquiry shift« (ebd., 44).

Dabei macht Love in ihrer Theorie Freundschaft[14] zu einer Denkfigur der Verbindung von Vergangenheit und Gegenwart, die Intimität beschreibbar macht, jedoch auch von einer Abwesenheit und Unmöglichkeit gekennzeichnet ist, da diejenigen, die dieser Vergangenheit angehören, nicht mehr anwesend sind. In Bezug auf die Erzählung queerer Bewegungsgeschichte_n ist es bei ihr das Betonen der Kontinuität von Affekten, die in Bewegungsgeschichten als überwunden aus einer Jetztzeit ausgeschlossen werden, d.h. nicht mehr artikulierbar sind.

Elizabeth Freemans *Time Binds. Queer Temporalities, Queer Histories* (2010) erweitert die Frage nach queeren Möglichkeiten, historisch zu arbeiten. Ihr

---

14 Der Begriff der Freundschaft stellt bei Love eine Aktualisierung der Überlegungen zur Freundschaft bei Michel Foucault dar, der die Freundschaft im Interview *Von der Freundschaft als Lebensweise* als subversive Figur stark gemacht hat. Foucaults Wahl der Freundschaft als Beziehungsentwurf begründet er wie folgt: »Sie müssen von A bis Z eine Beziehung erfinden, die noch formlos ist: die Freundschaft, d.h. die Summe all dessen, womit sie einander Freude bereiten können. Man gesteht es den anderen ja auch zu, Homosexualität allein als unmittelbares Lusterleben zweier Typen hinzustellen, zweier Typen, die sich auf der Straße begegnen, sich mit einem Blick verführen, sich am Hintern fassen und sich für ein Viertelstündchen vergessen. Damit hat man so etwas wie ein heiles Bild von Homosexualität, das den Anschein von Unruhe aus zweierlei Gründen verliert: es entspricht einem gängigen Schönheitskanon und tilgt alles, was an der Zuneigung und Zärtlichkeit, der Treue und der Freundschaft, der Kameradschaft und der Partnerschaft beunruhigend sein könnte – an Werten, denen eine schon leicht angeschlagene Gesellschaft keinen Platz mehr zugestehen kann, ohne zu befürchten, daß daraus Bindungen entstehen und Kraftlinien sich unerwartet miteinander verknüpfen« (Foucault 1985, 87).

geht es, wie Heather Love, um den Blick zurück, um den Umgang mit historischem Material, um Archivierung mit Blick auf die Sprengkraft für die Gegenwart. Ihre Arbeit hat transformierendes Potential im Sinne politischer Vorstellungen und Wünsche an die eigene akademische Arbeit. Sie fragt nach dem Potential vergangener Kämpfe und danach, welche Aspekte in die Gegenwart getragen werden können und dabei aktiv bleiben. Ihre Vorgehensweise eines *Close Reading* wie auch ihre Gegenstände, die sich vor allem aus Film und Video zusammensetzen, keine großen kanonischen Texte in den Fokus stellen, beschreibt sie als ›minor‹ und zieht sie als historische Quellen heran (vgl. ebd., xvii).

Sowohl Heather Love als auch Elizabeth Freeman lassen sich in Bezug auf Lee Edelman als eine Erweiterung der Dekonstruktion von Bedeutung lesen, die bei ihm über die Figur der Zukunft erfolgt. Das sinnfreie Genießen, die *jouissance*, die Edelman als queere Praxis stark macht, kann mit ihnen über die zeitliche Struktur von Gefühlen und körperlichen Einschreibungen/Normierungen vom Phantasma der Bedeutungslosigkeit befreit werden. Stattdessen muss die *jouissance* im Kontext anderer affektiver Politiken in Bezug auf Zeitlichkeit verstanden werden und kann darum nicht isoliert als Verweigerung für sich stehen. Eine queere Analyse von Zeitlichkeiten kann so über die Sprache und Institutionen hinaus über Körper und Affekte weiter gegriffen werden.

Dies arbeiten auch Sara Ahmed (2010) und Lauren Berlant (2011) weiter aus. Ahmed beschäftigt sich mit der Konjunktur eines Versprechens auf Glück (*happiness*) und dessen zeitlicher Dimension. Sie fragt, was dieses Versprechen gerade für Personen bedeutet, die nicht Teil solcher Glücks-Logiken sind, weil sie zum Beispiel nicht verkörpern, was gesellschaftlich Glück verspricht. Damit stelle sie auch heraus, dass Vorstellungen von Glück, die gesellschaftlich zirkulieren, immer auch Anforderungen in sich bergen.

Für Lauren Berlant ist es nicht das Glück, sondern eine Form von (national/staatlich/strukturell begründetem) Optimismus, den sie als *cruel optimism* bezeichnet und an dem sie eine Bindung von Subjekten ausmacht. Dieser Optimismus verhindert widerständiges Handeln, ohne jedoch einzulösen, was er verspricht. Marginalisierte Positionen werden damit weiter stillgestellt. Ein gesellschaftlich tradierter, internalisierter Optimismus ist auch eine auf die Zukunft ausgerichtete Figur, die hier – mit Blick auf Klasse – Prekarität erhält.

Unter dem Aspekt affektiver (Ver-)Bindungen werden somit Zukunft und Vergangenheit neu kontextualisiert. Es findet nicht ausschließlich eine Absage an mögliche Zukünfte statt, sondern stattdessen wird geschaut, unter welchen affektiven Bedingungen Zukunft schon instrumentalisiert ist. Gegen eine Festschreibung von Bedeutung werden auch Vergangenheiten geöffnet und von einer linearen Zuschreibung gelöst.

2.4 Queere Archive

Als ein weiterer Teil der Auseinandersetzung mit Zeitlichkeit in den Queer Studies können diejenigen Theorien begriffen werden, die sich für die Idee queerer Archive interessieren. Ihnen geht es damit auch um einen Rückgriff auf eine Vergangenheit und dies in Verbindung mit der Frage danach, was genau bewahrt und gespeichert werden kann, um dann auch die Möglichkeit zu bekommen, in einer Jetztzeit aufgerufen und aktualisiert zu werden.

Ann Cvetkovich schaut sich in ihrem Buch *Archive of Feelings* (2003) das Dispositiv des Archivs an und entwirft in diesem Zusammenhang Ideen für queere Archive. Auch und gerade angesichts der Normativität von Archiven, fragt sie nach den Bedingungen, queere Geschichte zu bewahren und damit auch nach den Voraussetzungen einer übergreifenden Bewegungsgeschichte. Sie konzentriert sich dabei auf lesbische Geschichte – nicht so sehr als identitätspolitische Geschichte, sondern als eine queere Geschichte. Diese Differenzierung bedeutet, dass sie nicht eine Figur lesbischer Identität über die Zeit mit Bedeutung füllen möchte, sondern sich kulturelle Praktiken und Erfahrungen von Lesbischsein anschaut. Um ebendiese geht es in dem für das Buch titelgebenden *Archive of Feelings*.

An der Idee des Archivs interessiert Cvetkovich zudem die Frage nach dem Material, nach den Gegenständen des Archivs. Auch diese unterliegen zeitlichen Logiken, sind unterschiedlich konservierbar, verfügbar, verwendbar. Es geht also auch um Fragen der Aufspeicherung. Dabei bekommt in Cvetkovichs Perspektive der Dokumentarfilm einen besonderen Stellenwert als eine Form eines queeren Archivs (vgl. ebd., 242ff.).[15] In ausgewählten Dokumentarfilmen findet Cvetkovich das Potential, ein vielfältiges Archiv unterschiedlichster Dinge auf besondere Weise zugänglich zu machen:

15 Hier beschäftigt sie sich speziell auch mit dem Film *The Watermelon Woman* (USA 1996, R. Cheryl Dunye), der später in dieser Arbeit noch relevant werden wird.

> »These documentaries use the power of visual media to put the archive on display, incorporating a wide range of traditional and unorthodox materials, including personal photographs, videotapes from oral history archives, innovative forms of autodocumentary and ›archival‹ footage – including clips from popular film. Especially striking is their use of an archive of popular culture, one that is strongly visual in form, to create an archive of feelings. As a popular practice of archiving, documentary produces the unusual emotional archive necessary to record the often traumatic history of gay and lesbian culture« (ebd., 244, Herv. i. O.).

Matthias Danbolt untersucht in seinem Aufsatz: *We're Here! We're Queer? Activist Archives and Archival Activism* (2010) das Archiv im Hinblick auf die Bewahrung von queerem Aktivismus in Verbindung mit einer Geschichte und mit den politischen Erfahrungen nicht-heterosexueller Subjekte in der Vergangenheit. Im Zentrum steht – ähnlich wie bei Cvetkovich – die Frage nach queeren Archiven bzw. danach, wie queerer Aktivismus bewahrt werden kann. Vor dem Hintergrund dieser Fragestellung berichtet er von einer Erfahrung auf einer Demonstration gegen Hassverbrechen (*hate crimes*) im Rahmen eines queeren Festivals in Kopenhagen im Jahr 2008. Es ist eine kleine Demonstration, die keine mediale Aufmerksamkeit erfährt und somit nicht in einem größeren Kontext archiviert wird:

> »Actions of a more *un*spectacular kind, such as this manifestation against hate crimes, seem to be forgotten rather quickly. But even the more conventional and peaceful forms of actions deserve our attention. These happenings are central not only to get a broader understanding of the workings of social movements, but also to open up important questions of the production of value and relevance in the writing of history« (ebd., 92, Herv. i. O.).

Danbolts Frage nach Zeitlichkeit ist fokussiert auf Möglichkeiten und Formen queerer Archive. Dabei ist seine Idee eines queeren Archivs von der Lektüre Halberstams geprägt, zudem bezieht er sich auf Ann Cvetkovich und José Esteban Muñoz. Von Halberstam übernimmt Danbolt die grundsätzliche Idee queerer Archive und die Frage nach dem, was sie sein und was sie bewahren sollen. Von Muñoz, der in *Cruising Utopia* (2009), wie erwähnt, insbesondere auch Performances als queere utopische Momente untersucht und von Cvetkovich, übernimmt er die Ideen, dass ein queeres Archiv zum einen flüchtige Ereignisse und zum anderen Gefühle speichern muss. Die Einrichtung eines solchen Archivs stößt, wie Danbolt herausstellt, aber auf Schwierigkeiten in der Logik wissenschaftlichen Forschens.

Welche Materialien können Teil eines queeren Archivs sein? Und welche können Gegenstand wissenschaftlicher Arbeiten werden? An diesen Fragen zeigt sich, dass die Untersuchungen der Queer Studies zur Wirkmächtigkeit von Zeitlichkeiten, zu normativen zeitlichen Strukturen und Figuren immer auch Forschungen zu den methodischen Konsequenzen für Wissensproduktion in diesem Forschungsbereich sind: Die Fragen, die an die zu archivierenden bzw. zu erforschenden Dinge gestellt werden, müssen auch auf die Logiken wissenschaftlicher Arbeitspraktiken zurückverweisen. Dies zeigt sich nicht nur in der Beschäftigung mit Narrativen und zeitlichen Logiken, sondern auch in der Frage, was in welcher Form Gegenstand wissenschaftlicher Arbeiten, vor allem im Bereich der Queer Studies, werden kann. Gerade wissenschaftliches Arbeiten ist in Bezug auf Fragen nach Queerness oder queerer Historizität selbst produktiv und hat Anteil an dem Dispositiv des Archivs und an der Möglichkeit der Existenz queerer Archive.[16]

Danbolt arbeitet mit seiner eigenen Erfahrung, an jener Demonstration in Kopenhagen teilgenommen zu haben, nicht ausschließlich an der Frage der Möglichkeit queerer Archive, er schreibt ein solches Archiv und einen Zugang zu demselben bereits in seinen Text hinein. Zu seinem Archiv gehört die flüchtige Erfahrung des Protests. Zudem setzt er sich selbst in Beziehung zu einer Geschichte queeren Aktivismus und nimmt Zeitlichkeit auch als eine Form der Erfahrung ernst. Es ist ein Gefühl von Asynchronität, das er mit Carolyn Dinshaw (1999) als einen »touch across time« beschreibt (Danbolt 2010, 104). Ein Slogan, den er während des Protests mit den anderen Teilnehmer*innen gemeinsam ruft, erinnert ihn stark an die Ausrufe der Aktivisti*innen von *Queer Nation* in den 1990er Jahren in den USA. Obschon er selbst kein Teil dieser Proteste war, setzt er sich doch in ein Verhältnis zu den Ereignissen als einer Geschichte, die er auch als seine Geschichte liest. Hier setzt er sein Konzept des *archival activism* als ein zeitliches Phänomen an. *Archival activism* ist bei Danbolt eine Verbindung und ein Moment der Reaktualisierung vergangener aktivistischer Aktionen in einem Hier und Jetzt. Er reflektiert die Art und Weise, wie er sich in Bezug zu einem US-amerikanischen

16 Zudem zeigt sich auch die Frage nach der Zukunft der Queer Theory selbst in Publikationen wie *After Sex? On Writing Since Queer Theory* (Halley/Parker 2011) oder schon früher in *What's Queer about Queer Studies Now?* (Halberstam/Muñoz/Eng 2005) als zeitliche Frage.

Aktivismus setzt und die Erfahrung, in dem Moment auf der Demonstration in Kopenhagen aus der Zeit genommen zu sein (vgl. ebd., 109). Beides beschreibt er als sehr ambivalent: Warum ist es gerade die US-amerikanische Geschichte, auf die die Rufe der Demonstrant*innen in Dänemark zurückgehen, warum haben sich die Forderungen nicht verändert? Warum ist der Protest nicht kreativer geworden? Dies sind einige seiner Fragen.

Danbolt setzt dieses Phänomen auch in Beziehung zur Arbeit von Heather Love, die Momente queerer Bewegungsgeschichte als Zustand einer Zwischenzeit kennzeichnet: Sie bewegen sich zwischen Narrativen einer positiv imaginierten Zukunft und dem Gefühl, zurückgezogen zu werden in eine kollektive oder besser kollektivierende Vergangenheit (vgl. ebd., 108). Danbolt bringt also in seinem Konzept des *archival activism* eine autobiografische als eine zeitliche Verortung mit der Idee einer queeren Bewegungsgeschichte zusammen, die er so zugleich weiterschreibt. Dabei schließt er an Fragen nach Formen von Queerer Zeitlichkeit an. Sein Essay kann so auch als ein methodologischer Beitrag zu queerer Forschung gelesen werden.

Zu einer Bewegungsgeschichte, wie sie hier thematisiert wird, gehören also identitätspolitische Kämpfe und Auseinandersetzungen, Gleichstellungspolitiken und ihre Narrative, aktivistische Interventionen, mediale Konstruktionen (Repräsentationen) von lgbtiq-Personen, mediale Bedingungen für Geschlechter- und Begehrenskonstruktionen, wissenschaftliche Auseinandersetzungen mit Machtverhältnissen und auch die Verhandlungen in den Queer Studies selbst. Die Überlegungen zur Zeitlichkeit in den Queer Studies sind nicht von einer außerhalb stattfindenden Bewegungsgeschichte getrennt zu sehen, sie sind selbst bereits Teil davon.

2.5 Konstruktionen von Bewegungsgeschichte_n und Bewegungsfilm

Im Zentrum der Debatte zur Zeitlichkeit, wie sie in den Queer Studies geführt wird, steht die Auseinandersetzung mit gegenwärtigen wie vergangenen Identitätspolitiken und Identitätskritiken. Sie sind Gegenstand einer Beschäftigung mit Zeitlichkeit, die etwa nach linearen Narrativen und ihren Alternativen fragt. Unter anderem eine konkrete Form der Geschichtsschreibung steht dabei in der Kritik: Angesichts von Ereignissen wie den *Stonewall Riots*, der Entkriminalisierung von (männlicher) Homosexualität und der Öffnung der Ehe auch für homosexuelle Paare besteht die Tendenz, eine lgbtiq-Bewegungsgeschichte als gesellschaftliche Fortschrittsgeschichte zu erzählen. Die AIDS-Pandemie und die homophoben staatlichen Reaktionen in den USA darauf verdeutlichen beispielsweise, dass eine solche Fortschrittsgeschichte eine Vereinfachung und Verengung darstellt. Welchen zeitlichen Logiken sind diese Formen der Erzählungen bereits unterworfen und in welcher Form wird dies in den Queer Studies diskutiert? Die Teilnehmer*innen an den entsprechenden Debatten schauen sich Logiken und Figurationen in Narrativen auf ihre normativen Setzungen hin an und machen Vorschläge für andere Formen etwa des Rückgriffs auf Vergangenheiten oder auch für Konzepte von Archiven, die sich als queere Archive Linearitäten und Eindeutigkeiten in der Darstellung queerer Geschichte widersetzen sollen. Dabei ist es nicht nur das strukturelle Vergehen/Fortschreiten von Zeit, auf das sich queere Theorien zur Zeitlichkeit beziehen. Zeit wird vielmehr gelesen und befragt als bedeutungskonstituierende Größe, als kulturelles, soziales Phänomen und – in Bezug auf Gegenwart und Vergangenheit – auch als narratives Strukturelement.

Für die Kritik an affirmativen identitätspolitischen Bewegungen ist Zeit eine Analysekategorie geworden, da mit ihr lineare Logiken beschreibbar gemacht werden können, die Kausalitäten erschaffen und damit Ereignisse verengen. Der den Queer Studies zugrunde liegende Ansatz der Identitätskritik[17] wird in den Auseinandersetzungen mit Zeitlichkeit immer wieder reflektiert und umgearbeitet.[18] Wie ist eine theoretische Arbeit möglich, die gleich-

---

17 Eine Kritik an essentialistischen Konzepten von Identität ist nicht erst mit den Queer Studies Gegenstand akademischer Diskurse geworden. Bereits feministische, lesbisch-feministische, Akademiker*innen of Color haben in binären Geschlechterkonstruktionen etwa die Identitätszuschreibung »Frau« als ontologische Setzung kritisiert. In den Queer Studies ist Identitätskritik in Bezug auf Zuschreibungen nach Sexualität zentral. Vgl. hierzu ausführlich Villa (2007).

18 Ein wichtiges Moment in der Erzählung einer queeren *community*, wie auch in der Aneignung des Begriffs queer, die zu der bis heute üblichen Verwendung geführt hat, sind die politischen, aktivistischen und künstlerischen Kämpfe und Formen des Widerstands. Dabei ist auch die Kritik an Identitätskategorien schon als ambivalente Position herausgearbeitet worden. Gerade marginalisierte Gruppen können nicht ausschließlich auf den konstruktiven Charakter kollektiver Identität verweisen. Die Forderung nach Uneindeutigkeit funktioniert nicht außerhalb hegemonialer Kontexte, die bestimmte Positionen verstummen lassen und unsichtbar machen. Eine Ablehnung identitätspolitischer Konstruktionen kann somit auch in einer Festigung von Hegemonie münden, verschiedenste Formen von Differenz verschweigen und die Artikulation subalterner Positionen verunmöglichen. bell hooks verdeutlicht zum Beispiel schon in

zeitig anti-essentialistisch ist und sich doch auf konkrete Figuren und Ereignisse bezieht, um eine nicht-hegemoniale Geschichte zu bewahren oder überhaupt erst zu entwerfen? Gerade in Bezug auf die Jahre der AIDS-Epidemie und queeren Aktivismus in den USA stellt sich die Frage, wie eine Geschichte als queere (Bewegungs-)Geschichte erzählt wird beziehungsweise erzählt werden kann. Welche Ereignisse werden in einem kollektiven Gedächtnis bewahrt, welche Subjekte werden darin sichtbar und wer bleibt unsichtbar und marginalisiert?

Mich interessieren an den Überlegungen zur Zeitlichkeit in den Queer Studies sowohl die Entwürfe und Vorschläge dazu, queere Historiografien zu entwerfen, als auch die Unmöglichkeiten und Widersprüche darin. Eine Bewegungsgeschichte läuft Gefahr, sich auf bestimmte Formen von Identitätskonstruktionen zu berufen und diese festzuschreiben. Dies ist auch vor dem Hintergrund wichtig, dass immer wieder, etwa in nationalistischen oder rassistischen Logiken, bestimmte Formen von Gleichstellungspolitiken mit einer Idee von Fortschrittlichkeit verknüpft werden und dieses Motiv der Fortschrittlichkeit zu einem Moment der Ausgrenzung gegenüber denjenigen wird, die dabei als Andere entworfen werden.[19] Solche zeitlichen Logiken bestimmen also auch Konstruktionen des Othering.

Der Begriff der Bewegungsgeschichte_n, wie ich ihn hier im Weiteren verwende, wird sich nicht auf eine einzige/eine isolierte soziale Bewegung beziehen. Er soll als Erweiterung gefasst werden, soll keine zeitlich und örtlich begrenzte soziale oder politische Bewegung beschreiben, sondern Bewegungen kollektivierender Momente in identitätspolitischen oder queeren Zusammenhängen begreifen. Queere Bewegungsgeschichte_n wird bzw. werden im Kontext der Arbeit entsprechend viele Formen von identitätspolitischen und queeren Bewegungen um Anerkennung, um gesellschaftliche Teilhabe, gegen Pathologisierungen, für Gleichstellung, aber auch die Effekte und das Erleben heteronormativer Strukturen umfassen.

Zugrunde liegt queerer bzw. queeren Bewegungsgeschichte_n auch die Möglichkeit der Differenzierung und Bedeutungsproduktion anhand von Sexualität, die Erfindung der Homosexualität.[20] Der Begriff queerer Be-

---

den 90er Jahren in ihrem Text *The Oppositional Gaze* (1992), dass in feministischen Kritiken an dem Konzept »Frau« Erfahrungen Schwarzer Frauen keinen Eingang finden.

19 Vgl. u.a. Fabian (2014); Heidenreich (2005); Puar (2007).

20 Ann Cvetkovich schreibt: »Even the relatively short history (roughly »one hundred years«) of homosexuality as an identity category has created the historiographical challenge of not only documenting the wide varieties of homosexual experience but exam-

wegungsgeschichte_n wird die Konstruktion queerer Historiografien oder queerer medialer Gedächtnisformationen umfassen. Es gibt nicht die eine queere Bewegung, deren Geschichte beschrieben werden kann.

Die Untersuchungen zu Formen normativer und Queerer Zeitlichkeiten sind bisher kurz vorgestellt und systematisiert worden nach Problematisierungen von Historiografie, Archiven, zeitlich bestimmten Formen von Verkörperungen, Queerer Zeitlichkeit, der Frage nach gesellschaftspolitischer Relevanz des Ordnungssystems Zeit. Dabei möchte ich nach dieser Darstellung der Felder einer Auseinandersetzung mit Zeitlichkeit im Folgenden nun den Fokus verschieben und analysieren, wie sehr Medialität (im Besonderen Film bzw. Dokumentarfilm) die Diskussion um Zeitlichkeit in den Queer Studies implizit bereits bestimmt. Zunächst wende ich mich daher einer filmwissenschaftlichen Diskussion zur Zeitlichkeit zu, wobei ich den Schwerpunkt auf feministische Theorien lege, um hier Überschneidungen zu den Auseinandersetzungen mit Zeitlichkeit in den Queer Studies auszumachen. Dann kehre ich zurück in die Auseinandersetzung mit Zeitlichkeit in den Queer Studies, um mir dezidiert einige dort unternommene Filmanalysen anzuschauen. Anhand der Analysen werde ich aufzeigen, wie sehr das Medium Film die Auseinandersetzung mit Zeitlichkeit in den Queer Studies bestimmt. Meine These ist, dass die Auseinandersetzung mit Zeitlichkeit in den Queer Studies stark über die Medialität geprägt ist, den Zeitentwürfen selbst medial hervorgebrachte Ideen von Zeitlichkeit zugrunde liegen. Im Hauptteil der Arbeit werde ich mich später auf Dokumentarfilme konzentrieren, um mir darin die – medial spezifischen – Aushandlungen queerer Bewegungsgeschichte_n anzuschauen.

Dabei werde ich die Filme selbst als Bewegungsfilme begreifen, da sie produktiv an der Konstruktion der Idee einer sozialen Bewegung beteiligt sind, weil sie – nicht zuletzt auch aufgrund ihrer Vorführungen auf queeren Filmfestivals – eine Idee von kollektiven Identitäten befördern. Julia Zutavern hat in ihrer Publikation *Politik des Bewegungsfilms* (2015) den Begriff des Bewegungsfilms bestimmt als »einen (Video-)Film, der sich positiv auf eine soziale Bewegung bezieht, wobei sich diese Beziehung aus bestimmten Produktions-, Distributions- und Rezeptionsverhältnissen und den daraus resultierenden Textkonstruktionen und (politischen) Wirkungen ergibt« (ebd.,

ining documents of homophobia along with earlier histories of homoeroticism and same-sex relations« (Cvetkovich 2003, 242).

13). Die soziale Bewegung, auf die sich die Filme, die mich hier interessieren, beziehen, wird dabei immer auch mitkonstruiert. Auch Dokumentarfilme schärfen die Idee von Bewegungsgeschichte. Denn im Bewegtbild des Films bzw. in seinen zeitlichen Strukturen werden produktive Entwürfe von (kollektiver) Identität geschaffen, die queere Historiografien entwerfen können oder ihnen auch entgegenstehen. Die Filme, die ich für meine Analyse ausgewählt habe, reflektieren und dekonstruieren Aspekte des Dokumentarischen in Bezug auf Bewegungsgeschichte_n und Medialität. Ihre Auseinandersetzung mit Zeitlichkeit findet im Medium an Motiven, Filmgeschichte_n und Materialitäten statt.

3. Zeit als Ordnungsstruktur in filmwissenschaftlichen Ansätzen

3.1 Zeitlichkeit in der medialen Struktur des Films

Bereits in seiner Frühzeit haben den Film als zeitbasiertes Medium theoretische Überlegungen zur Zeitlichkeit begleitet.[1] Dass der Film den Ablauf der Zeit und somit auch Bewegung festhalten konnte, machte in hohem Maße die Attraktion des neuen Mediums aus und stellte einen wesentlichen Unterschied zur Fotografie dar. Zeitsprünge, Rückblenden oder auch die Manipulation der Zeit – zum Beispiel in der Möglichkeit, die Zeit zurücklaufen zu lassen – gehörten zum Spektakel des frühen Kinos.

Im narrativen Hollywoodkino ist es das zeitliche Prinzip des *continuity editing*, das den Aufbau und die Ereignisse möglichst nahtlos strukturiert und damit die Linearität des Films unterstreicht, die dieser Linearität zugrunde liegende Konstruktion über Zeit und Raum unsichtbar macht. Dagegen stellen gerade experimentelle Filme und Avantgarde-Bewegungen oftmals die zeitliche Konstruktion von Film und Kino aus und lassen sie sichtbar werden.

---

1 Ideen und Konzepte zur Zeitlichkeit des Mediums tauchen bereits bei den russischen Formalist*innen und ihren unterschiedlichen Konzepten auf und zwar nicht nur im Hinblick auf den Rhythmus der Montage: »Der Jambus, das Tempo, die Bewegungsart, ihre genaue Disposition im Hinblick auf die Achsen der Einstellungskoordinaten, vielleicht aber auch zu den Weltachsen der Koordinaten (drei Dimensionen + die vierte – Zeit) müssen vom Filmschöpfer berücksichtigt und untersucht werden« (Vertov 2003, 33). Arnheim schreibt 1932 in *Film als Kunst* zur Zeitlichkeit der Montage: »Es gibt in Wirklichkeit für einen Beobachter keine Zeit- und Raumsprünge, sondern eine raumzeitliche Kontinuität. Nicht so im Film. Die gefilmte Zeitstrecke läßt sich an einem beliebigen Punkt abbrechen. Sofort darauf kann eine Szene vorgeführt werden, die zu völlig anderer Zeit spielt« (Arnheim 2003, 188). Deleuze zeigt in seinen Kinobüchern (1983 und 1985) Zeit als zentrales Moment von Film auf.

Hier sind es Brüche und Sprünge, Verweise auf das Material und selbstreferenzielle Rückkopplungen, die Linearitäten und Chronologien in Frage stellen.

Obschon jedes Filmbild ein Bild der Nachträglichkeit ist, also mittels seiner Medialität auf eine Vergangenheit verweist, ist dies für den Dokumentarfilm zentraler als für den Spielfilm: Auch wenn der Spielfilm sich in seinen Zeichen und Narrativen ebenfalls auf eine außerfilmische Realität bezieht oder, anders gesagt, von zeitgenössischen gesellschaftlichen Diskursen durchdrungen ist, so stellt er doch immer eine eigene filminhärente Zeitordnung auf, die unabhängig von einer außerfilmischen Realität sein kann (vgl. Hohenberger/Keilbach 2003, 7ff.). Der Dokumentarfilm dagegen basiert immer auf einem Verweis auf eine außerfilmische Realität. Sein Bezug zur Vergangenheit ist damit deutlicher als der des Spielfilms, der auch die Möglichkeit hat, sich in einer Zukunft zu verorten.

Analytisch können zunächst einmal, unabhängig von der Filmgattung, unterschiedliche filmische Ebenen unter dem Aspekt von Zeitlichkeit untersucht werden. Für eine neoformalistische Filmanalyse beschreibt Kristin Thompson die Zeit als eine der drei Größen,[2] die mit filmischen Techniken als Erzählung des Films vermittelt werden (vgl. Thompson 2003, 461). Zeitliche Elemente können in fast allen filmischen Verfahren ausgemacht werden. Die Narration, die Mise en Scène, die Figurenkonstellation, die Montage, alle einzelnen Elemente des Films können auf ihre jeweiligen zeitlichen Konzepte und historischen Bezüge hin analysiert werden. Kristin Thompson und David Bordwell unterscheiden drei Formen der Dauer des Films: *story duration*, *plot duration* und *screen duration* (vgl. Bordwell/Thompson 2002). Die *screen duration* als die tatsächliche, außerfilmische Dauer des Films, ist nur in Ausnahmefällen identisch mit der *story* oder *plot duration*. In der Regel übersteigt die *story duration* als die zugrunde liegende Zeitspanne der erzählten Geschichte die *plot duration* als die Dauer der im Film dargestellten Elemente, die nur einen Teil der gesamten Story umfasst und damit die *screen duration* also die Länge des Films. Dies ist aber nicht festgelegt, der Film hat die Möglichkeit über filmische Verfahren wie *slow motion* oder auch *freeze frame*,

2 Neben dem Raum als zweiter Größe beschreibt Thompson die dritte Größe als »das abstrakte Spiel zwischen den nicht-narrativen räumlichen, zeitlichen und visuellen Aspekten des Films – die graphischen, zeitlichen und rhythmischen Eigenschaften des Bildes und des Tons« (Thompson 2003, 461).

die Ereignisse weniger Sekunden mit filmischen Mitteln zu verlängern.[3] Auf der anderen Seite gibt es in der Regel Lücken und Auslassungen in einer filmischen Erzählung, es findet also häufig eine Raffung der *story duration* statt. Die Zeitordnung des Films kann über Rückblenden, *flashbacks*, Ellipsen auf visueller und auch auditiver Ebene in die Vergangenheit und auch auf die Zukunft verweisen. Einstellungsgrößen und die Dauer einer einzelnen Sequenz, das Montagekonzept und sein Rhythmus tragen ebenfalls zur medienspezifischen Zeitlichkeit des Films bei (vgl. ebd., 74-82, 284-293).

3.2 Normative Zeitlichkeiten

An den Beiträgen der Filmwissenschaft, die zeitliche Faktoren des Mediums untersuchen, zeigt sich, dass hier bereits Zeit als medieninhärente Ordnungsstruktur im Kontext gesellschaftlicher Machtverhältnisse begriffen wird. Unter dem Aspekt einer Zeit in der Moderne schaut sich Mary Ann Doane in ihrem Buch *The Emergence of Cinematic Time* (2002) das Kino an und bringt es als Medium in Zusammenhang mit einer gesellschaftlichen Zeitordnung. So gerät nicht das Verhältnis der außerfilmischen Realität zum Filmbild in den Fokus, sondern die Konstruktion von (sozialer/gesellschaftlicher) Zeit und wie diese vom Medium Film geprägt wurde. Eine Zeitordnung ist bei Doane keine gegebene Größe, sondern eine kulturell, sozial geprägte Struktur, die sich mit und in medialen Gegebenheiten verändert. Film und Kino haben einen Anteil an dieser Bedeutungsgenerierung anhand von zeitlichen Strukturen. Über den Beginn einer Geschichte der kinematografischen Zeit schreibt Doane:

---

3 Ein eindrückliches Beispiel hierfür ist der Film HAVARIE (D 2016, R.: Philip Scheffner), der auf einem kurzen, ca drei-minütigen Youtube-Clip basiert. Der Clip ist vom Deck eines Kreuzfahrtschiffes aufgenommen und zeigt ein Schlauchboot mit 13 Personen, das in der Nähe des Kreuzfahrtschiffes auf dem Meer treibt. HAVARIE streckt den Clip als seine visuelle Grundlage auf etwas mehr als 90 Minuten (die *screen duration*) und verlangsamt ihn damit. Die 90 Minuten des Films beschreiben die Zeitdauer, die ein zu Hilfe gerufenes Rettungsteam brauchte, um zu den Menschen im Schlauchboot zu gelangen. Die Zeitdauer des Films ist hier über die Audiospur weiter ausgedehnt. Auf der Audioebene erzählen Menschen sehr unterschiedliche Geschichten in je eigenen Zeitspannen, es sind autobiographische Geschichten, die von Flucht, aber auch von der Situation auf dem Kreuzfahrtschiff erzählen. Die Audioebene umspannt viele Jahre. Die Zeitdauer des Film ist also auf vielfache Weise kompliziert und über filmische Verfahren als eine Eigenzeitlichkeit des audiovisuellen Mediums herauszustellen.

> »[...] the earliest films display more vividly the fact that chance and contingency are the highly cathected sites not only of pleasure but of anxiety. The threat is that of an excess of designation, an excess of sensation that excludes meaning and control. The developing classical conventions structure time and contingency in ways consonant with the broader rationalization and abstraction of time in an industrialized modernity. Efficiency becomes a crucial value, and time is filled with meaning. Nevertheless, contingency is by no means banished. The structuring of time also involves its (structure's) denegation. Cinema comprises simultaneously the rationalization of time and an homage to contingency. Classical cinematic form involves the strict regulation of a mode that never ceases to strike the spectator as open, fluid, malleable – the side of newness and difference itself« (Doane 2002, 31f.).

Doane zeichnet eine Geschichte der kinematografischen Zeit nach und legt dabei offen, wie diese Zeitordnung bereits Machtstrukturen in sich aufgenommen hat und somit auch ein Produkt gesellschaftspolitischer Zeitordnungen darstellt. Die vom Industriekapitalismus geprägte gesellschaftspolitische Gegenwart des frühen Kinos schafft mit ihren Arbeitsverhältnissen und Taktungen eine neue Ordnung der Zeit, die so rhythmisiert und zu einer ökonomischen Größe wird. Diese außerfilmische Regulation von Zeit findet Doane im Kino wieder. Zugleich stellt sie heraus, dass die kinematographische Zeit über diese regulierte, vermessene Zeit hinausgeht, sie sich nicht komplett kontrollieren lässt. Mit dieser Idee bietet sie eine strukturelle Anschlussmöglichkeit an Fragen der Zeitlichkeit in den Queer Studies. Denn, was sie beschreibt, ist ein Widerstreit innerhalb der zeitlichen Organisation des Kinos, das zwar einerseits einer bedeutungsvollen Zurichtung der Zeit unterliegt, diese andererseits aber fortlaufend zum Bersten bringt.

Gilles Deleuze unterscheidet in seinen beiden Kinobüchern das Bewegungs-Bild und das Zeit-Bild (Deleuze 1997 [1983], Deleuze 1997 [1985]). Sein Beitrag zu einer Theorie des Kinos konzentriert sich damit auf den Aspekt der Zeitlichkeit. Dabei ist das Zeit-Bild einem modernen Kino nach dem zweiten Weltkrieg zugeordnet, das Bewegungs-Bild hingegen dem von Deleuze für die Zeit bis dahin zusammengefassten klassischen Kino. Die Hierarchie von Zeit und Bewegung verändert sich zwischen den beiden beschriebenen Formen, die Zeit wird zum wichtigsten strukturierenden Moment:

> »Als Phantom geisterte das direkte Zeit-Bild schon immer im Kino herum, doch einen Körper konnte ihm erst das moderne Kino geben. Im Gegensatz zur Aktualität des Bewegungs-Bildes ist das Zeit-Bild virtuell. Doch wenn-

> gleich das Virtuelle im Gegensatz zum Aktuellen steht, so steht es doch nicht im Gegensatz zum Realen. Man wird darauf entgegnen, daß dieses Zeit-Bild ebenso wie die direkte Repräsentation die Montage voraussetzt. Dies ist sicherlich richtig, doch hat sich die Bedeutung der Montage gewandelt und ihre Funktion geändert: statt sich auf die Bewegungs-Bilder zu beziehen, in denen sie ein direktes Bild der Zeit freilegt, bezieht sie sich auf das Zeit-Bild und legt in ihm die zeitlichen Beziehungen frei, von denen nunmehr die abweichende Bewegung abhängt« (Deleuze 1997 [1985], 61).

Im Konzept des Kristallbildes (vgl. ebd., 95ff.) legt Deleuze die Fähigkeit des Films offen, verschiedene Zeitebenen miteinander in Beziehung zu setzen und vor allem gleichzeitig aufzurufen. Hier ist es die Beziehung zwischen aktuellem Bild und virtuellem Bild, die die Filme, die Deleuze dem Zeit-Bild zuordnet, in Frage stellen oder nicht mehr voneinander lösen können. Damit wird aber auch eine lineare Zeitordnung des Films gebrochen, eine einfache Orientierung über die Zeit ist nicht mehr möglich, die Zeit ist überlappend, vielfach gespiegelt oder gebrochen.

Damit hat die Deleuzesche Kategorie des Zeit-Bildes strukturell eine Ähnlichkeit mit der Idee einer queeren Zeitlichkeit, wie sie J. Jack Halberstam aufzeigt (vgl. Kap. 2). Die Zeitlichkeit des Films ist brüchig, nicht linear oder chronologisch und verwehrt damit einfache Kausalitäten oder Teleologien. Das Kino, das Deleuze beschreibt, das eine einfache zeitliche Orientierung verwehrt und die Erfahrung von Zeit für den Film neu entwirft, ist das Kino der Nachkriegszeit. Auch hier liegen der Veränderung der Filmform Fragen nach Machtverhältnissen, Gewalt und sozialen Lebensentwürfen zugrunde, wie sie auch in den Queer Studies zentral sind. Sie zeigen sich auch im Umgang mit Zeitstrukturen oder besser im Entwurf von Zeitstrukturen im Medium Film. Die Filme, die Deleuze seinem Konzept des Zeit-Bildes zugrunde legt, verwehren und verkomplizieren die Orientierung über die Zeit, klare lineare Strukturen und chronologische Narrative. Auch wenn es keine queeren Filme in dem Sinne sind, dass sie nicht-heteronormative Sexualitäten und Lebensentwürfe verhandeln, so stellen sie doch gesellschaftspolitische Ordnungen in Frage.[4] Die Fragen nach Queerness von (normativer) Zeitlichkeit, die in den Queer Studies in der Hinwendung zu Fragen nach Zeit und Zeitlichkeiten aufgerufen werden, können auch als eine spezifische Form des Blicks

4 Für ein gegenwärtiges queeres Kino hat Nick Davis in *The Desiring Image. Gilles Deleuze and Contemporary Queer Cinema* (2013) die Deleuzeschen Kategorien Bewegung und Zeit um die des Begehrens ergänzt.

auf Machtstrukturen gelten und sind anschlussfähig an bereits gestellte Fragen nach Zeitlichkeit und Medialität in der Filmwissenschaft. Darum bietet es sich an, die hier geführten Auseinandersetzungen den Positionen in den Queer Studies zur Seite zu stellen. Insbesondere deutlich wird dies in der folgenden Diskussion, in der Fragen nach Geschlechterkonstruktionen in ihrem Bezug zu zeitlichen Ordnungsstrukturen aufgeworfen werden.

3.3 Geschlecht und Zeitlichkeit im Film

Die feministische Filmtheorie führt die Auseinandersetzung mit normativen Zeitlichkeiten in Bezug auf Film und Geschlechterkonstruktionen. In ihrem Buch *Zeit ohne Ende. Essays über Zeit, Frauen und Kino* verbindet Heike Klippel filmische Positionen mit theoretischen Positionen zur Zeitkonstruktion. Unterschiedliche zeitliche Figuren wie Wiederholung, Reproduktion, das Warten, aber auch Bedeutungsproduktion und Ende fügt sie als mediale/strukturelle/narrative Phänomene im Film den theoretischen Positionen hinzu und bestimmt, wie diese zeitlichen Phänomene jeweils an Geschlecht gebunden sind.

Klippel zeigt binäre Ideen von Zeitstrukturen auf, aber arbeitet auch heraus, wie Filme in diese intervenieren. Zudem stellt sie heraus, dass Zeitstrukturen eng an Arbeitsverhältnisse und wichtiger noch: an Produktivität gebunden sind. Sie verweist darauf, dass gerade polychrone Zeitstrukturen und Arbeitsweisen romantisiert werden, gleichzeitig zum Teil der unentgeltlichen, reproduktiven Arbeit gehören und diejenigen, die ihr zugeordnet sind (im binären System weiblich gelesenene Personen, aber auch Personen des globalen Südens), unter diesen Zeitstrukturen leiden (vgl. Klippel 2009, 87). Mit Julia Kristeva beruft sich Klippel auf eine Theoretikerin, die sich in ihrem Essay *Women's Time* explizit mit der Frage nach Zeitlichkeit und Geschlecht beschäftigt. Bei Kristeva ist es ein psychoanalytischer Ansatz, der lineare Zeit und die Idee von Zeitlichkeit überhaupt an Männlichkeit bindet, an eine (über Männlichkeit bestimmte) symbolische Ordnung, ohne die die Ideen von Zeitlichkeit nicht existent wären, aus der sie also hervorgehen.

Kristevas Überlegungen sind anschlussfähig an Lee Edelmans Konzept queerer Zeitlichkeit. Wie für Edelman Queerness in reprofuturistischen Logiken verloren geht (vgl. Edelman 2004, 2ff.), so ist bei Kristeva Weiblichkeit, die in über Linearität gekennzeichnete Politiken verloren gehen muss. Auch bei ihr schon bleibt die Position der Negativität (vgl. Klippel, 92). Bei Kristeva heißt es in Bezug auf Weiblichkeit und Zeit:

> »As for time, female subjectivity would seem to provide a specific measure that essentially retains *repetition* and *eternity* from among the multiple modalities of time known through the history of civilizations. On the one hand, there are cycles, gestation, the eternal recurrence of a biological rhythm which conforms to that of nature and imposes a temporality whose stereotyping may shock, but whose regularity and unison with what is experienced as extrasubjective time, cosmic time, occasion vertiginous visions and unnamable *jouissance*. [...] In return, female subjectivity as it gives itself up to intuition becomes a problem with respect to certain conception of time: time as project, teleology, linear and prospective unfolding; a time as departure, progression, and arrival – in other words, the time of history« (Kristeva 1981, 16f., Herv. i. O.).

Mit der radikalen Unterscheidung von weiblicher und männlicher Zeitordnung kommt Kristeva zu einem sehr ähnlichen Schluss wie Edelman: Eine Politik der Frauenbewegung kann so etwas wie Weiblichkeit nicht bewahren, da (ihre) Politik in linearen Logiken funktioniert, die bereits immanent mit Männlichkeit verwoben sind, weshalb Weiblichkeit – bei Edelman: Queerness – in diesen verloren geht (vgl. ebd., 18).

Kristeva ordnet Weiblichkeit anderen Zeitkonzepten als der mit Linearität verbundenen Männlichkeit zu. Heike Klippel greift dies auf und führt ergänzend aus: »Mit Kristevas These vom Zugang der Frauen zu Monumentalität, Zyklizität und Ewigkeit könnte man noch die Wiederholung hinzufügen als eine weitere Form, sich dem Fortschreiten der Zeit nicht beugen zu wollen« (Klippel 2009, 93). Klippel stellt dann ihren Überlegungen zur Zeitlichkeit filmische Positionen zur Seite, ohne allerdings die Theorien durch Filmanalysen belegen zu wollen. Auch spricht sie nicht vom Medium Film und seiner Zeitlichkeit, sondern untersucht sehr spezifisch Zeiterfahrungen, die im Film reflektiert werden und an vergeschlechtlichte Positionen gebunden sind. An Filmen von Chantal Akerman zeichnet Klippel deren jeweilige Zeitkonzepte in Verbindung mit Geschlechterkonstruktionen nach. Damit ist in ihren Analysen das Medium der Ort, der eine an Geschlecht gebundene Erfahrung von Zeit aufrufen und spürbar machen kann, in dem auch ein Potential für Kritik steckt.

Film als zeitbasiertes Medium wird von Klippel auf Entwürfe von vergeschlechtlichter, vor allem auf Weiblichkeit bezogener Zeit hin befragt. Gerade in den Filmen Akermans wird die Normativität mit Weiblichkeit assoziierter Zeitstrukturen, wie die Wiederholung, das Warten, die Langeweile und die Dauer deutlich (vgl. ebd. 130ff.). Gleichzeitig werden aber auch filmische narrative Konventionen des Umgangs mit der Zeit aufgerufen und enttäuscht. Es wird deutlich, wie Zeitordnungen Erfahrungen von (hier binären) geschlechtlichen Positionierungen mitbestimmen. Auch in Bezug auf feministische Strategien ist es wieder vor allem die Produktion von Bedeutung, die über lineare schließende Zeitstrukturen im Film hergestellt wird und der sich die Filme über brüchige, nicht lineare Strukturen verweigern.

Klippel arbeitet an der Gegenüberstellung von linearer Zeit als männlich und zyklischer Zeit als weiblich konnotierter Zeit heraus, dass es eine Romantisierung derjenigen Zeitkonstruktionen gibt, die mit der Konstruktion von Weiblichkeit verflochten sind (vgl. ebd. 87ff.). Ihre Frage nach Formen der Konstruktion von Geschlecht über Zeitlichkeiten in Theorie und Kino sind keine Fragen nach queeren Entwürfen von Zeitlichkeit, aber doch Fragen nach der Brüchigkeit binärer Geschlechterkategorien über Zeitkonzepte. Auch sie begreift Zeitlichkeit als ein Ordnungsprinzip, das in Bezug auf Geschlechter- und damit Machtverhältnisse befragt werden kann und produktiv im Hinblick auf die (Re-)Produktion der binären Geschlechterordnung ist. Ihre Filmanalysen gehen davon aus, dass Film Zeiterfahrung nicht nur produzieren, sondern auch reproduzieren kann und damit überhaupt erst erfahrbar macht.

Bereits 1982 hat sich Heide Schlüpmann in einem Artikel in der feministischen Filmzeitschrift *Frauen und Film* mit Theorien zur Zeitlichkeit und zum frühen Kino beschäftigt. Auch Schlüpmann weist darauf hin, dass die Frage nach Geschlecht bzw. der binären Geschlechterordnung in diesen Theorien unberücksichtigt geblieben ist. Sie nimmt dabei – mehr noch als die anderen bisher genannten Theorien – das Dispositiv Kino und nicht den einzelnen Film in den Blick. Es ist also schon die Erfahrung des Kinos selbst, die hier mit spezifischen Erfahrungen von Zeit verbunden wird und an die Frage der Möglichkeit der Subversion geknüpft erscheint. Schlüpmann formuliert für die Beziehung der Frauen zum Kino in Bezug auf eine Zeiterfahrung folgende Überlegung:

> »Offenbar beziehen vor allem die Frauen, deren Zeit nicht durch den kapitalistischen Arbeitsprozeß reglementiert wird, das Kino in ihren Tagesablauf ein, für sie ist es am wenigsten ein außergewöhnliches Ereignis des Feierabends oder des Festtages. Die Kinoleidenschaft erwächst aus ›Langeweile‹« (Schlüpmann 1982, 47, Herv. i. O.).

Für Schlüpmann steht somit nicht so sehr die Erfahrung der Zeit im Film im Vordergrund, sondern die zeitliche Erfahrung einer vergeschlechtlichten Gesellschaftsrealität der Zeit des frühen Kinos, über die sie die Zuschauerinnen und das Kino verbindet. Hintergrund ist die Beschäftigung mit dem subversiven Potential des Kinos, das sie – in Abgrenzung zu den verschiedenen klassischen Filmtheorien – auch in Bezug auf patriarchale Strukturen wirksam sieht. So interessieren sich Béla Balázs, Walter Benjamin und Siegfried Kracauer in ihren filmtheoretischen Ausführungen vor allem für die gesellschaftlichen Machtverhältnisse im Kontext der sich verändernden Produktionsverhältnisse und Arbeitsteilungen. Die patriarchale Struktur, ihre Zeitordnungen und ihr Verhältnis zum subversiven Potential des Kinos bleibt, so stellt Schlüpmann heraus, bei ihnen unberücksichtigt. Somit fügt sie über das Moment der Zeit Geschlecht zu den Machtverhältnissen hinzu, die in Bezug auf das Kino in den Blick geraten. Zeit ist also auch bei Schlüpmann vergeschlechtlicht.

Die Überlegungen Schlüpmanns und Klippels setzen beide jeweils die Erfahrung von Zeit im Kino in Zusammenhang mit einer außerfilmischen Erfahrung von Zeit. Film kann hier also diese Erfahrung erlebbar machen und damit auch ein Ansatzpunkt für mögliche Veränderungen sein, wenn diese Erfahrungen darüber gesellschaftspolitisch in ihren Bedingungen begriffen werden.

Nicht nur im Blick auf den Film und das Kino als Medium, das zeitlich strukturiert und zeitbasiert ist, sondern auch in der konkreten Filmanalyse ist Zeit ein Faktor, wie ja auch Deleuze hervorgehoben hat. Gerade das Hollywoodkino mit seinem *continuity*-Prinzip, das die Zuschauer*innen über die Montage und fließende Übergänge mit dem Film vernäht,[5] hat eine Form der

---

5 Der Begriff der Naht, *suture*, ist der psychoanalytischen Theorie Lacans entnommen. Im Kontext der Filmtheorie bezeichnet er eine Vernähung im Sinne einer Bindung der Zuschauer*innen mit filmischen Mitteln. Anhand des Schuss-Gegenschuss-Verfahrens beschreibt Daniel Dayan die *suture* auch als ein zeitliches Moment der Bedeutungsproduktion im klassischen Kino: »[...] at the level of the signified, the effect of the suture system is a retroactive one. The character presented in shot two does not replace the absent-one corresponding to shot two, but the absent-one corresponding to shot one. The suture is always chronologically posterior to the corresponding shot; i.e., when we finally know what the other field was, the filmic field is no longer on the screen. The meaning of a shot is given retrospectively, it does not meet the shot on the screen, but only in the memory of the spectator. The process of reading the film (perceiving its meaning) is therefore a retroactive one, wherein the present modifies the past. The

Sinnproduktion über das Element der Zeit zentral gemacht. Auch über den Faktor der Zeit, die in der Montage fließend die einzelnen Sequenzen verbindet, wird Film in seiner Konstruktion unsichtbar gemacht.

Insbesondere diejenigen Momente, die die Logiken des filmischen Aufbaus aktiv ausklammern und vergessen machen, sind in der feministischen Filmtheorie zum Gegenstand der Kritik geworden. Dort, wo die Sinnproduktion nahtlos erscheint und in einer zeitlichen Logik fließt, hat die feministische Filmanalyse eingehakt und die in dieser Struktur der *Nahtlosigkeit* manifesten Machtverhältnisse offengelegt. Sie hat sich gerade gegen die zeitlich fließenden kontinuierlichen Aufbauten der Montage gewendet, da sich in ihr hegemoniale Verhältnisse normalisieren und weitertragen. So weist bereits Laura Mulvey in ihrem – zuerst 1975 veröffentlichten, vielfach kritisierten und in Teilen revidierten, aber doch immer noch kanonischen – Text *Visuelle Lust und Narratives Kino* (2016) darauf hin, dass Filme von der Zeit-Raum-Verankerung gelöst werden müssen, mit der sie den – für sie zentralen – Blick als patriarchalen Blick festigen. Als Konsequenz ihrer Analysen formuliert sie:

> »Filmische Codes machen sich die Spannung zwischen dem Kino als Kontrolle über die Dimension der Zeit (Schnitt, Narration) und dem Kino als Kontrolle über die Dimension des Raumes zunutze (Veränderungen in der Entfernung, Schnitt) und erzeugen einen Blick, eine Welt und ein Objekt, sie produzieren so eine maßgeschneiderte Illusion für das Begehren. [...] Der erste Schlag gegen die monolithische Akkumulation traditioneller Filmkonventionen (den radikale Filmemacher_innen bereits ausführen) besteht darin, den Blick in die Freiheit seiner Materialität in Zeit und Raum zu entlassen und den Blick des Publikums in die Freiheit der Dialektik, einer leidenschaftlichen Ungebundenheit« (ebd., 59f.).

Mulvey kritisiert also auch den Umgang des (klassischen Hollywood-)Kinos mit dem Element der Zeit, da es diese ordnet und unter Kontrolle hält, strukturiert. Dies liest sie als eine patriarchale Struktur, die sich im Medium Film

---

system of the suture systematically encroaches upon the spectator's freedom by interpreting, indeed by remodeling his memory. The spectator is torn to pieces, pulled in opposite directions. On the one hand, a retroactive process organizes the *signified*. On the other hand, an anticipatory process organizes the *signifier*. Falling under the control of the cinematographic system, the spectator loses access to the present« (Dayan 1974, 31, Herv. i. O.).

reproduziert. Sie ruft dazu auf, mit dieser Strukturierung (der Blickordnung über Raum und Zeit) zu brechen und damit die machtvolle Unterwerfung des Blicks zu verhindern. Ihre Analyse ist aus queerer Perspektive dafür kritisiert worden, dass in ihr ursprünglich nur binär-geschlechtliche Identifikationsmöglichkeiten für Zuschauer*innen wie Protagonist*innen im Film vorkamen – eine Position, die sie selbst in einigen Aspekten relativiert hat.[6]

Auch die Lust ins Kino zu gehen, ist von feministischen Theoretiker*innen gerade auch als ermächtigende Strategie perspektiviert worden. Wichtig für diese Arbeit ist der Gedanke, dass auch bereits Mulvey den Umgang mit Zeit als ein relevantes Strukturprinzip des Films ausmacht, das Machtverhältnisse (re-)produziert. Ihre Forderung nach einem anderen Umgang der Filmemacher*innen mit der patriarchalen Struktur des Films lässt sich mit der Idee einer queeren Zeitlichkeit verknüpfen: Was Mulvey für einen feministischen Umgang mit Film vorschlägt, kann in Bezug auf Zeitlichkeit auch für eine queere Perspektive gelten. Bei Mulvey rückt jene filmische Struktur als machtvolle, geschlossene Struktur in den Blick. Die geschlossene Narration, die Bindung des Zuschauer*innenblicks, die fließende Zeit sind – unabhängig von einer feministischen oder queeren Perspektive – im Hinblick auf Machtstrukturen problematisierbar.

Queere Zeitlichkeit im Film wäre vor dem Hintergrund dieser Kritik eher in experimentellen Arbeiten zu suchen, in solchen Filmen also, die selbstreflexiv mit der eigenen zeitlichen Strukturierung umgehen, die zeitliche Konventionen des Films sowohl ausstellen als auch brechen. Bei Mulvey ist dieser Gedanke der zeitlichen Strukturierung aus einer feministischen Überlegung zur Blickstruktur im Kino in Bezug auf Konstruktionen von Geschlechterverhältnissen hervorgegangen. Auch eine Queere Zeitlichkeit braucht diese Bezugspunkte zur Perspektivierung von Machtverhältnissen, ausgehend von Sex, Körpern und Begehren und immer auch unter Berücksichtigung weiterer Differenzkategorien, die etwa in Form von Klassismus oder Rassismus Ungleichheit und Gewalt produzieren.

Wie ein lesbischer Blick im (patriarchal strukturierten) Kino etabliert werden kann, diskutiert Teresa de Lauretis, die sich ebenfalls auf die Psychoanalyse bezieht, anhand von Sheila McLaughlins Film SHE MUST BE SEEING

6 Mit der Möglichkeit der Identifikation für Frauen im von ihr binär-geschlechtlich gekennzeichneten Apparat Kino hat sich Mulvey etwa in ihrem Aufsatz *Afterthoughts on Visual Pleasure and Narrative Cinema* (1981) auseinandergesetzt.

THINGS (USA 1987). In de Lauretis' Analyse ist es die Dopplung des Mediums (in Form eines Films im Film) und das Moment der Selbstreflexivität filmischer Strukturen, das ihr zufolge ein Aufbrechen der Blickstrukturen ermögliche (de Lauretis 1994, 88). Der zentrale Punkt, den sie in Bezug auf eine Positionierung der Zuschauer*innen als lesbische Zuschauer*innen herausarbeitet, ist der, dass das Frauenpaar im Film in seinem Begehren über die Strukturen von Begehren im Film-im-Film, an dem eine der Protagonistinnen arbeitet, gezeichnet wird. Ein lesbischer Blick, oder die Möglichkeit einer lesbischen Positionierung als Zuschauer*in, wird hier also in zweiter Instanz aufgebaut, nämlich über die Figuren im Film, an denen de Lauretis wiederum patriarchale Blickstrukturen und Begehren im Film verdeutlicht. Sie schreibt:

> »Now, the originality of McLaughlin's film, in my opinion, consists precisely in its foregrounding of that frame of reference, making *it* [die patriarchale Strukturierung des Mediums Film, N. F.] visible, and at the same time shifting it, moving it aside, as it were, enough to let us see through the gap, the contradiction; enough to create a space for questioning not only what *they* see but also what *we* see in the film, enough to let us see ourselves seeing, and with what eyes« (ebd., 112f., Herv. i. O.).

Damit zeigt Teresa de Lauretis, dass die patriarchale Struktur des Films vom Film selbst nicht nur thematisiert, sondern auch verändert werden kann. Der Film betreibt also selbst schon eine Form von Historiografie filmischer Blicke und Begehrensstrukturen.

Linda Williams' Artikel *Film Bodies: Gender, Genre, and Excess* thematisiert Filmgenres, die als kulturelle Produkte eher abgewertet werden und sich über ein starkes körperliches Erleben der Zuschauer*innen auszeichnen (Williams 1991). Auf der Seite der Zeiterfahrung, die mit bestimmten körperlichen Reaktionen während der Rezeption eines Films verbunden ist, setzt sie diese *body genres* an und beschreibt drei Genres, die ihr zufolge in einem spezifischen Verhältnis zum Körper der Rezipient*innen stehen und deren Effekte sie gleichzeitig als zeitliche Effekte der Narration begreift. Sie isoliert dabei den Horrorfilm, den Porno und das Melodram als spezifisch für die mit ihnen verbundenen körperlichen Reaktionen des Publikums. Die jeweiligen Zeitlichkeiten, die sie den Filmen in Bezug auf deren Effekte in Form von körperlichen Reaktionen der Zuschauer*innen zuschreibt, sind *zu früh* im Horrorfilm, *just in time* im Porno und *zu spät* im Melodram. Die körperlichen Reaktionen sind beim Horrorfilm das Schaudern, beim Porno der Orgasmus und beim Melodram das Schluchzen. Mit Jean Laplanche und Jean-Bertrand Pontalis argumentiert Williams, dass die Zeiterfahrungen und körperlichen Reaktionen der Zuschauer*innen auf die Filme auf – ihrerseits auf Ursprungsmythen verweisenden – Phantasien beruhen, die von den Genres immer wieder durchgespielt werden und für die Geschlecht eine zentrale Bedeutung hat (vgl. ebd., 270). Mit Freud benennt Williams die drei »Urphantasien«:

> »Freud führt das Konzept der ›Urphantasie‹ ein, um die mythischen Funktionen von Phantasien zu erklären, die Wiederholungen und ›Lösungen‹ wesentlicher Rätsel zu sein scheinen, mit denen das Kind konfrontiert wird [...]. Diese Rätsel liegen auf drei Gebieten: das Rätsel des Ursprungs sexueller Begierde, das sozusagen ›gelöst‹ wird durch die Phantasie der Verführung; das Rätsel des Geschlechtsunterschieds, durch die Phantasie der Kastration ›gelöst‹; das Rätsel des Ursprungs des Selbst, ›gelöst‹ durch die Phantasie des Familienromans oder der Rückkehr zu den Ursprüngen [...].« (Williams 1991, 271, Herv. i. O.)

Williams verbindet diese Analyse der Urphantasien mit den zeitlichen Logiken und Momenten des Films. Der Porno greift die Verführung auf, der Horrorfilm die Geschlechterdifferenz und die Kastration und das Melodram die Rückkehr zu den Ursprüngen. Es geht aber – so zeigt Williams – in den Filmen nicht um die Lösung, sondern auch um die andauernde Wiederholung und Anpassung der Szenarien in immer weiteren Filmen der Genres. Dabei zeigen sich auch zeitliche Variationen von Geschlechterkonstruktionen, diese werden im Modus des Genres laufend angepasst, weshalb Williams meint, » [...] es könnte sinnvoll sein, die Filme als Genres von Geschlechtsrollen-Phantasien zu untersuchen« (ebd., 268). Gerade melodramatische Filme, aber auch Pornos tauchen als filmische Gegenstände in der Auseinandersetzung mit Zeitlichkeit in den Queer Studies auf, so dass die Vermutung naheliegt, dass auch hier die zeitlichen Erfahrungen der Rezeption Relevanz bekommen.

Auch über die Rezeptionsebene sind (binär angelegte) Geschlechterkonstruktionen befragbar, wenn etwa melodramatische Filme insbesondere als an ein weibliches* Publikum gerichtet, Pornos und Horrorfilme als an ein männliches* Publikum gerichtet, verstanden werden. Gerade Melodramen sind wiederum zu einem prominenten Analysegegenstand feministischer Filmtheorie geworden. Die zeitliche Erfahrung des ›zu spät‹, Trauer und Melancholie sind in Bezug auf feministische Auseinandersetzungen mit Film zentral geworden.

Allgemein im Entertainment und speziell im Filmgenre des Musicals sieht Richard Dyer die Möglichkeit der Erfahrung von außerfilmischen

Machtverhältnissen, worauf für ihn die Hoffnung auf eine Veränderung derselben gründet (vgl. Dyer 2002). Dabei spricht Dyer in Bezug auf die zeitliche Strukturierung des Films vor allem denjenigen Momenten eine starke Wirkmächtigkeit zu, die die Linearität der Erzählung aussetzen. In diesen Momenten kann das Musical bei den Zuschauer*innen die Idee hervorrufen, dass etwas anders sein könnte, dass gesellschaftliche Verhältnisse, die über Rassismus, Sexismus, Homo- oder Trans*phobie bestimmt sind, verändert werden könnten (vgl. ebd., 20ff.). Auch hier erscheint Zeit bereits als eine filminhärente Ordnungsstruktur, über die Machtverhältnisse zur Diskussion gestellt werden können, die wiederum mit Fragen der Wirksamkeit und Subversion in Bezug auf die Rezeption und Effekte des Films verbunden sind. Dyers Überlegungen zum Potential des Musicals, das – über die Brüchigkeit der filminhärenten Zeitordnung – ein utopisches Gefühl, dass »es anders sein könnte«, hervorrufen kann, ähneln den Überlegungen von José Esteban Muñoz, der Queerness zu einem utopischen Moment macht (vgl. Kap. 2). Bei beiden wird im Medium bzw. in der Performance die Möglichkeit erfahrbar, dass reale gesellschaftliche Gewalt- und Ungleichverhältnisse auf Konstruktionen beruhen und damit veränderbar sein könnten.

Die filmwissenschaftliche Auseinandersetzung mit Zeitlichkeit beschäftigt sich, wie gezeigt wurde, mit der Frage nach zeitlichen Ordnungen und Machtverhältnissen, die sich in feministischer Perspektive zum Beispiel darin zeigen, Geschlechterkonstruktionen zu etablieren, zu stabilisieren, zu normalisieren. Sie beschäftigt sich mit Arbeits- und Produktionsverhältnissen und dem Zusammenhang zwischen der Organisation der Arbeit und dem Aufkommen des Kinos bzw. des Films. Insbesondere auch die Geschlechterdifferenz wird in Bezug auf Zeitordnungen, über die sie produktiv wird und in die sie eingeschrieben ist, untersucht. Dabei werden binäre Ordnungen wie lineare Zeit gegenüber zyklischer oder monumentaler Zeit einer Zweigeschlechterordnung zugeschrieben (vgl. Klippel 2009, 93). Feministische Filmwissenschaftler*innen perspektivieren genau diese Idee einer Erfahrung von Zeit als Alltagsstruktur, die sich in Beziehung setzen lässt zu Erfahrungen in der Filmrezeption oder auch zu einer Begeisterung für das Kino und den mit ihm verbundenen Erfahrungen von Zeit.

Die Erfahrung von Zeit ist insbesondere in Bezug auf Arbeit beschrieben worden. Dabei ist es Reproduktionsarbeit, die sich in der zyklischen oder monumentalen Zeit wiederfindet. Differenz ist aber auch über die Geschlechterdifferenz hinaus in zeitliche Ordnungen eingeschrieben. Gerade da die zeitliche Logik so stark im Hinblick auf sich verändernde Produktions- und Arbeitsbedingungen untersucht worden ist, ist es auch Klasse, die in zeitliche Ordnungen eingeschrieben ist.

Filme als zeitlich basierte Medien können in Bezug auf ihre zeitliche Strukturiertheit in Bezug auf unterschiedliche Machtverhältnisse untersucht werden. Taktungen, Linearitäten, Wiederholungen, Brüche etc. in Filmen bieten die Möglichkeit, Machtverhältnisse als Erfahrungen oder Zuschreibungen von Zeit zu analysieren. Psychoanalytisch grundierte Ansätze der feministischen Filmtheorie binden die Ordnung der Zeit an eine generelle Ordnung der Subjekte, wenn sie, wie Kristeva, die Erfahrung von Zeit an die symbolische Ordnung und damit auch eine Zweigeschlechterordnung binden. Eine queere Analyse der Zeitordnungen aber darf diese Zweigeschlechterordnung nicht einfach reproduzieren. Die vorliegenden Theorien bieten eine Dekonstruktion bzw. eine Destabilisierung binärer Verortungen als Möglichkeit des Films bereits an. So sehr chronologisch-lineare Narrative zu dominanten Merkmalen des Aufbaus von Film geworden sind, so wenig kann doch Film komplett über diese lineare Struktur begriffen werden. Die strukturelle Lücke zwischen den Einzelbildern im Zelluloid, die Nähe zur Vergangenheit, zu Spuren und Geistern (vgl. Mulvey 2006, vgl. Kap. 3.4.), die Flexibilisierung von Zeit über die Montage sind nur einige Elemente medieninhärenter Eigenzeitlichkeiten, die sich widerständig zu einer geschlossenen Bedeutungsproduktion verhalten.

3.4 Dokumentarfilme und Historiografie

Die Definition des Dokumentarfilms gerade in Abgrenzung zum Spielfilm ist immer wieder problematisiert worden. Darauf weist Eva Hohenberger in ihrer Einführung zur Dokumentarfilmtheorie im Sammelband *Bilder des Wirklichen. Texte zur Theorie des Dokumentarfilms* hin (Hohenberger 2000). Während eine theoretische Unterscheidung von Dokumentar- und Spielfilm demnach schwer zu begründen ist, lassen sich mit einem pragmatischen Ansatz[7] un-

7 »Prämisse eines pragmatischen Zugangs zum Dokumentarfilm ist, daß er sich eben nicht anhand textueller Verfahren, seien sie nun narrativ oder nicht, vom Spielfilm unterscheiden läßt, sondern daß er sich gleichsam qua Vertrag zwischen Zuschauern und Text erst konstituiert. [...] In der Perspektive der Pragmatik lautet die Begriffsbestimmung des Dokumentarfilms daher schlicht: Er ist als was er erkannt wird, oder die Frage der Definition ›WAS ist ein Dokumentarfilm?‹ wird ersetzt durch die Frage ›When is a Documentary?‹«(Hohenberger 2000, 25-29).

terschiedliche Rezeptionsformen bzw. unterschiedliche Formen des Umgangs mit verschiedenen Filmformaten feststellen (vgl. ebd., 29). Der Bezug zu einer außerfilmischen Wirklichkeit lässt sich nicht über die Indexikalität des Filmbildes in seiner Verbindung zu einer außerfilmischen Wirklichkeit erklären, das Dokumentarische ist eine andere Form der Wahrnehmung und Kategorisierung von Film. Eine Unterscheidung nach fiktional und dokumentarisch kann nicht ausschließlich vom Material aus gelingen, da auch dokumentarische Filme fiktionale Elemente in sich tragen, eine Perspektive einnehmen und eine Auswahl in der Wahrnehmung einer außerfilmischen Wirklichkeit treffen. Auch Dokumentarfilme sind also bereits Interpretationen und tragen – wie der Spielfilm – Fiktionalisierungen in sich. Der Unterschied zwischen Spiel- und Dokumentarfilm wird also, wie Hohenberger zeigt, nicht im Medium selbst greifbar, sondern anhand der Rezeption, des Umgangs mit dem Film, oder anders gesagt, er liegt nicht im Material, im Filmbild, sondern in der Rezeption.

Bill Nichols beschreibt in seiner *Introduction to Documentary*, wie Dokumentarfilme für identitätspolitische Bewegungen zentral geworden sind, und zeigt dies auch am Beispiel von lgbtiq-Dokumentarfilmen (Nichols 2001).[8] Nichols begreift diese Zuschreibung als Kennzeichen einer Menge von Filmen, die aus einer lgbtiq-Communitiy für eine solche Community entstehen. Die Dokumentarfilme können für solche Bewegungen zu einem politischen Instrument werden, da sie die Möglichkeit bieten, eigene Repräsentationen zu schaffen und dadurch Medien eigener Erinnerung und Geschichte zu werden, die nicht Teil einer nationalen Erzählung von Geschichte sind (vgl. ebd., 153ff.). Einem Sprechen aus nicht-queerer Perspektive über schwule, lesbische, trans* oder inter* Menschen wird mit diesen Filmen ein Sprechen über sich selbst entgegengesetzt. In Nichols Kategorisierung von Dokumentarfilmen ordnet er einen großen Teil der Filme, denen identitätspolitische Motive zugrunde liegen, einem *performative mode* zu, den er über die Auseinandersetzung mit einer bestehenden bzw. dominanten Ordnung des Wissens

8 Nichols beschreibt Dokumentarfilme als wichtigen Bestandteil für lgbtiq-identitätspolitische Bewegungen in den USA: »Associated with the rise of a ›politics of identity‹ that celebrated the pride and integrity of marginalized or ostracized groups, the voice of documentary gave memorable form to cultures and histories that had remained ignored or suppressed beneath the dominant values and beliefs of society. Standing in support of or in opposition to government policies became secondary to the more localized (and sometimes insular) task of retrieving histories and proclaiming identities that myths, or ideologies, of national unity denied« (2001, 153, Herv. i. O.).

kennzeichnet (vgl. ebd., 130ff.). Es geht nicht so sehr um die Behauptung von Objektivität, sondern um eine subjektive Wahrnehmung der außerfilmischen Realität und um eine Position dazu:

> »Performative documentary approaches the domain of experimental or avant-garde cinema but gives, finally, less emphasis to the self-contained quality of the film or video than to its expressive dimension in relation to representations that refer us back to the historical world for their ultimate meaning. We continue to recognize the historical world by means of familiar people and places [...], the testimony of others [...], and scenes built around participatory or observational modes of representation [...]. The world as represented by performative documentaries becomes, however, suffused by evocative tones and expressive shadings that constantly remind us that the world is more than the sum of the visible evidence we derive from it« (ebd., 134).

Über lgbtiq-Dokumentarfilme wird eine Gemeinschaft jenseits heteronormativer Zuschreibungen auf der einen Seite sichtbar gemacht und auf der anderen Seite als filmische Figur auch überhaupt erst produziert. In Bezug auf für die queeren Gemeinschaften relevante Ereignisse und politische Kämpfe sind bestimmte Dokumentarfilme somit als Bewegungsfilme zu kategorisieren, da sie in bestimmten historischen, aktivistischen oder künstlerischen Kontexten entstehen und darauf ausgerichtet sind, die Ideen, Ziele und Projekte der betreffenden Gruppe sichtbar zu machen und weiterzuverbreiten.

Dies wären zum Beispiel Dokumentarfilme, die sich mit *Act Up* oder der *gay-liberation*-Bewegung auseinandersetzen und selbst in diesem Kontext entstanden sind, die also tatsächlich von einer Form von Bewegung erzählen. Viele queere Dokumentarfilme sind aber vor allem durch ihre Protagonist*innen gekennzeichnet. Sie entwerfen ein Bild davon, was es heißt, schwul, lesbisch, trans* oder inter* zu sein. Viele der Filme sind gebunden an kollektiv(ierend)e Aufführungsorte der queeren Filmfestivals. Mit den Filmen wird eine Historiografie etabliert und erweitert, die nicht ausschließlich von der Heterosexualität ihrer Akteur*innen ausgeht. Es sind Oral-History-Projekte, die an bestimmten Ereignissen oder Fragestellungen orientiert erzählen, wie Sexualität, Geschlechtsidentität und Begehren die Wahrnehmung/Wirklichkeit für diejenigen verändern, die nicht Teil dominanter/normativer Narrative von Kollektivität (etwa von Nation) sind.

Strukturell hat der Dokumentarfilm mit der Montage die gleichen Möglichkeiten des Umgangs mit der Zeit, wie sie der Spielfilm hat. Dokumentarfilme haben aber einen stärkeren Bezug zu einer außerfilmischen Referenzzeit, auf die sie sich beziehen. Ist diese Referenz des Dokumentarfilms zu einer außerfilmischen Zeit in gleicher Weise in Frage zu stellen, wie dies schon in Bezug auf eine außerfilmische Wirklichkeit geschehen ist? Und wie lässt sich in Bezug auf Film oder spezifisch auf Dokumentarfilm von queerer Zeitlichkeit zu sprechen?

Dass über Zeitstrukturen Machtverhältnisse weitergetragen werden und diese für viele Formen filmischer Narration konstitutiv sind, zeigt sich auch im Dokumentarfilm. Die Unterscheidung von Dokumentarfilm und Spielfilm in Bezug auf eine außerfilmische Zeit liegt unter anderem darin begründet, dass der Dokumentarfilm immer eine Idee von außerfilmischer Realität als Referenzpunkt nimmt. Die Konzeption der Filmzeit und die zeitliche Ordnung des Films aber sind keine Merkmale, anhand derer der Dokumentarfilm klar vom Spielfilm unterschieden werden könnte.

Aufschlussreich ist es, sich genau die Filme anzuschauen, die sich einer eindeutigen Kategorisierung als Dokumentar- oder Spielfilm entziehen. Gerade experimentelle und selbstreflexive Filme machen auch zeitliche Konventionen sichtbar, verändern und irritieren sie und entziehen sich damit der eindeutigen Zuordnung. Queere Zeitlichkeiten wären also eher in diesem Zwischenbereich zu finden als in linearen, narrativen Filmen, ob nun Dokumentar- oder Spielfilm. Filme, die zeitliche Logiken außer Kraft setzen, bieten sich zwar generell für eine Analyse von Machtstrukturen an, aber das heißt nicht, dass sich in ihnen auch eine Queere Zeitlichkeit beobachten lässt. Die Frage nach Machtverhältnissen bezieht sich nicht notwendigerweise auf die Sinnproduktion in Bezug auf Geschlecht, Körper oder Sexualität/Begehren. Wenn Filme die zeitlichen Ordnungen linearer Narrative unterlaufen und damit gewohnte filmische Strukturen verwirren, ist nicht in jedem Fall von einer Queeren Zeitlichkeit zu sprechen. Oder falls in Bezug auf Film eine Queere Zeitlichkeit in Brüchen der linearen Ordnung besteht, so wäre sie nicht nur an Fragen nach Konstruktionen von Geschlecht, Begehren oder Sex gebunden. Auch im Dokumentarfilm können identitätspolitische Anliegen, die häufig auf ein Ziel ausgerichtet sind, linear strukturiert sein.

Eine Form, wie sich Zeitlichkeit in einige Dokumentarfilme einschreibt, ist der Wunsch der Veränderung bestehender sozialer/ökonomischer/ökologischer Strukturen. Solche Filme sind somit auf eine Zukunft ausgerichtet, für die sie eine Veränderung wünschen. Die Filme beziehen sich auf eine außerfilmische Wirklichkeit in Form der (möglicherweise auch jüngsten) Vergangenheit und zielen damit auf eine Veränderung in der Zukunft oder auch in der Gegenwart der Rezipient*innen ab.

Bemerkenswert in Bezug auf die Unterscheidung zwischen Dokumentarfilm und Spielfilm ist die Relevanz, die auch dem Spielfilm in Bezug auf lgbtiq-Geschichte zugeschrieben wird. So wird auch der Spielfilm Gegenstand des Dokumentarfilms, in Bezug auf seine Bedeutung für identitätspolitische Fragen untersucht, in Dokumentarfilme einbezogen und damit in Teilen wieder aufgeführt. Die Wirkmächtigkeit auch des Spielfilms, also auch sein Realitätseffekt in Bezug auf Identitätskonstruktionen, wird auch in Dokumentarfilmen immer wieder aufgegriffen. Die filmischen Bewegungsgeschichten, die im Hinblick auf lgbtiq-Identitätspositionen, Lebensentwürfe und sozial/politische Realitäten entworfen werden, sind immer auch Mediengeschichten. Die Reflexion dieser Geschichten in den Dokumentarfilmen zielt auch auf die Wirkmächtigkeit der Spielfilme ab. Gleichzeitig begreifen die Dokumentarfilme die Spielfilme als Zeugnisse ihrer Zeit und begreifen sie damit auf eine Art auch wieder dokumentarisch/als Dokumente. Diese Unterscheidung nach Dokumentarfilm und Spielfilm wird in den nachfolgenden Analysen immer wieder auftauchen. Im Rückblick wird diese Unterscheidung damit noch einmal ungenauer. Die Unterteilung der Filme in die Gattungen Spielfilm, Dokumentarfilm und Experimentalfilm ist in Bezug auf die Frage nach der Konstruktion von Identität auf unterschiedlichen Ebenen von Relevanz. Relevant ist zudem die Frage, ob sie Teil einer Populärkultur sind, da die hier zirkulierenden Identitätskonstruktionen besonders effektvoll scheinen, insofern sie weit verbreitet sind. In der Wiederholung der Bilder geht es zum einen um ihre Neubedeutung in einem Kontext, der sich häufig mit der Homophobie, Transphobie oder Queerfeindlichkeit der Bilder auseinandersetzt, und auch um die Frage der Wirkmächtigkeit der Bilder und Geschichten. Dokumentarische Formen des Entwurfs einer Bewegungsgeschichte, wie vor allem das erinnernde Sprechen von Zeitzeug*innen, die Neuverortung und (Be-)Deutung von Archivmaterial, wiederholen sich immer wieder in den Filmen. Diese Wiederholung wird in den Filmen selbst nicht reflektiert. Reflektiert wird aber die mediale Konstruktion von Geschlecht, Begehren und Sexualität, teilweise auch in Bezug auf rassistische, ableistische oder klassistische Zuschreibungen.

Die Zeit, auf die sich Dokumentarfilme beziehen, ist selten die Zukunft, und wenn doch, dann in der Form, dass sie auf Grundlage jener Erkenntnisse imaginiert wird, die in einer Jetztzeit gegeben sind. In den meisten Fällen beziehen sich Dokumentarfilme auf eine jüngere, gerade noch aktuelle oder auch länger zurückliegende Vergangenheit, nur selten geben sie keinen expliziten Hinweis auf eine außerfilmische Zeit.

Die Filme, die in meiner Untersuchung im Fokus stehen, beschäftigen sich mit sozialen und kulturellen Phänomenen. Häufig beziehen sie sich auf gesellschaftspolitische Zusammenhänge in einem spezifischen Zeitraum und ihre Effekte auf Gruppen von Menschen oder einzelne Personen, die wiederum eine solche Gruppe repräsentieren können. Häufig werden Homophobie, Transphobie oder Queerfeindlichkeit thematisiert und in Zusammenhang mit einer bestimmten gesellschaftspolitischen Situation gebracht, mit Narrativen, Bildpolitiken, Fragen nach Repräsentationen oder aktuellen Ereignissen. Der Wunsch, Effekte auch medialer Geschlechter-, Begehrens-, Körper-, Sexualitätsentwürfe zu verdeutlichen und zu klären, ist in vielen Filmen präsent. Es geht nicht um eine Absage an mediale Repräsentationspolitiken, sondern um einen Wunsch nach ihrer Anpassung und Veränderung. Die Effektivität medialer Repräsentationspolitiken wird sehr ernst genommen, Fragen nach Sichtbarkeit sind zentral. Wenngleich eine Kritik an den immer auch medialen Entwürfen und Narrativen zu Körpern, Begehren, Sexualitäten und Geschlecht immer wieder Gegenstand der untersuchten Filme ist, gibt es gleichzeitig ein großes Interesse an diesen medialen Konstruktionen und möglichen Alternativen. Die Filme sind motiviert über ein Begehren und dieses wird laufend angepasst und erweitert.

Spielfilme werden in Bezug auf Identitätskonstruktionen als weitaus effektvoller begriffen als Dokumentarfilme. Dabei sind es die Dokumentarfilme, die kollektiv(ierend) lgbtiq-Geschichte schreiben, reflektieren, verbreiten und bewahren. Die Effekte des Dokumentarischen werden also in den Filmen in Bezug auf eine pragmatische Ebene des Films anders ausgelegt. Die analysierten Dokumentarfilme haben auf Ebene der Rezeption eine verbindende Funktion. Marginalisierte Personen sollen einbezogen werden in eine Form des kollektiven Gedächtnisses, das über Filme mitproduziert wird. Effekte von Homo- und Transphobie sowie Sexismus sollen sichtbar werden und gleichzeitig sollen normativen Narrativen in Bezug auf Geschlechterkonstruktionen, Sex und Begehren alternative Geschichten gegenübergestellt werden. Dokumentarfilme müssten also, gerade wenn sie einen solchen didaktischen Anspruch haben, auf ein Später abzielen, und zwar über das Moment der Rezeption. Damit sind sie aber auch in Bezug auf den von Edelman herausgearbeiteten *reproductive futurism* (Edelman 2004, 2ff.; vgl. Kap. 2) wirksam. Sie ordnen die Vergangenheit in Bezug auf eine Zukunft und sind damit auch Artikulationsformen eines politischen Begehrens.

3.5 Zeitlichkeit und Materialität von Film

Laura Mulvey schreibt in ihrem Buch *Death 24 x a Second. Stillness and the Moving Image* (2006) über die Materialität des Mediums Film und die mit ihm verbundenen Zeitkonzepte. So konkretisiert sie den spezifischen Bezug zu einer außerfilmischen Realität nicht im Unterschied zwischen Dokumentarfilm und Spielfilm, sondern konzentriert sich auf die Differenz zwischen analogen und digitalen Medien. Sie zeichnet die Diskussion nach, nach der analoge Fotografie und Zelluloid indexikalisch auf eine vergangene außerfilmische Realität verweisen, während digitale Fotografie und digitaler Film diesen Bezug nicht mehr aufweisen. Die Zeitlichkeit, die digitalem Material zu eigen ist, ist damit sehr viel flexibler als die Zeitlichkeit analogen Materials, da dieses einen tatsächlichen Abdruck (in) der Zeit speichert. Mit der Digitalität geht auch eine Sicherheit der zeitlichen Ordnung des Films verloren, da mit ihr die Möglichkeit der Manipulation dieser zeitlichen Ordnung steigt. Die gesteigerte Unzuverlässigkeit der Digitalität in Bezug auf eine außerfilmische Realität und auf zeitliche Ordnungen kann damit strukturell der Idee einer queeren Zeitlichkeit zusprechen. Auch in der Montage analogen Materials finden sich mehr als lineare, chronologische Zeitkonstruktionen. Jump Cut, Assoziationsmontage, Rückblenden, Zeitsprünge, Zeitraffer, Ellipsen oder auch Slow Motion sind nur einige Elemente der Montage, über die Film einen medienspezifischen Umgang mit Zeit etabliert. Über den Wechsel von analogem Material zu digitalem Film ist dieser Umgang mit Zeit für den Film weiter flexibilisiert worden.

In einem Konzept innerhalb von Mulveys Überlegungen gibt es eine direkte Überschneidung zu Lee Edelmans Theorien. Mulvey widmet sich hier dem von Freud beschriebenen Todestrieb, auf den sich auch Edelman in seinem Konzept der Verweigerung einer Zukunft beruft. Edelmans Version des Todestriebs ist direkt mit Queerness verbunden im Phänomen der *jouissance*[9] und in der Verweigerung von Bedeutungsproduktion (vgl. Edelman 2004, 25ff.; vgl. Kap. 2). Seine Beschreibung der Zeitlichkeit von

9 Edelman beschreibt die Verbindung von Queerness, *death drive* und *jouissance* in folgender, auch zeitlich bestimmter Weise: »Queerness, therefore, is never a matter of being or becoming but, rather, of embodying the remainder of the Real internal to the Symbolic order. One name for this unnamable remainder, as Lacan describes it, is jouissance, sometimes translated as ›enjoyment‹: a movement beyond the pleasure principle, beyond the distinctions of pleasure and pain, a violent passage beyond the bounds of identity, meaning, and law« (Edelmann 2004, 25, Herv. i. O.).

Queerness im Kontext der Bedeutungsproduktion als *gap*, als Störung etc. ruft viele Vergleiche zum strukturellen Aufbau (analogen) Films hervor, den auch Mary Ann Doane (2002) über die ihm inhärente Unmöglichkeit vollkommener Eindeutigkeit kennzeichnet. Laura Mulveys Bezugnahme auf den *death drive* (Mulvey 2006, 67ff.) geht zunächst von der Bewegung des Films aus, die auch die Narration in Gang hält, und dann von zwei klassischen Motiven im Film, welche die Narration zu einem Stillstand bringen. Das erste Motiv der Stillstellung ist die Hochzeit, das zweite ist der Tod. Ein Todestrieb findet sich bei Mulvey schon strukturell in der Kombination von Bewegung/Stillstand und Narration im Kino angelegt. Hochzeit und Tod sind zwei prominente Momente, die die Bewegung der Narration zu einer Schließung bringen, also in Bezug auf den *death drive* die Bewegung hin zu einem Ende vervollständigen und gleichzeitig die anfängliche Ordnung wiederherstellen. Mulvey unterscheidet in ihrer Überlegung zum *death drive* und zum Kino zwei Aspekte, den narrativen Aspekt und den materiellen Aspekt des Films. Die Narration, beschrieben als eine Bewegung, die mit dem Todestrieb vergleichbar ist, findet im Standbild am Ende des Film eine Schließung, das Standbild verweist auch auf die Momente des Stillstands, auf denen das Prinzip des Filmstreifens basiert.

> »The silence of ›The End‹ duplicates the silence of death itself but it also signifies total erasure, the nothing that lies beyond it. The story's chain of events, with their relation to metonymy and the linkage of meaning and action, comes to a halt with an image in which a ›human end‹ stands in for the formal, structural, closure of the narrative. Just as the cinema offers a literal representation of narrative's movement out of an initial inertia, with its return to stasis narrative offers the cinema a means through which its secret stillness can emerge in a medium-specific form.« (Ebd., 79, Herv. i. O.)

Die Bewegung des Filmstreifens bringt die Suche nach Bedeutung in Gang und versteckt die stillgestellten Momente der Fotografie, auf denen der Film basiert. Mulvey nutzt die Figur des *death drive*, um eine Verbindung von narrativer Struktur und Materialität analogen Films medienspezifisch zu erfassen. Für Edelman steht der *death drive* für die Figuration, die dem Queeren innerhalb einer sozialen Ordnung zugeschrieben wird:

> »As the constancy of a pressure both alien and internal to the logic of the Symbolic, as the inarticulable surplus that dismantles the subject from within, the death drive names what the queer, in the order of the social,

is called forth to figure: the negativity opposed to every form of social viability.« (Edelman 2004, 9)

Laura Mulvey interessiert sich speziell für das Verhältnis von digitalem zu analogem Bild und für die Wandlung der Rezeptionsmodi von Film. Das Kinobild und sein Verhältnis zum Tod ist dabei ihr zentrales Thema. Dafür nimmt sie Bezug auf die Diskussion der Indexikalität der Photographie, die im Zelluloid des analogen Kinobildes noch enthalten ist, aber über die Bewegung unsichtbar wird. Die Bewegung in der Zeit oder die Illusion der Bewegung, die das Kino im Moment der Projektion herstellt, ist, so zeigt Mulvey, zunächst stark mit dem Morbiden und Unheimlichen verbunden. Erst später wurde es als ein Zeichen der Moderne gelesen und von da an mit dem Neuen und nicht mit der Vergangenheit assoziiert. Damit ist das Kino und der Film als analoges Medium auf der einen Seite über den Bezug zur Vergangenheit und zum Tod gekennzeichnet, auf der anderen Seite aber zu einem Sinnbild einer modernen Zeit geworden.[10] Mulvey arbeitet nun heraus, dass das Unheimliche und Geisterhafte der frühen Kinorezeption und die Nähe zum Tod nun, mit dem prognostizierten Ende des Kinos um 1997 und der Ablösung analoger Technik durch digitale Technik, wieder mehr in den Vordergrund rückt. In dem Moment, in dem das analoge Material zu einem unzeitgemäßen Medium wird, legt es wieder offen, dass es in sich Spuren von Vergangenheiten und Geistern trägt. Das analoge Kino verliert seinen Status der Modernität und verweist wieder mehr auf die Vergangenheit und das, was nicht mehr ist.

Wie Mulvey darstellt, ist mittels digitalen Filmes auch die Einbindung unterschiedlichen Materials sehr viel einfacher geworden. Die Vorstellung einer indexikalischen Verbindung zwischen dem Material und der außerfilmischen

---

10 Zu einer Wende der Verortung des Kinos in Hinblick auf Zuschreibungen von Modernität schreibt Mulvey: »[...] cinema as an institution varies in relation to it`s surrounding ideologies and modes of address. As it evolved into its second phase of everyday entertainment and modernity, fiction turned the cinema towards other psychic structures, for instance the mechanisms of suspended disbelief that Christian Metz identified with fetishism or the discourse of sexuality and visual pleasure analysed by feminist film theory. This was the cinema that [...] left behind the morbid spirit of the Victorians to become an emblem of modernity, both as popular entertainment and as modernist avant-garde. Of course, both these aspects of film culture could and did, in their different ways, recycle the traditions of the uncanny, but for most of the century the cinema`s stand was on the side of the new. There is an irony in the way phantoms conjured up by early cinema have caught up with the ever-increasing crowd of ghosts that now haunt it« (Mulvey 2006, 36f.).

Wirklichkeit ist verloren gegangen. Dafür ermöglicht das digitale Material die einfache Einbindung sehr unterschiedlicher Medien und hat die Formen der Rezeption verändert.

Zeit als Ordnungsprinzip ist schon in den filmwissenschaftlichen Diskussionen mit Fragen nach Machtverhältnissen und Bedeutungsproduktion verbunden. Auch hier, wie in den Queer Studies, werden lineare Formen der Erzählung analysiert und auf ihre Effekte hin befragt.

Darüber hinaus wird klar, dass nicht nur die Narration, sondern viele weitere mediale Verfahren auf ihre zeitliche Struktur hin untersucht werden können und hier in Bezug auf Normativitäten analysiert werden müssen. Dabei ist es das Medium, als zeitbasiertes Medium, selbst, das normative Vorstellungen von Zeit hervorbringt und gesellschaftlich produktiv macht. Die Theoretiker*innen gehen immer wieder zu den Anfängen des Films und des Kinos zurück, um sich diese Effekte anzuschauen. Gerade die feministische Filmtheorie mit ihrer machtkritischen Perspektive auf Film überschneidet sich in ihren Auseinandersetzungen mit Zeitlichkeit mit den Anliegen der Queer Studies. Die Ansätze zur Zeitlichkeit, die in der Filmwissenschaft vorliegen, können damit auch der Auseinandersetzung mit Zeitlichkeit in den Queer Studies zugrunde gelegt werden. Sie werden hier implizit weitergeführt, was im Folgenden über die Fokussierung auf die der Diskussion in den Queer Studies eigenen Filmanalysen verdeutlicht werden wird.

4. Queere Zeitlichkeiten und Medialität(en)

4.1 Filmische Zeitlichkeiten in den Queer Studies

Im Anschluss an die Darstellung der Auseinandersetzung mit Zeitlichkeit in den Queer Studies (Kap. 2) und der Diskussion zum Stellenwert von Zeit als Ordnungsstruktur innerhalb der Filmwissenschaft (Kap. 3) stehen nun einige Filmanalysen im Fokus, die im Kontext der Auseinandersetzung mit Zeitlichkeit in den Queer Studies zentral sind. Ich werde sie in diesem Kapitel im Hinblick auf ihre jeweiligen Ansätze im Kontext der Queer Cinema Studies und unter dem Aspekt von Zeitlichkeit betrachten, um damit die Relevanz des Mediums Film in der vorgestellten Diskussion aufzuzeigen.

Zwei der im Folgenden vorgestellten Positionen sind bereits dezidiert filmwissenschaftlich verortet. Elizabeth Freemans *Time binds. Queer temporalities, queer histories* (2010) untersucht Zeitstrukturen in experimentellen Filmen, Videoarbeiten und weiteren Medien, um an ihnen normative Zeitlichkeiten im Hinblick auf queere Historiografie zu diskutieren und queere Einsätze darin aufzuzeigen. Chris Tedjasukmana geht es in seinem Buch *Mechanische Verlebendigung. Ästhetische Erfahrung im Kino* (2014) um eine Form der Filmgeschichtsschreibung, die er stark an das affektive Erleben im Kino bindet. Queeres Kino ist bei ihm ein Beispiel unter weiteren Kategorisierungen.

In den später im Kapitel 5.1 bis 5.3 folgenden eigenen Analysen möchte ich diese Überlegungen der Queer Cinema Studies vom Medium ausgehend weiterentwickeln, wobei wiederum der Aspekt von Zeitlichkeit im Vordergrund stehen wird. Ein Schwerpunkt der Betrachtung in Bezug auf Film und Zeitlichkeit liegt – wie schon in der feministischen Filmtheorie – auf der Analyse von Spielfilmen. Im Hinblick auf die Relevanz von Überlegungen zur Konstruktion von Bewegungsgeschichte_n werden später in meinen eigenen Analysen Dokumentarfilme im Fokus stehen.

Viele Texte, die einen Beitrag zur Auseinandersetzung mit Zeitlichkeit in den Queer Studies leisten, wählen Gegenstände aus Kunst/Literatur/Popkultur, die bereits aufgrund ihrer Medialität auf spezifischen Zeitstrukturen basieren. An einigen dieser Analysen werde ich aufzeigen, wie diese medialen Konstruktionen von Zeitordnungen für die Analysen fruchtbar gemacht werden können. Zudem werde ich danach fragen, wie sich anhand der vorgestellten Analysen die Ansätze der Queer Studies und die filmwissenschaftlichen Positionen zur Zeitlichkeit in Verbindung setzen lassen. Was sind die Perspektiven der Queer Cinema Studies unter der Hinwendung zu Fragen nach Zeitlichkeit? Und was genau könnten Queer Cinema Studies für das Nachdenken über Zeitlichkeit leisten?

Für die vorliegende Arbeit ist die Frage nach den medialen Eigenzeitlichkeiten zentral, das heißt die Frage nach den Beiträgen, die Medien – und für diese Arbeit speziell dokumentarische Filme – zur Auseinandersetzung mit Zeitlichkeit leisten. Meine Grundannahme dabei ist, dass Medien produktiv in Bezug auf Zeitordnungen sind und dass normative – wie auch queere – Aspekte von Zeitlichkeit auch in ihrer medialen Konstitution angelegt sind. Zeit kann als Ordnungsstruktur insbesondere über mediale Analysen begriffen werden, weil diese Ordnungsstrukturen medieninhärente Strukturen sind.

Im Folgenden steht der Umgang mit Filmen im Hinblick auf Zeitlichkeit in den queeren Theorien im Fokus. Es soll danach gefragt werden, ob und wie die Zeitlichkeiten des Mediums selbst in die Argumentation mit einbezogen sind, wie *queer temporality* zu einer thematischen Schnittstelle zwischen Queer Studies und Film-/Medienwissenschaft werden kann, wenn die Theoretiker*innen die (spezifischen) Zeitlichkeiten der Medien und Narrative, die sie für ihre Analyse nutzen, mit einbeziehen und als produktiv herausstellen. Welchen Stellenwert bekommen Filme also in der Analyse von Zeitstrukturen und Normativität, die auch über Zeit hergestellt wird?

Gerade Kino und Film sind in Bezug auf die ihnen eingeschriebenen Zeitlichkeiten film- und medienwissenschaftlich immer wieder in den Blick genommen worden. Die entsprechenden Diskussionen zur Zeitlichkeit fallen nicht nur mit einem Moment der gesellschaftspolitischen Verschiebung, insbesondere mit Fragestellungen in Bezug auf identitätspolitische Forderungen und Gleichstellungspolitiken zusammen, sondern sind auch von einem medialen Wandel begleitet, in dem analoge Medien ihre Dominanz an digitale Medien verlieren.

Zur Auseinandersetzung mit Zeitlichkeit in den Queer Studies gehören auch film- und medienwissenschaftliche Positionen in Form von Filmanalysen. Die strikte Trennung der Beiträge nach Queer Studies und Filmwissenschaften, die die vorliegende Arbeit im Aufbau nahelegt, breche ich an dieser Stelle auf. Beide Disziplinen sind aus interdisziplinären Diskussionen hervorgegangen und tragen diese Interdisziplinarität in ihren Ansätzen und Methoden weiter. Queere Konzepte sind Bestandteil filmwissenschaftlicher Forschung geworden, Filme und insbesondere auch das Queer Cinema gehören zu den zentralen Gegenständen der Queer Studies. Gerade die Interdisziplinarität der Queer Studies als der jüngeren Disziplin ist auch über filmwissenschaftliche Beiträge mitbestimmt. Die im Folgenden diskutierten Texte sind Beispiele für Filmanalysen im Rahmen der Auseinandersetzung mit Zeitlichkeit in den Queer Studies. Sie können als filmwissenschaftliche Beiträge zur Diskussion gelesen werden. Ich werde sie als Positionen der Queer Cinema Studies unter dem Aspekt von Zeitlichkeit kennzeichnen.

Die folgende Diskussion soll Bereiche medien- und (anhand konkreter Beispiele besprochener) filminhärenter Zeitlichkeiten aufzeigen, die in der Diskussion bereits benannt worden sind. Gleichzeitig soll mit der Sammlung der verschiedenen Perspektiven auf Film auch die Relevanz des Gegenstands herausgestellt werden. Die hier dann spezifisch in den Vordergrund gerückte Frage nach den medialen Voraussetzungen der in den Blick genommenen Zeitstrukturen soll die Diskussion zusätzlich erweitern.

4.2 Mediale Bewegunggeschichten im *It gets better Project*

Jasbir K. Puar stellt in ihrer Betrachtung des *It Gets Better Project* die Verwobenheit einer auf eine positive Zukunft gerichteten Erzählung mit spezifischen Zeitlichkeiten des Neoliberalismus,[1] Konstruktionen von sexuellen Identitäten und den Zeitstrukturen des Suizides heraus (Puar 2012). Ich beginne mit ihrer Analyse, weil sich in dem Narrativ des »It gets better« bereits eine Figur einer US-amerikanischen Bewegungsgeschichte widerspiegelt, die der Erzählung einer fortlaufenden Verbesserung gesellschaftspolitischer Zustän-

1 Die Zeitlichkeiten des Neoliberalismus interessieren sie in Bezug auf eine Ökonomisierung von Körpern, in deren Rahmen gerade auch ein Zustand von Schwäche bzw. der Bedarf nach Unterstützung sowie eigener Optimierung ökonomisch nutzbar wird.

de folgt. Im *It Gets Better Project* wird deutlich, dass dieses Narrativ auch auf spezifisch medialen Zeitordnungen beruht.

Das *It Gets Better Project* ist ein Onlineprojekt, das zur Unterstützung oder sogar zu einer Rettung von lgbtiq-Jugendlichen initiiert wurde, die Erfahrungen mit Diskriminierung, Ausgrenzung und/oder Hassverbrechen gemacht haben.[2] Insbesondere will das Projekt betroffene Jugendliche erreichen, die aufgrund solcher Erfahrungen suizidgefährdet sind. Auf der Plattform sind autobiografische Videos zu finden, die vom Überwinden der gewaltvollen Situation erzählen und eine positive Gegenwart, in der »es besser geworden ist«, einer belastenden Erfahrung in der Vergangenheit gegenüberstellen. Jasbir K. Puar fragt nach den Zeitlichkeiten der Erzählungen vom Suizid und auch danach, warum Sexualität zur ausschlaggebenden Kategorie der Erzählung werde. Sie zeigt, wie über die Erzählung des *It gets Better Projects weiße* schwule Männlichkeit ins Zentrum gerückt wird, als eine Erzählung für diejenigen, für die die Aussicht auf eine ökonomisch und sozial sichere, bessere Zukunft selbstverständlich zu sein scheint. Welche weiteren Marginalisierungserfahrungen von Jugendlichen blieben dabei unsichtbar?

Puar arbeitet mit Lauren Berlants Konzept des *slow death* (Berlant 2011, 95ff.) und dessen spezifischen Zeitlichkeiten.[3] Mit Rückgriff auf Positionen aus den Dis/Ability Studies argumentiert sie, dass es in einer neoliberalen Gesellschaft nicht mehr möglich sei, die binäre Kategorisierung von Körpern als etwa behindert und nicht-behindert aufrechtzuerhalten. Vielmehr liefen Körper in der Zeit, auch und gerade durch ihr Altern, darauf zu, immer weiter eingeschränkt und damit *behindert zu werden*. Es gehe um den Grad des Behindert-Werdens, nicht um ein Entweder-oder (vgl. Puar 2012, 153). Dies setzt Puar in Beziehung zu Fragen nach den ökonomischen Vereinnahmungen von Körpern, deren Schwächen und Stärken zum Gegenstand anhaltender wirtschaftlicher Projekte gemacht würden.

Puar verdeutlicht, wie die zeitliche Struktur des *It Gets Better Project*, die auf einem linearen Narrativ beruht und auf eine positive Zukunft ausgerichtet ist, bereits eine Positionierung innerhalb von gesellschaftlichen Machtver-

2 www.itgetsbetter.org, zuletzt abgerufen 02.03.2021

3 Berlants Konzept des *slow death*, das an Überlegungen zur Biopolitik Foucaults anschließt, stellt heraus, wie verwoben in kapitalistischen Systemen gerade für prekär lebende, marginalisierte Menschen Existenzbedingungen strukturiert werden, die sich ihr zufolge nur als Zustand eines *slow death* beschreiben lassen. Dies verdeutlicht Berlant an dem komplexen Phänomen der Diskussion über Adipositas in den USA (vgl. Berlant 2011, 95-119).

hältnissen voraussetzt: Das gesellschaftliche Versprechen auf eine bessere Zukunft ist nicht für alle gleichermaßen zugänglich. Das dem Projekt inhärente Versprechen zentriert privilegierte Subjektpositionen, für die eine Überwindung einer Erfahrung des Ausschlusses ökonomisch und sozial möglich ist (vgl. ebd., 151). Sie zeigt damit, wie Intersektionalität aus dem Blick gerät und Gewalt verengt thematisiert wird, so dass sie sich nur noch auf eine (kleine) Gruppe der eigentlich Betroffenen/Adressierten bezieht. Dabei spielt auch die Dringlichkeit einer Zeitwahrnehmung, die im Fall eines Suizids eine schnelle Intervention erfordert, gegenüber Formen langsamen Sterbens, bei ihr eine Rolle. In Bezug auf die Erzählungen von Suizid plädiert sie dafür, nicht *weiße* Männlichkeit zu zentrieren, sondern neben dem Phänomen des Suizids auch die Gegenwart des *slow death*, eines langsamen Sterbens innerhalb gesellschaftlicher Machtverhältnisse, in den Blick zu nehmen und so auch andere Subjekte als politisch zu begreifen, deren Sterben nicht in einem abrupten Ende bestehe, sondern durch längerfristige Prozesse gekennzeichnet sei (vgl. ebd., 159).

Über Aspekt von Dringlichkeit durch die Figur des Suizids und seine zeitlichen Implikationen hinaus ist es interessant, die unterschiedlichen medialen Zeitlichkeiten in den Blick zu nehmen, die im *It Gets Better Project* zusammenkommen. Die Basis des Projekts bilden YouTube-Videos, die wiederum auf einer Onlineplattform kontextualisiert, gerahmt und nach Stichpunkten sortiert auch durchsucht werden können. Dadurch hat das Projekt die Form eines wachsenden Online-Archivs von adressierenden Erzählungen, die im Video-Format gespeichert sind. Neben persönlichen Geschichten, die häufig Coming-out-Momente thematisieren, finden sich ebenfalls Statements und Ermutigungen öffentlicher Personen, die ihre Projekte in den Kontext der It-Gets-Better-Idee stellen. Das Grundmoment ist also eine Variation eines Überwindungsmotivs, in dem eine als schmerzhaft empfundene Vergangenheit mit Blick auf eine positive Zukunft verortet wird. Dieses Motiv ist auch eine Wiederholung eines US-amerikanischen Befreiungs- oder Fortschrittsnarrativs in Bezug auf identitätspolitische Bewegungen und die Überwindung von Homophobie. Im Nebeneinander der Erzählungen im digitalen Archiv bildet sich eine Form von Gemeinschaft der Sprechenden, die sich als eine digitale Phantasie eines Kollektivs darstellt.[4] Der Erfahrung der Ausgrenzung

4 Für die vorliegende Arbeit ist zunächst einmal vor allem die zugrunde liegende Idee des Projekts interessant, es geht also nicht um die Analyse einzelner Videos. Ich vermu-

und Gewalt wird das Versprechen auf eine positive Veränderung entgegengesetzt.

Dokumentarfilme wie THE CELLULOID CLOSET (USA 1995, R.: Rob Ebstein/Jeffrey Friedman) oder FABULOUS! THE STORY OF QUEER CINEMA (USA 2006, R.: Lisa Ades/Lesli Klainberg) basieren auf einem ähnlichen Grundprinzip. Auch hier ist es eine von Homophobie geprägte Vergangenheit, deren Bedeutung sich erst aus dem Kontrast mit einer positive(re)n Zukunft ergibt. Die positive Zukunft ist dabei über die Akzeptanz, soziale Zugehörigkeit und gesellschaftliche Annahme queerer Menschen gekennzeichnet, vor allem auch über eine Pluralisierung nicht-heterosexueller Figuren im Film. Auch im *It Gets Better Project* gibt es Referenzen auf aktuelle Filmprojekte, die Videos selbst bedienen sich mit den *talking heads* aber auch eines typischen Merkmals des Dokumentarfilms. Ähnlich wie in queeren Dokumentarfilmen wie THE CELLULOID CLOSET und FABULOUS!, in denen die Vergangenheit ihren Sinn durch den Bezug auf eine Gegenwart gewinnt, wird auch im *It Gets Better Project* eine jeweils problembeladene Vergangenheit mit einer positiven Gegenwart gegengelesen, um so den Adressat*innen ein Versprechen auf eine bessere Zukunft zu geben. Die Zeitzeug*innen, die für das Projekt ihre Geschichte erzählen, stehen zeitlich nicht nur für Vergangenheit und Gegenwart ein, sondern bezeugen bereits eine Zukunft. In dieser spezifischen Zeitlichkeit liegt auf der einen Seite eine Universalisierung, die Gewalterfahrung und Zeit miteinander verbindet und auf der anderen Seite eine Fiktionalisierung, die auf der Behauptung gründet, die Zukunft vorhersagen zu können.

Die Figur der Zeitzeug*in ist also zentral für die Form dokumentarischen Erzählens, die dem *It Gets Better Project* zugrunde liegt. Jede dieser Erzählungen für sich folgt einem linearen Narrativ, von erfahrener Gewalt oder Unglück hin zu einer positiven Zukunft. Als auf der Onlineplattform abzurufende Videos sind sie zudem über ihre gleichzeitige Präsenz gekennzeichnet, die Zeitzeug*innen bilden eine virtuelle Gemeinschaft und ihre Erinnerungen sind gespeichert, zugänglich in einem digitalen Archiv. Diese Form der Archivierung verlangt schon von der Idee her eine Sortierung, es wird also für die Sammlung eine Ähnlichkeit zur Grundbedingung, eine Form der Verortung der eigenen Erinnerung und Erfahrung.

---

te, dass über die Form des Archivs und die Sammlung vieler Stimmen im Videoformat das Überwindungsnarrativ auch brüchig wird und Ambivalenzen aufweisen wird.

Neben der Befreiung von Diskriminierung, Ausgrenzung und/oder Gewalt verheißenden Bewegung auf eine Zukunft hin und der permanenten Wiederholung dieser zeitlichen Logik ist der Tod ein zentrales Motiv des Projekts. Mit der Videosammlung soll der frühzeitige, selbstgewählte Tod, ausgelöst durch die schmerzhafte Erfahrung der Homophobie, Transphobie oder Queerfeindlichkeit, verhindert werden. Wie Puar ausführt, ist es eine bestimmte Form von Tod, nämlich der Suizid vor allem junger Menschen, der hier im Mittelpunkt steht. Die spezifische Zeitlichkeit dieses Motivs ist die plötzlich abgebrochene Zukunft und eine Form zeitlicher Dringlichkeit. Implizit wiederholt wird auch ein (mediales) *coming-of-age*-Motiv, das Jugend und Erwachsenenalter voneinander trennt und als ein Moment des Übergangs und der Übernahme von Verantwortung inszeniert wird. Hier sind es die Verantwortung für das eigene Leben und das Versprechen einer positiven Zukunft, an die appelliert werden kann. Obschon die Jugendlichen als Adressat*innen des Projekts im Mittelpunkt stehen, geht es nicht darum, ihre Geschichten zu hören, sie selbst werden damit zu noch nicht befreiten Subjekten, bzw. gilt es, die schmerzhafte Zeit der Jugend für eine bessere Zukunft zu überwinden.

Puar macht ebenfalls deutlich, wie stark Zeitordnungen mit Differenzkategorien einhergehen. *Race, class, ability* sind auch über spezifische Zeitlichkeiten und Geschwindigkeiten in gesellschaftlichen Kontexten strukturiert, die im *It Gets Better Project* jedoch nicht aufgerufen werden. Es ist hier der plötzliche, vorzeitige Tod, der *weiße* Männlichkeit ins Zentrum rückt, auch gerade weil in ihrer gesellschaftlichen Positioniertheit die Aussicht auf ein finanziell erfolgreiches, sozial eingebundenes, mehrheitsgesellschaftlich konformes Leben zu einem kollektiven Gegenentwurf werden kann. Dies hat darüber hinaus mit weiteren Zeitordnungen zu tun, insofern auch die Motive von Erwerbsarbeit, Sesshaftigkeit und Familie von normativen Zeitstrukturen bestimmt sind. Diese normativen Zeitstrukturen hat Halberstam (2005) als Grundlage für seinen Entwurf queerer Zeitlichkeiten festgemacht (vgl. Kap. 2).

Die Möglichkeit, auf eine Zukunft zu verweisen, sie zu bezeugen, kann hier als spezifisch mediale Figuration ausgewiesen werden, die auf einer Tradition dokumentarischer Arbeiten basiert. Zugleich ist diese Figur auch strukturell im Medium angelegt, das auf dem Versprechen basiert, eine Gegenwart zu bewahren, um in der Zukunft auf sie zurückgreifen zu können, in ihr Bedeutung zu bewahren.

Auch der Tod als Ende des Lebens ist eine zeitliche Markierung. Mediale Speicherungen wie die des *It Gets Better Project*, aber auch die Fotografie und der Film sind bereits über ihr Verhältnis zum Tod bestimmt worden (vgl. Kap. 3). Sie können strukturell als Verweis auf den Tod gesehen und gleichzeitig als Wunsch oder als Phantasie begriffen werden, Vergänglichkeit und Tod aufzuhalten, Bedeutung zu garantieren. In der Fotografie ist es, in Bezug auf Personen und Verkörperungen, ein visuelles Moment, das stillgestellt wird und sich dem Ablauf der Zeit und damit auch der Alterung entgegenstellt (in der Porträtfotografie zum Beispiel das Antlitz im Moment der Aufnahme). Im Film sind es die Bewegung und die Zeit selbst, die gespeichert und damit wiederholbar gemacht werden sollen. Die Plattform, die nun so viele Video-Beiträge zusammenträgt, die davon zeugen wollen, dass eine Überwindung homophober Ausschlüsse auf die Erfahrung homophober Gewalt folgt, trägt also auch strukturell schon Figurationen des Todes bzw. Phantasien des Überdauerns des Todes in sich. Dies ist ein weiterer Aspekt medialer Zeitlichkeiten, der Konzepte von Zeit als Ordnungsstruktur mitbestimmt. Zeit als Ordnungsstruktur ist ein medial bestimmtes Phänomen. Dies werde ich an den folgenden Beispielen weiter herausarbeiten.

4.3 Umgang mit normativen Zeitlichkeiten in Analysen der Queer Studies

Im Ordnungssystem Zeit können normative Strukturen lesbar werden, denn sie werden darin hergestellt. Dies zeigt die Auseinandersetzung mit Zeitlichkeit in den Queer Studies. Wie diese normativen Aspekte von Zeitlichkeit in Bezug auf Medien in Analysen in diesem Forschungsfeld auftauchen, werde ich mir im Folgenden anschauen.

Viele der Analysen lassen sich als eine direkte Antwort auf Lee Edelmans Verwerfung einer Idee queerer Politiken aufgrund der normativen Verortung der Zukunft lesen. In seinem Buch *No Future! Queer Theory and the Death Drive* (2004) sind, wie in Kapitel 2 dargestellt, die herrschenden Politiken so sehr heteronormativ bestimmt, dass Queerness in ihnen aus seiner Sicht nicht denkbar ist. Sara Ahmeds (2011) ebenfalls in Kapitel 2 vorgestellte Auseinandersetzung mit Bedingungen und gesellschaftspolitischen Effekten des Versprechens auf *happiness* argumentiert demgegenüber gegen eine solche radikale Verneinung von auf Zukunft ausgerichteten Politiken, wobei sie sich in ihrer Argumentation unter anderem auf Filmanalysen stützt. Sie beschäftigt sich mit den normativen Aspekten eines zeitlich markierten Versprechens auf *happiness*. Statt den Glauben an eine Zukunft zu verwerfen, verdeutlicht sie, dass gerade die Möglichkeit eines Verlusts der Zukunft ein Handeln nötig macht, das nicht auf einem normativen Versprechen auf zukünftiges Glück beruht.

Anhand des dystopischen Spielfilms CHILDREN OF MEN (USA 2006, R.: Alfonso Cuarón) entwickelt Ahmed einen Begriff von *happiness*, der befreit von einem gesellschaftlich tradierten Versprechen auf Glück und einer vorbestimmten Zukunft ist und stattdessen die Sorge um die Möglichkeit eines möglichen Verlusts der Zukunft ernst nimmt.[5] Es ist die zeitliche Bindung von Objekten, die *happiness* in Bezug auf die Zukunft versprechen, die Ahmed in Frage stellt. Und sie arbeitet an verschiedenen Figurationen heraus, dass dieses Versprechen auf Glück zu Fremdheit/Ausschluss führen kann. Im Film CHILDREN OF MEN ist es der Protagonist Theo, der sie als »affect alien« (ebd., 166) interessiert, der auf Ereignisse und Dinge emotional anders als die meisten anderen um ihn herum reagiert und damit affektiv fremd ist. Mittels dieser Figur, so Ahmed, schaffe der Film es, das Gefühl eines Fremdseins zu verdeutlichen, das sich unter anderem auch in der düsteren Mise en Scène widerspiegele. Sie zeigt, dass der Film so dieses Gefühl des affektiven Fremdseins erfahrbar macht und mit der Erzählung der Notwendigkeit des Versprechens auf Glück bricht. Anhand ihrer Filmanalyse wird auch ein Gegenentwurf zur affektiven Fixierung auf ein Versprechen auf Glück deutlich, der eine andere Politik denkbar werden lässt, die eine Sorge um die Zukunft ernst nimmt, obschon sie die Bindung an das Versprechen auf eine glückliche Zukunft aufgibt.

Ahmed nutzt den Film, um an ihm eine Lesart zu verdeutlichen, die sich von Edelmans Lektüre des dem Film zugrunde liegenden Romans *The Children of Men* von P.D. James aus dem Jahr 1992 unterscheidet. Edelman verdeutlicht anhand des Romans die Figuration des Kindes, die für seine Analyse so

---

5 CHILDREN OF MEN entwirft eine apokalyptische Welt, in der sich der Protagonist Theo bewegt. Die Geschichte spielt in England, zentral ist, dass den Menschen die Fähigkeit zur Reproduktion abhandengekommen ist, England ein brutaler Polizeistaat ist, eine große soziale Ungleichheit mit weitgreifender Armut herrscht und ins Land migrierende Menschen in Lagern gefangen gehalten werden. Dem Protagonisten wird von seiner Exfrau, die Teil einer Widerstandsbewegung ist, die Aufgabe übertragen, eine junge schwangere Frau zu einem Projekt auf einem Schiff mit Namen »Tomorrow« in Sicherheit zu bringen. Theo ist selbst nicht überzeugt von dem Plan, führt ihn aber aus.

zentral ist. Mithilfe des Romans zeigt er, wie Queerness in Bezug auf die Figur des Kindes, die für gesellschaftliche Zukunft und Bedeutung einsteht, zur Bedrohung der heteronormativen Ordnung, in der diese Figur ihre Wirksamkeit entfaltet, werden muss. Edelman bezieht sich vor allem auf eine Aussage des Erzählers Theodore Faron, der Unfruchtbarkeit als Folge nicht-reproduktiver Sexualität begreift und damit die Enttäuschung des Versprechens auf ein Weiterleben verbindet (vgl. Edelman 2004, 11f.). Mit dieser Enttäuschung sind für die Erzähler-Figur auch die Jetztzeit und die eigene Existenz schon bedeutungslos geworden. Dies veranschaulicht für Edelman die heteronormative Wirkmächtigkeit der Figur des Kindes, die die Zukunft verkörpert und damit gleichzeitig Bedeutung im Jetzt verspricht.

Ahmed gibt Edelman zwar in seiner Perspektive auf den Roman recht, nutzt aber den Medienwechsel vom Roman zum Film, um die Frage nach der Möglichkeit des Handelns in Bezug auf die Zukunft zu verschieben. Auch in ihrer Analyse steht – diesmal nicht als Erzähler, sondern als Protagonist – Theo im Mittelpunkt. In einer Fußnote argumentiert Ahmed, dass der Film dem Roman in der Verurteilung nicht-reproduktiver Sexualität widerspreche, indem er sich von der Aussage, Unfruchtbarkeit sei eine Strafe Gottes, über die Abwendung der Kamera visuell distanziere und sich auditiv über Musik der 60er Jahre für sexuelle Freiheit ausspreche (vgl. Ahmed 2011, 179). Ahmed zeigt damit, dass diese Positionierung medienspezifisch stattfindet. Darüber hinaus trägt der Medienwechsel wohl auch zu ihrer Diagnose bei, dass eine Lesart des Films, die sich ausschließlich auf das Moment eines *reprofuturism*, wie ihn Edelman entwirft, konzentrieren würde, die komplexen zeitlichen Strukturen übergehen würden. Ahmed identifiziert verschiedene Gefühlszustände, die im Film über Zeitlichkeiten angelegt sind: *happiness*, Hoffnung, Verzweiflung, Optimismus, Pessimismus, und weist sie als miteinander verwoben auf. Sie zeigt, wie sehr *happiness* als ein Versprechen auf die Zukunft zeitlich bestimmt und gesellschaftlich determiniert ist, und verfolgt dann über die Etymologie des Begriffs seine Nähe zu dem der Kontingenz, im *hap*,[6] das nicht mehr als eine Möglichkeit (*chance*) bezeichnet (vgl.

6 Grundlegend für Ahmeds Überlegungen zu Happiness ist ihre Herleitung aus dem Begriff des hap: »It is useful to note that the etymology of happiness relates precisely to the question of contingency: it is from the Middle English word »hap,« suggesting chance. The word »happy« originally meant having »good hap or fortune,»to be lucky or fortunate« (Ahmed 2011, 162).

ebd., 162). Am Film veranschaulicht sie, dass Theo die Dinge passieren (*happen*), er handelt und verfolgt den Plan der Gruppe, ohne dass seinem Tun ein Versprechen zugrunde liegt. Ahmeds Filmanalyse ist damit auch ein Einsatz für eine Notwendigkeit zu handeln (auch ohne Hoffnung), gegen Edelmans Verneinung der Möglichkeit queerer Politiken. Obschon der Film, wie sie herausstellt, an vielen Punkten einer linearen Erzählung folgt, geht er nicht in einer eindeutigen Lesart auf. Ahmed schreibt anhand des Films auch gegen feste Bedeutungsproduktionen an, die auch Edelman kritisiert, aber ausgehend von der Möglichkeit eines Verlusts der Zukunft plädiert sie gleichzeitig für ein Handeln auf eine Zukunft.[7] Über die Filmanalyse wird deutlich, dass hier im Medium eine eindeutige Lesart nicht angelegt ist, dass normative Aspekte immer wieder auch durchkreuzt werden.

J. Jack Halberstam entwickelt seinen Begriff einer *queer temporality* auch anhand von Rückgriffen auf das Medium Film. Auch bei ihm zeigt sich im Medium sowohl die Wirkmächtigkeit normativer Zeitstrukturen als auch deren gleichzeitig konstitutive Brüchigkeit. Ein Ausgangspunkt für Halberstams Überlegungen zu queerer Zeitlichkeit ist *The Brandon Archive*, ein Online-Archiv, das unterschiedliche Materialen zur Person Brandon Teena und zum Mord an ihm und zwei weiteren Menschen in Nebraska im Jahr 1993 versammelt. Brandon Teena war bei Geburt ein weibliches Geschlecht zugewiesen worden, er lebte später selbstgewählt als Brandon Teena, wird damit häufig als (trans*)männliche Person gelesen.

Zwei Filme, die Fragen nach Brandons Geschlechtsidentität behandeln, stehen im Zentrum des Archivs: der Spielfilm BOYS DON'T CRY (USA 1999, R.: Kimberly Peirce) und der Dokumentarfilm THE BRANDON TEENA STORY (USA 1998, R.: Susan Muska/Gréta Ólafsdóttir). In dem Spielfilm wird der Erzählung der Beziehung von Brandon zu Lana, seiner Freundin zur Zeit des Mordes, eine große Rolle eingeräumt, die Dokumentarfilmerzählung begleitet den Prozess um die Ermordungen und fokussiert sich insbesondere auf Brandon, durch Interviews mit Menschen, die ihn gekannt haben.

7 Ahmed konkretisiert den Bezug zur Möglichkeit und Notwendigkeit zu handeln noch einmal ganz am Ende ihres Aufsatzes: »[...] we have to work to put the hap back into happiness. Such a happiness would be alive to chance, to chance arrivals, to the perhaps of a happening. We would not wait for things to happen. To wait is to eliminate the hap by accepting the inheritance of its elimination. You make happen. Or you create the ground on which things can happen in alternative ways. We have a future, perhaps« (Ahmed 2011, 178).

Halberstam stellt für Boys don't cry heraus, dass eine Besonderheit des Films darin bestehe, einen *transgender gaze* zu etablieren. Ausgehend von Konzepten aus der feministischer Filmtheorie (Mary Ann Doane, Laura Mulvey u.a.) greift Halberstam auf Aspekte der Maskerade in Kontext von Film und Geschlechterkonstruktionen zurück. Blickstrukturen im Kino sind diesen Konzepten zufolge klar an binäre Geschlechterkonstruktionen gebunden, ein Überschreiten der Grenze zwischen Männlichkeit und Weiblichkeit ist nur für einen Moment möglich. Halberstam sieht dagegen in Boys don't cry diese Annahme in Frage gestellt. »The transgender look in this film reveals the ideological content of the male and female gazes, and it disarms, temporarily, the compulsory heterosexuality of the romance genre« (Halberstam 2005, 86).

Der *transgender look* und auch der *transgender gaze*, ein Blick also, der nicht binär strukturiert ist, wird im Film nach Halberstam etabliert, aber dann auch wieder zurückgenommen. Die Bindung der Zuschauer*innen über den Blick, der laut Halberstams Analyse zumindest zeitweise die binäre Geschlechterdifferenz der medialen Blickachsen aussetzt, wird letztendlich wieder eingeholt und reproduziert. Dies passiert in der Szene in dem Moment, in dem Brandon und Lana Sex haben, und dieser – wie Halberstam schreibt – die Gewalterfahrung einer vorangegangenen Vergewaltigung unberücksichtigt lässt und gleichzeitig den Sex als lesbischen Sex erzählt, Brandon also Zuschreibungen von Männlichkeit, die zuvor auch über die Blicke Lanas bestätigt wurden, in dem Moment entziehe.

Der *transgender gaze* ist eine Form der Organisation der Blickstrukturen der Rezipient*innen des Films. Die Positionierung der Rezipient*innen wird in der feministischen Filmtheorie zunächst im Rahmen des binären Konzepts von Männlichkeit und Weiblichkeit gedacht. Halberstam stellt nun heraus, dass in Boys don't cry dieses binäre Konzept der Positionierung der Zuschauer*innen aufgebrochen werde und sich zeitweise eine Positionierung einschreibe, die sich nicht mehr in den binären, psychoanalytisch geprägten Modi beschreiben lässt. Hier ist also auch zu fragen, welche zeitlichen Logiken der psychoanalytisch geprägten feministischen Filmtheorie eigen sind. Da gerade mit Laura Mulvey die Psychoanalyse und das Moment des Sehens, des Blickens so zentral für die feministische Filmtheorie geworden ist (vgl. Mulvey 1975), ist die Frage, ob dieses Konzept des vergeschlechtlichten und vergeschlechtlichenden Sehens und die Formen des Begehrens, die es produziert, ein auch zeitlich bestimmtes Konzept ist.

Auch Halberstam folgt, gemäß der psychoanalytischen Theorie, zunächst der Logik der binären Geschlechterdifferenz. Es ist Lanas als weiblich konnotierter Blick, der Brandons Männlichkeit im Film bezeugen und mit herstellen kann. Diese (An-)Erkennung über den Blick, den der Film Lana bis zu einem bestimmten Punkt zuspricht, ermöglicht insofern ein zeitlich bestimmtes Moment, als es Lana und Brandon für einen Moment aus der Geschichte/Narration herausnimmt und eine andere als die gewaltvolle Realität aufscheinen lässt. Anschließend an eine feministische Tradition der Filmtheorie zeigt Halberstam hier, dass die Möglichkeit eines *transgender gaze* im Apparat des Kinos, in der Naht (*suture*) im Kino möglich ist, und erweitert damit auch Mulveys binäres Blickkonstrukt vergeschlechtlichter Positionierungen im Kino.[8] Gleichzeitig zeigt Halberstam, dass in BOYS DON'T CRY – mit der Etablierung des *transgender gaze* – auch eine Verschiebung der Konnotation des weiblich bestimmten Blicks stattfindet. So ist der Blick, der Brandons Männlichkeit bezeugen kann, der Blick von Lana, der damit in dem binären Verständnis von weiblichen und männlichen Positionierungen ein weiblich bestimmter bleibt, aber dabei als machtvoll und gestaltend solche Eigenschaften für sich besetzen kann, die sonst als männlich bestimmt werden (vgl. Halberstam 2005, 86ff.).

Eine solche Analyse der Blickstrukturen, in der die starr binäre Geschlechterordnung aufgeweicht wird, ermöglicht eine Verschiebung der normativen Zeitlogiken im Film und darüber hinaus auch eine andere Perspektive auf die zeitliche Bestimmtheit über das Moment der Organisation des Blicks in der feministischen Filmtheorie. Der Blick, der an Momenten von Vergeschlechtlichung Anteil hat, ist Teil der zeitlichen Struktur der Performanz dieser Geschlechterkonstruktionen. Und es ist eine spezifisch mediale Form der Zeitlichkeit, die an das Medium Film und hier auch den Apparat des Kinos gebunden ist. Die Blickstrukturen, die aus einer feministischen Filmtheorie heraus als vergeschlechtlichte herausgearbeitet worden sind, sind auch an die zeitliche Struktur des Films gebunden. Es sind vergeschlechtlichte Blicke und Identifikationsprozesse, die eben nicht über den Stillstand, sondern über die Dauer, die das Medium Film auszeichnet, strukturiert sind.

In der Beschäftigung mit The Brandon Archive und auch in der Analyse des Films BY HOOK OR BY CROOK (USA 2001, R.: Harry Dodge/Silas Howard) interessiert sich J. Jack Halberstam insbesondere dafür, welchen zeitlichen Ordnungen Trans*personen ausgesetzt sind. In Bezug auf Brandon Teena

8 Zur Naht (*suture*) vgl. Kap. 2 dieser Arbeit.

schaut sich Halberstam die Logiken der medialen Narrative um seine Person an. Sowohl im Spielfilm BOYS DON'T CRY als auch im Dokumentarfilm THE BRANDON TEENA STORY verdeutlichen die medialen Auseinandersetzungen machtvolle und repressive zeitliche Zuschreibungen, so Halberstam. Im Dokumentarfilm zeige sich dies in der Inszenierung von Stadt und Land. So wird der Mord an Brandon in der Analyse Halberstams mit der Rückschrittlichkeit der ländlichen Umgebung und ihrer Bevölkerung verbunden. Homosexualität und auch Trans*identität werden damit an die Idee einer Fortschrittlichkeit städtischen Lebens in direktem Kontrast zu einem Leben auf dem Land gebunden.[9] Genau dieser zeitlichen Konstruktion widerspricht Halberstam. Die Dichotomie von Stadt und Land und die Konstruktion von nichtnormativen Geschlechtsidentitäten und Begehrensformen liegen einer Erzählung zugrunde, an der zu sehen ist, wie komplex zeitliche Mechanismen die Konstruktion von Geschlecht oder auch Sex durchdringen und damit auch regulieren. Gleichzeitig zeigen sich hier die Machtverhältnisse als intersektional begreifbare Strukturen. Während Homosexualität und Trans*identität in dieser Erzählung zu einem städtischen Leben gehören und auf dem Land eine Bedrohung darstellen bzw. dort als Lebensweisen bedroht oder verunmöglicht werden, werden in der gleichen Konstruktion die Homophobie und Trans*phobie dem ländlichen Leben zugeschrieben und als Problem auch der städtischen Gebiete verneint. Damit ist zumindest an dieser Stelle ein Sprechen über Homo- und Trans*phobie klar einem Ort zugeschrieben und wird als ein übergreifendes Phänomen verneint. Damit dies funktioniert, wird die ländliche Umgebung als rückschrittlich gezeichnet und in binäre Opposition zum Leben in der Stadt gesetzt. Die Konstruktion solcher Zuweisungen findet sich in anderer Form immer wieder in Diskussionen über Sexismus und auch Homophobie und auch umgekehrt in der Aneignung/Behauptung feministischer Positionen.[10]

---

9 Josch Hoenes (2014) macht in seiner Publikation *Nicht Frosch – nicht Laborratte: Transmännlichkeiten im Bild. Eine kunst- und kulturwissenschaftliche Analyse visueller Politiken* ebenfalls auf diese gängige Erzählung der Dichotomie von Stadt und Land mit ihrer Verbindung von Fort- und Rückschrittlichkeit aufmerksam. Er verweist in seiner Analyse des Films BOYS DON'T CRY aber darauf, dass es zwar eine Dichotomie zwischen Stadt und Land in der Inszenierung des Films gibt, die Stadt aber in Bezug auf Brandon mit staatlicher Gewalt und Stillstellung von Identität gleichgesetzt wird, während das Land zunächst ein idealisierter Ort räumlicher Offenheit wird.

10 Sara Farris benennt 2011 in der Zeitschrift *Feministische Studien* das Phänomen des Femonationalismus. Bereits früher, nämlich 2007, haben Jasbir K. Puar und nach ihr Ju-

Ann Cvetkovich greift ebenfalls beide Filme über Brandon Teena auf und verschiebt den Fokus auf die zwei unterschiedlichen Gattungen Spielfilm und Dokumentarfilm, die je eigene Zeitkonzepte sichtbar machen (vgl. Cvetkovich 2003, 275ff.). Eine signifikante Beobachtung, die sie macht, bezieht sich auf den Tod. Beide Filme, so Cvetkovich, setzten sich mit der Ermordung Brandon Teenas auseinander. Der Spielfilm unterschlage dabei aber, dass nicht nur Brandon Teena und dessen Bekannte Lisa Lambert als *weiß* positionierte Personen umgebracht worden seien, sondern mit Philipp DeVine, einem weiteren Bekannten Brandons, auch eine BPoC Person und dass das Motiv des Mords hier nicht nur Transphobie, sondern auch Rassismus sein könne. Den Mord an Philipp DeVine klammere BOYS DON'T CRY aus, dafür, so Cvetkovich, inszeniere der Film dessen Freundin Lana trauernd neben dem toten Körper Brandons, obschon sie nicht vor Ort gewesen sei. Cvetkovich stellt heraus, dass BOYS DON'T CRY Fragen nach bzw. die Auseinandersetzung mit potentiell rassistischen Motiven der Morde unterschlägt. Er lege damit nahe, dass manche Tode wichtiger seien als andere (vgl. ebd., 276). Das narrative Element der Liebesgeschichte werde gleichzeitig überhöht. Dieses Motiv ist ihrer Analyse zufolge in der Tradition der Spielfilmerzählung begründet, da Liebe zu den zentralen Elementen der Gattung gehört.

Es ist aber nicht nur die Liebe, sondern auch der Tod, der für den Spielfilm zu einem wichtigen Element und zum zeitlich strukturierenden Prinzip wird. Über beide Elemente bekommt in Cvetkovichs Analyse die queere Person mittels des Spielfilms einen Eingang in einen breiteren öffentlichen Raum. Dieser Eintritt in eine öffentliche Wahrnehmung gehe aber auch mit dem Verlust einer Queerness einher, insofern die Betonung auf der universell verständlichen, menschlichen Geschichte liege. Diese Verortung des Films

---

dith Butler den Begriff des Homonationalismus geprägt (vgl. Puar 2007, Butler 2011), auf den sich Farris mit dem Begriff des Femonationalismus beruft. Mit den Begriffen werden nationalistische, rassistische Politiken oder Strukturen beschrieben, in denen eine bestimmte Form von Feminismus und bestimmte lgbtiq-Rechte für ein kollektives, z.B. nationales Selbstverständnis mit Bedeutung versehen werden. Hier allerdings geht es um eine Aneignung zum Zweck der Ausgrenzung, des Othering. Bestimmte Positionen, bestimmte Lebensformen erscheinen auch in nationalistischen Kontexten intelligibel, aber nur zu dem Preis, dass dafür andere ausgeschlossen bleiben bzw. aktiv ausgeschlossen werden. Auch dies funktioniert unter dem Vorzeichen einer vermeintlichen Fortschrittlichkeit, wobei den als Andere Verworfenen eine Rückschrittlichkeit zugeschrieben wird.

findet sie unter anderem konkret in einer Äußerung Hilary Swanks,[11] die für ihre Darstellung von Brandon im Spielfilm mit einem Oscar ausgezeichnet wurde. Problematisch ist die Betonung der Universalität, weil sie Differenz negiert und eine spezifisch queere Erfahrung damit untergräbt und in eine heteronormative Struktur einverleibt. Die Möglichkeit der Betonung der Universalität der Geschichte Brandons liegt, so meine These, auch in der Wiederholung der bereits etablierten Form der filmischen Erzählung der romantischen Zweierbeziehung, in die Brandon als Figur zum Teil eingepasst wird.

Filminhärente Möglichkeiten zur Veränderung solcher normativer Strukturen sind in queeren Analysen selbst bereits zu finden. So greift etwa Henriette Gunkel auf den Film THE WATERMELON WOMAN von Cheryl Dunye (USA 1996) zurück, wenn sie Zeitlichkeiten des *Afrofuturism* in ihrem Artikel *Rückwärts in Richtung queerer Zukunft* illustriert (vgl. Gunkel 2008). Positionen des *Afrofuturism* verhandeln die Möglichkeiten und mehr noch Notwendigkeit, Geschichte in nicht-linearen Narrativen zu fassen und im Hinblick auf ein Verhältnis von Gegenwart, Vergangenheit und Zukunft nicht als abgeschlossen sondern als produktiv zu betrachten. Gunkel greift das Konzept des *Afrofuturism* im Kontext der Auseinandersetzung mit Zeitlichkeit in den Queer Studies auf, wobei sie sich auf Muñoz' Antwort auf Edelman bezieht. Muñoz schreibt an der betreffenden Stelle:

> »Again, there is for me a lot to like in this critique of antireproductive futurism, but in Edelman's theory it is enacted by the active disavowal of a crisis in afrofuturism. Theories of queer temporality that fail to factor in the relational relevance of race or class merely reproduce a crypto-universal white gay subject that is weirdly atemporal – which is to say a subject whose time is a restricted and restricting hollowed-out present free of the need for the challenge of imagining a futurity that exists beyond the self or the here and now.« (Muñoz 2009, 94)

Henriette Gunkel wählt nun zwei Filme als Gegenstand, um an ihnen den queeren Umgang mit Zeit als *Afrofuturim* zu zeigen. Es sind spezifisch filmische Zeitlichkeiten, wie die Zeitlupe, die Wiederholung oder *reverse motion*, die sie als Zeitlichkeiten mit queerem Potential im Film kennzeichnet (vgl. ebd., 72). Sie strukturieren den Film über die Erfahrung aus einer *Queer-*

11 »Swank, for example, talked about Boys Don't Cry as a love story with universal appeal, not a specifically queer, lesbian, or transgender one« (ebd., 277).

of-Color-Perspektive, gegen eine normativ lineare, koloniale Form der Geschichtsschreibung. Zukunft, Vergangenheit und Gegenwart gleichzeitig aufzurufen und in neue Zusammenhänge zu stellen, miteinander verwoben statt kausal eindimensional zu denken, wird hier auch zu einer Möglichkeit der Artikulation gegen machtvoll besetzte, normative linear-chronologische Konzepte eindeutiger Zeitverläufe.

4.4 Bewegungsgeschichte_n und/als Filmgeschichte_n

Welchen Stellenwert haben Filme in Bezug auf Möglichkeiten einer queeren Geschichtsschreibung? Diese Frage soll anhand einiger im Folgenden vorgestellter Analysen diskutiert werden, in denen die Verwobenheit von Filmgeschichte und Bewegungsgeschichte im Medium Film behandelt wird.

Heather Love interessiert sich in ihrem Buch *Feeling Backward. Loss and the Politics of Queer History* (2009) für Möglichkeiten queerer Historiografie und für die Effekte des Blicks zurück in die Vergangenheit. Um ihre Überlegungen zum Moment des *feeling backward* auszuführen, schaut sie sich den Dokumentarfilm THE CELLULOID CLOSET (USA 1995, R.: Rob Ebstein/Jeffrey Friedman) an, der eine queere Geschichte des Hollywoodfilms nachzeichnet und somit anhand dieser Filmgeschichte auch ein Art Bewegungsgeschichte entwirft, der Filmgeschichte hier eine Relevanz zuspricht. Der Film basiert auf dem gleichnamigen Buch des Filmhistorikers Vito Russo und ist chronologisch strukturiert (vgl. Russo (1987 [1981]). Am Anfang dieses Kapitels wurde der Film in seiner zeitlichen Strukturierung schon einmal erwähnt, da auch er Filmgeschichte als eine linear fortschreitende Befreiungsgeschichte erzählt. Das Narrativ, dem zufolge »es besser wird«, als Hoffnung identitätspolitischer Kampagnen, reflektiert sich also auch in einem Narrativ um nicht-heterosexuelle Figuren im Film. Mediale und außermediale Wirklichkeit scheinen sich zu spiegeln.

Bei Love bekommt dieses Narrativ im genauen Blick auf THE CELLULOID CLOSET selbst noch einmal eine Wendung. Neben der Zusammenstellung von Filmausschnitten, welche die verschiedenen Phasen des Hollywood-Kinos von seinen Anfängen bis zur Entstehung des Films in den 1990er Jahren repräsentieren sollen, gibt es prominente Zeitzeug*innen, die die Filme jeweils kontextualisieren. Für THE CHILDREN'S HOUR (USA 1961, R.: William Wyler) machen dies Shirley MacLaine als Darstellerin des Films und Susie Bright als Aktivistin und Schriftstellerin. Während MacLaine dem Narrativ folgt, dass THE

Children's Hour einer homophoben Vergangenheit angehöre und inzwischen aufgrund der Kämpfe der lgbtiq-Bewegungen nicht mehr in der Form erzählt werden könnte,[12] weist Bright darauf hin, dass die im Film aufgebauten Gefühle (der Verzweiflung und Scham) trotz aller gesellschaftspolitischer Veränderungen für sie weiterhin verständlich seien und Relevanz hätten. Diese Gefühle stimmten nicht mit der Erzählung einer Fortschrittsgeschichte überein. Love greift diese Sequenz heraus und zeigt an ihr, wie die lineare Geschichte einer Überwindung homophober Gesellschaftsstrukturen sich in der Erzählung MacLaines reproduziert und gleichzeitig – in Susie Brights Innehalten – für einen Moment hinterfragt wird.

Signifikant ist, dass der Film beide Positionen vereint und auch später noch, trotz linearer Struktur, weitere Momente von Brüchen aufweist, in denen sich Aussagen der Expert*innen nicht einfach in eine Geschichte positiver Entwicklungen in Bezug auf Queerness innerhalb einer Filmgeschichte einfügen. Der Film stellt also trotz seiner linearen Struktur und trotz des dominierenden Fortschrittsnarrativs keine Eindeutigkeit her. Dies ermöglicht es auch Love, genau diesen Aspekt der Mehrdeutigkeit von Geschichte zu isolieren und in seiner Relevanz hervorzuheben.

Elizabeth Freeman fragt schon im Vorwort von *Time Binds* (2010) nach medienspezifischen Zeitlichkeiten, wobei sie Film als zeitgenössisches Medium einer neuen Zeiterfahrung der Industrialisierung, die sowohl Arbeit als auch Freizeit taktet, zuordnet. Ihr Beitrag zur Auseinandersetzung mit Zeitlichkeit in den Queer Studies ist bereits an filmische Zeit und ihre Effekte gebunden und kann, wie beschrieben, als ein Beitrag der Queer Cinema Studies gelesen werden.

Die neue Zeiterfahrung der Industrialisierung, mit der Freeman ihren Blick auf filmische Zeitordnungen beginnt, geht mit zeitlichen Normierungen einher, über die die neuen Arbeits- bzw. Lebensbedingungen strukturiert sind. Fotografie, insbesondere Familienfotografie, betrachtet sie medienhistorisch als Medium das selbst spezifische Funktionen und Logiken von Verwandtschaft, Ähnlichkeiten und Erinnerung hervorbringt. Sowohl Arbeit als

12 Der Film erzählt die Geschichte zweier befreundeter Lehrerinnen, die gemeinsam ein Mädcheninternat führen. Das Gerücht einer Schülerin, die den beiden eine sexuelle Beziehung oder ein Begehren danach unterstellt, führt zu einer Offenlegung des tatsächlichen Begehrens einer der beiden gegenüber der anderen und zu ihrem Suizid aus Verzweiflung um dieses Begehren und aus Angst vor gesellschaftlicher Ächtung.

auch Familie/Reproduktion werden in ihrer Verortung damit von medial bestimmten Zeitlichkeiten begleitet und auch strukturiert. Den Medien zur Seite stellt Freeman den Körper, der ebenfalls über zeitliche Logiken bestimmt ist. Der Begriff, den sie hier einführt, ist *chrononormativity*[13] als die Kraft, zeitliche Gesetze so in den Körper einzuschreiben, dass sie sich wie körperliche Bedingungen anfühlen, die sich etwa in Tagesabläufen zeigen (vgl. ebd., 3ff).

Freemans Begriff der *chrononormativity* rückt konkrete Verkörperungen in den Blick, die sich als zeitlich bestimmte Phänomene/Normativitäten auch als Zuweisungen, als habituale Einschreibungen lesen lassen. Über den Begriff der *chrononormativity* bzw. über ihre Analyse, in dem bzw. der sie Medien(geschichte) und körperliche Erfahrung verbindet, macht Elizabeth Freeman unter der Perspektive von Zeitlichkeit *race*, *class*, *sex* und *gender* zu Kategorien, die auch durch Zeit und Taktungen bestimmt sind.

Freeman verbindet ihre Analyseschwerpunkte von Zeitlichkeit, Sex, Körper und Historiografie zur Methode der *erotohistoriography*, die sie wie folgt definiert:

> »Erotohistoriography is distinct from the desire for a fully present past, a restoration of bygone times. Erotohistoriography does not write the lost object into the present so much as encounter it already in the present, by treating the present itself as hybrid. And it uses the body as a tool to effect, figure, or perform that encounter. Erotohistoriography admits that contact with historical materials can be precipitated by particular bodily dispositions, and that these connections may elicit bodily responses, even pleasurable ones, that are themselves a form of understanding. It sees the body as a method, and historical consciousness as something intimately involved with corporeal sensations« (ebd., 95f.).

Mit der *erotohistoriography* entwirft Freeman eine spezifische Methode queerer Geschichtsschreibung. Als einen Beitrag zu einer solchen queeren Historiografie begreift Freeman Nguyens Tan Hoangs Film K.I.P. (USA 2012), anhand dessen Lektüre sie eindrücklich beschreibt, wie mediale Zeitlichkeit und

---

13 Der Begriff ist angelehnt an Dana Lucianos Begriff der *chronobiopolitics*. In ihrem Buch *Arranging Grief. Sacred Time and the Body in Nineteenth Century America* spezifiziert diese *chronobiopolitics* einen Begriff, mit dem sie an Foucaults Geschichte der Sexualität anschließt, als »the sexual arrangement of the time of life« (Luciano 2007b, 9). Das zentrale Motiv, über das Luciano hier ihre Fragen nach der zeitlichen Bestimmtheit von Verkörperungen bestimmt, ist das der Trauer.

eine queere Form von Historiografie zusammengebracht werden (vgl. ebd., 1ff.). Nguyens Arbeit basiert auf dem analogen Medium Video, auf Gebrauchsspuren von VHS-Kassetten. Sein Ausgangsmaterial ist ein abgenutzter Verleihpornofilm, in den sich der Filmemacher selbst über die Reflexion/Spiegelung im Bildschirm als Zuschauer einschreibt. Das wiederholte Abspielen bzw. Rückspulen hat die Höhepunkte, die Orgasmen, die das Video zeigt, abgenutzt. In diesem Verschleiß des Materials ist somit die Geschichte der Rezeption eingeschrieben und gleichzeitig manifestiert sich darin die Idee einer kollektiven Erfahrung. In der Anwesenheit der Spiegelung des Filmemachers wird über den Blick die Partizipation am Video weitergeschrieben. Das Video stellt Kontinuität her, zerbricht sie aber auch. Die Zeit ist folglich nicht mehr von Kontinuität, sondern von Brüchen geprägt:

> »In short, Nguyen seems to recognize that a hiccup in sequential time has the capacity to connect a group of people beyond monogamous, enduring couplehood – and this awareness, I would argue, is crucial to revitalizing a queer politics and theory that until fairly recently has focused more on space than on time« (Freeman 2010, 3).

Diese spezifische Zeitlichkeit als Erfahrung ist erst über das Medium Video und die Möglichkeit des wiederholten Abspielens gegeben. Das Original-Video weist – wie schon gesagt – gerade an den Höhepunkten des Pornos starke Abnutzungserscheinungen auf, das Band ist verschlissen von vielen Malen des Zurückspulens. Die Vergangenheit ist damit als Gebrauchsspur in das Material eingegangen. Die Abnutzungserscheinungen liest Elizabeth Freeman als Spuren einer anderen Zeit im Medium. Es sind auch Spuren kollektiver Nutzung über die Zeit, die hier ins Medium eingeschrieben sind. Im abgenutzten Verleihporno aus den 70er Jahren hat sich eine Spur[14] derjenigen materialisiert, die in der Zeit dieses Video ausgeliehen und immer wieder zu den Höhenpunkten gespult haben. Der Filmemacher setzt sich als begehrende Person in ein Verhältnis zu den anderen, früheren Nutzer*innen

14 Hier ist auf den Begriff der Spur zu verweisen, wie ihn Jacques Derrida prägt, denn gerade seine Konzeption von Zeitlichkeit als nicht linear hat auch die hier vorgestellte Diskussion zur Zeitlichkeit in den Queer Studies mit ermöglicht. Im Gespräch mit Julia Kristeva sagt er: »Es gibt nichts, weder in den Elementen noch im System, das irgendwann oder irgendwo einfach anwesend oder abwesend wäre. Es gibt durch und durch nur Differenzen und Spuren von Spuren« (Derrida 1986, 67).

Das Kollektiv, das bei Nguyen Tan Hoang aufgerufen wird und für das sich Freeman interessiert, ist also auch ein spezifisch mediales Kollektiv, es wird hier nicht nur heraufbeschworen, sondern stellt sich auch im Medium her. Und zudem ist es nicht nur über sexuelle Identitäten, sondern vor allem auch über eine geteilte Mediennutzung gekennzeichnet. Elizabeth Freeman liest die Spur der Abnutzung auch als eine Manifestation aus einer Zeit vor der HIV/AIDS-Krise, als ein Zeichen der mit ihr verschwundenen und gesellschaftlich verworfenen schwulen Sexkultur. Die Art und Weise, in der sich nun Nguyen Tan Hoang in ein Verhältnis zu dieser Zeit setzt, liest sie als eine queere Form der Arbeit an bzw. mit der Vergangenheit und der Historiografie. In der Spiegelung wird der Filmemacher selbst über sein Begehren Teil derjenigen, die sich im Medium als Kollektiv eingeschrieben haben. Die Möglichkeit und Unmöglichkeit, Teil dieses Kollektivs zu werden, lässt die Arbeit gleichzeitig stehen. Im Fokus steht das Begehren, nicht die Deutung oder Inbesitznahme der Subjekte, auf die sich die Arbeit bezieht.

Elizabeth Freeman stellt deutlich die Bedeutung des Mediums – in diesem Fall die des analogen Videos – und die spezifische zeitliche Praxis, die es ermöglicht, heraus: die Möglichkeit, selbst zurückzuspulen, einzelne Sequenzen wiederholt abzuspielen und zu konsumieren. Mit ihrem Begriff der *erotohistoriography* macht sie eine spezifische queere Art des Rückgriffs auf Geschichte stark.

Freeman sieht sich nicht nur die inhärenten Zeitlogiken des Mediums Video an, sondern setzt sich darüber hinaus mit medialen Verfasstheiten von Zeit und Zeitstrukturen auseinander. Dabei beginnt sie mit Mary Ann Doane beim Kino und der Zeit der Industrialisierung (Doane 2002, vgl. Kap. 2). Über Doanes Überlegungen zur medialen Verfasstheit oder Bestimmtheit von Zeiterfahrungen knüpft sie an Zeiterfahrungen an, die in spezifischen Machtverhältnissen und den mit ihnen verbundenen Identitätskonstruktionen produktiv sind. Dabei geht es insbesondere auch um eine Frage nach der Zeitlichkeit von Klassenverhältnissen, die sie sich als Formen von Taktungen anschaut, z.B. als Momente, nicht ganz im Takt mit bürgerlichen Verkörperungen ritualisierter Abläufe zu sein.

Zeitlichkeit wird bei Freeman zu einer Struktur der Verkörperung, der Verkörperung auch von Zuschreibungen von *race, class* oder *gender*, und diese Struktur der *chrononormativity* begreift sie auch als medial bestimmt. So verbindet sie die Analyse der Zeitstrukturen in Film- und Videoarbeiten mit der Analyse von körperlichen Einschreibungen, die auf Zeit basieren. In ihrer Analyse bekommt die medienspezifische Strukturierung von Zeit Relevanz –

nicht nur als Narration, sondern darüber hinaus auch als wirkmächtiger Bestandteil eines Verständnisses und einer Strukturierung von Wirklichkeiten. Eine exponierte Rolle kommt dabei in ihrer Perspektive dem Kino als dem Medium einer Moderne zu. Und sie bindet das Medium auch an Kollektive und identitätspolitische Ideen. Im Kino ist die Idee eines Kollektivs bereits durch die räumliche Anordnung eingeschrieben. Freeman fasst diese Idee des Kollektivs über das Medium Film und seine Zeitorganisation in Bezug auf Gewaltverhältnisse und Linearität weiter:

> »Whether explicitly correlated with racial and sexual otherness or not, film's ability to manipulate time or to enable historical return resonated with the late nineteenth century's tendency to align blacks, homosexuals, and other deviants with threats to the forward movement of individual or civilizational development« (Freeman 2010, 24).

Der Schwerpunkt weiterer Analysen zum Verhältnis von Zeitlichkeit und Queerness liegt häufig auf der zeitlichen Anordnung von Narrativen, nicht in der Kombination von Narrativ und Medium/medialer Zeit. Dabei ist gerade dieser Aspekt der Analyse hervorzuheben, da mit ihm Fragen nach kollektiven Identitätsentwürfen wie -zuschreibungen als Fragen nach Zeitlichkeit auch an die Produktivität von Medien in gesellschaftspolitischen Kontexten gestellt werden können.

Elizabeth Freeman bezieht verschiedene Differenzkategorien in ihr Konzept der *chrononormativity* auch in Bezug auf Film und Zeitlichkeit mit ein. So ist bei ihr das Timing des Handelns der Figuren im Film COAL MINER'S GRANDDAUGHTER (USA 1991, R.: Cecilia Dougherty) mit einer Zugehörigkeit zur Arbeiterklasse verbunden. Cecilia Doughertys Film ist ein experimenteller Film, der um den Auszug und das Coming Out der Tochter Jane herum arrangiert ist und wiederholt Szenen am gemeinsamen Familientisch zentriert. Die Laiendarsteller*innen stellen ihr Schauspiel dezidiert als solches aus und der Film ist in großen Teilen mit einer *Fisher Price Pixelvision* Kamera gedreht, mit der zum Beispiel auch Sady Benning die Ästhetik eines Queer Cinema geprägt hat. Im Titel verweist der Film auf eine Filmgeschichte, in der sowohl Klasse als auch Geschlecht verhandelt werden, auf den Film COAL MINER'S DAUGHTER (USA 1980, R. Michael Apted). Dieser Film erzählt biografisch die Aufstiegsgeschichte der erfolgreichen Country-Sängerin Loretta Lynn, die in einer Bergarbeiterfamilie aufgewachsen ist.

Freeman legt den Schwerpunkt ihrer Analyse auf die Herausarbeitung von Timing, da es sie interessiert, wie Fragen nach Geschlecht und Sexualität in zeitliche Logiken kapitalistischer Ordnungen eingebettet und miteinander verwoben sind. Das Timing wird bei Freemann zu einem Moment der Lesbarkeit auch von Klasse und lesbischem Begehren im Film, das sich in das normative Timing eines Settings von Familie und Reproduktion einschreibt:

> »*Coal Miner's Granddaughter* suggests that familial timing implicates both class and sexual relations. Purportedly the fulcrum between the biological and the social, the cyclical and the historical, family is the form through which time supposedly becomes visible, predominantly as physical likeness extending over generations – but also, Dougherty suggests, as natural likeness in manner, or orchestrated simultaneities occurring in the present.« (Ebd., 31)

Auch in diesem Beispiel von Freeman werden Machtverhältnisse als zeitlich bestimmt ausgemacht. Sie werden lesbar über ein Nicht-Einpassen der Figuren, darüber, dass ihre Queerness oder ihre Zugehörigkeit zur Arbeiter*innenklasse sie aus dem Timing der Familienzeit fallen lässt. Dieses Timing ist auch bestimmt über biografische Entwürfe, die gesellschaftliche Zeitordnungen wiederspiegeln. Filme wie COAL MINER'S GRANDDAUGHTER machen somit Zeit als Verkörperungen auf der Ebene der Figurenkonstellation sichtbar, als Habitus.

4.5 Trauer und Tod in filmhistoriografischer Perspektive

Eine Form filmischer Historiografie, die auch von einer Auseinandersetzung mit Zeitlichkeit in den Queer Studies ausgeht, entwirft Chris Tedjasukmana mit *Mechanische Verlebendigung. Ästhetische Erfahrung im Kino*. Sein Konzept ist das einer »affektiven Geschichtsschreibung« (Tedjasukmana 2014, 16), in der er auch die Zeit und die Erfahrung der jeweiligen Zuschauer*innen ernst nimmt und mit einbezieht. Die Geschichtsschreibung des Films ist damit nicht fixiert, sondern unterliegt laufenden Aktualisierungen über das Moment der Projektion und der Rezeption des Films. Tedjasukmanas Arbeit verbindet damit zentrale Momente der Auseinandersetzung mit Zeitlichkeit in den Queer Studies mit filmwissenschaftlichen Perspektiven. Sein Entwurf einer affektiven Geschichtsschreibung begreift diese als prozesshaft und je historisch situiert. Filme aus der Vergangenheit aktualisieren sich im Moment der Rezeption und gehen eine Verbindung zur Gegenwart ein. Ein Schwerpunkt des von ihm in den Blick genommen Filmkorpus ist das Queer Cinema in Bezug auf eine ästhetische Bearbeitung der Erfahrung der AIDS-Pandemie. Dazu schaut er sich unter anderem den Film SILVERLAKE LIFE: THE VIEW FROM HERE (USA 1993, R. TOM JOSLIN/PETER FRIEDMAN) (vgl. Kapitel 5.1), aber auch die Filme Todd Haynes an. Tedjasukmana (2008) greift im Hinblick auf Haynes' Werk noch einmal aus einer psychoanalytisch grundierten Perspektive das Motiv des Todes auf. Sein Interesse gilt der These, dass Haynes' Filme eine Auseinandersetzung mit der Zeit der AIDS-Pandemie geführt haben, die eine (kollektive) Trauer ermöglichten. Dies bewerkstelligen Haynes' Filme nach Tedjasukmana mittels des Moments der Melancholie, das sie spürbar machten und darüber auch die Abwesenheit der Trauer begreifbar werden ließen. Die Zeitlichkeiten von Trauer und Melancholie bestimmt Tedjasukmana zunächst über Freud, bei dem die Trauer als Überwindung des Verlusts einer geliebten Person bestimmt wird, die Melancholie hingegen als Introjektion und damit Verstetigung der geliebten Person, deren Verlust nicht eingestanden wird. Über die Auseinandersetzungen mit Trauer und Melancholie bei Judith Butler und Douglas Crimp (vgl. ebd., 436ff.) gelangt Tedjasukmana zur Frage nach einer Politik, die sich nicht durch Stärke, sondern durch das Anerkennen der eigenen Schwäche auszeichnet. Über den Verlust und die Trauer findet, so zeigt er mit Butler, auch eine Veränderung des Ichs statt, weil dieses Ich sich immer auch in Abhängigkeit zu Anderen entwickelt, weil Identität nicht fix ist und sich insbesondere auch über die Erfahrung von Verlusten verändert. Queere Politiken wären mit Tedjasukmana auch der Erfahrung des Verlusts und der daraus resultierenden Wunde verpflichtet. Am Beispiel von SAFE (USA 1995) veranschaulicht er die Melancholie, die Haynes als Regisseur in seinen Filmen erzeugt, wodurch er den nicht betrauerten Verlust spürbar macht (vgl. ebd., 442ff.). Seine Analyse zeigt hier auf, wie Haynes mit ästhetisch etablierten Genres der Filmgeschichte umgeht, sie wiederholt und verändert. So verschiebe Haynes die Inszenierung und Ästhetik des Melodrams so weit, dass die für dieses Genre charakteristische Normalität unheimlich wird.

Tedjasukmanas Analyse fragt nach den Voraussetzungen queerer Politiken in Bezug auf Entwürfe von Stärke und Verletzlichkeit. Eine zeitliche Ebene, die er in Bezug auf den Film anspricht, ist die der historischen Filmästhetik, der Filmgeschichte und ihrer Wirkmächtigkeit, denn über das Zitat, die Wiederholung und die Neuinterpretation kann der Film diese Ästhetik aufrufen, sie in ihrer Wirkmächtigkeit befragen und in Bezug auf eine zeitliche Ordnung verändern.

In VELVET GOLDMINE (USA 1998), einem weiteren Film von Haynes, sind es verschiedene Vergangenheiten, die der Regisseur, so Tedjasukmana, zusammenbringe und allegorisiere, um sie dann in der Gegenwart der Zuschauer*innen zusammenwirken zu lassen (vgl. ebd., 453ff.). Die zwei Zeitfenster der Geschichte eines Glamrockers fallen auf signifikante Weise mit dem Beginn der 70er Jahre und damit einer Zeit zunehmender sexueller Promiskuität einerseits und den beginnenden 80er Jahren, also den Anfangsjahren der AIDS-Pandemie, andererseits, zusammen. Auch bei diesem Film interessiert Tedjasukmana sich für Haynes' Umgang mit dem Moment der Melancholie, wobei der Film dieses Gefühl – über den Rückgriff auf eine andere Vergangenheit – noch einmal in Beziehung setzen kann.

> »Wenn es zwar einerseits zutrifft, daß die Zeit des Aufbruchs unwiederbringlich ist, doch andererseits, wie VELVET GOLDMINE uns zeigt, die Zeit der Melancholie nicht bloß die darauf folgende und seitdem herrschende hermetische Realität ist, sondern selbst nur die kontradiktorische Position zur ersten darstellt, dann wird es möglich, eine Figur des Dritten zu denken, die aus der dialektischen Reibung des Vorher und Nachher entspringt. Tatsächlich ist diese dritte Position jedoch weniger eine Denkfigur als ein Ethos, denn sie bezieht sich auf die gelebte Wirklichkeit der Gegenwart als noch nicht geschriebene, umkämpfte und prinzipiell kontingente. Wie wäre nun ein derartiges, queeres Ethos ›nach AIDS‹ beschaffen, das aus der Zeit des Vorher und Nachher entspringt, das also eine Verqueerung der Zeit betreibt?« (Tedjasukmana 2008, 457f.).

Tedjasukmana kritisiert in seinem Text ein Narrativ und eine Form der Historiografie des Vorher/Nachher in Bezug auf AIDS, das eine gesellschaftliche Normalisierung der homophoben Gewalt ausdrücke, die nun an eine Vergangenheit verschoben werden kann (vgl. 451,ff.). Anhand von VELVET GOLDMINE verdeutlicht er Haynes' Umgang mit diesem Narrativ, der über die Etablierung der zwei Zeitebenen erfolgt: Dabei wird AIDS nicht explizit genannt, aber in Bezug auf eine affektive Situation bestimmt. Dass dabei auch die Medialität des Films, die Eigenzeitlichkeit des Mediums und die medienspezifischen Zeitordnungen die Argumentation ermöglichen, ist naheliegend. Deutlich wird jedoch, wie sehr die Möglichkeit einer queeren Historiografie von AIDS auch an den Möglichkeiten des Mediums Film hängen. Der Spielfilm vermag dabei auch eine queere Zeitlichkeit aufzurufen, die die Dokumentarfilme, die Tedjasukmana zum Vergleich anführt, nicht evozieren.

Haynes' Umgang mit einer Filmgeschichte als ästhetische Neuordnungen greift im Zuge einer Auseinandersetzung mit (queerer) Zeitlichkeit auch Dana Luciano auf (Luciano 2007a). Ihre Analyse eines weiteren Haynes-Films, FAR FROM HEAVEN (USA 2002), läuft sehr genau an den zeitlichen Figuren des Films entlang. Sie zeigt, wie der Film selbst die Ästhetik historischer Melodramen aufgreift und über diese Form ästhetischer Wiederholung zeitliche Strukturen darin sowohl sichtbar machen als auch verändern kann. Im Zentrum des Films steht die Herstellung der *weißen* bürgerlichen Familie über reproduktive zeitliche Strukturen. In diesen zeitlichen Strukturen verwebt Haynes nicht-heteronormatives Begehren und schließt damit, so Luciano (ebd., 267ff), auch an eine Rezeptionsgeschichte des Melodrams an. Queere Zeitlichkeit entsteht dann auch in der Durcharbeitung und Revision von Filmen und die Analyse der Effekte dieser Zeitstrukturen auch in den Filmen selbst.

Auch Lucianos Analyse läuft am Ende darauf hinaus, queere Zeitlichkeit über die Möglichkeit einer offenen Zukunft zu begreifen. Auch sie positioniert sich damit gegen Edelmans Verständnis einer Zukunft, der keine andere Funktion als die laufende Wiederholung heteronormativer reproduktiver Logiken innewohnt. Sie plädiert zudem, ähnlich wie Tedjasukmana, für ein alternatives Verständnis der psychoanalytisch begründeten Dichotomie der Zeitlichkeiten von Trauer und Melancholie. Luciano verweist hier mit Tania Modleski auf zeitliche Überlegungen feministischer Filmtheorie, an die sie mit ihrer Analyse anknüpft. So verbindet sie Hélène Cixous' Figur »Woman« mit einer Idee von Queerness in Bezug auf Zeit:

> »Cixous's rendering of the figure ›Woman‹, sometimes linked to an essentially maternal femaleness, is also, even more so, a hypothesis identifying a set of possibilities opened by a way of inhabiting the body (female, male, or otherwise) that refuses the phallic sexual/reproductive order and displaces, as a consequence, the false opposition between progress and stasis, and between redemptive and unremitting modes of suffering, encoded in the mourning-melancholia distinction« (Luciano 2007a, 266).

In ihrer Auseinandersetzung mit queerer Zeitlichkeit verdeutlicht Luciano, dass diese eine Weiterführung feministischer Filmtheorie beinhaltet. Und sie plädiert dafür, auch methodisch offen mit dem Konzept queerer Zeitlichkeit umzugehen, um damit gegen erneute Setzungen in Bezug auf Begehren, Geschlecht, Sexualitäten und Körperlichkeiten zu arbeiten.

Luciano beschreibt somit eine Form filminhärenter Geschichtsschreibung, die über Zeitlichkeit und Verkörperungen funktioniert, denn was sie im Film analysiert und in Bezug auf die Möglichkeiten queerer Historiografie herausstellt, liegt im medialen Potential des Films selbst, oder anders gesagt, wird vom Film selbst schon hergestellt.

4.6 Materialitäten

Medien basieren auf eigenen Zeitordnungen, etwa Ordnungen des Stillstands, der Dauer oder auch der Gleichzeitigkeit. Dabei basieren sie nicht nur auf solchen zeitlichen Ordnungen, sondern sie machen sie auch gesellschaftlich produktiv. Aber auch die Materialität des Mediums kann in Bezug auf Zeitlichkeit in den Blick genommen werden. Für den Film gerät dabei etwa die Unterscheidung nach digital und analog in den Blick (hierzu ausführlich Kap. 5.3).

In ihrer Auseinandersetzung mit einem Scrapbook interessiert sich Katrin Köppert für die medienspezifischen Zeitkonstruktionen in Bezug auf die Konstruktion eines Selbst (Köppert 2013). In ihrer Analyse steht kein Film im Mittelpunkt, sondern ein Scrapbook mit seiner Montage verschiedener Materialien zur Zeitlichkeit, die Köppert in Bezug zum Selbstentwurf des Autors setzt. Im Aufsatz *Scrap-Book of Tears. Entwürfe des Selbst im (Zeit-)Gefüge von Schmerz und Hoffnung* nimmt sie ein solches Album aus dem Nachlass des an den Folgen von AIDS verstorbenen Stephan D. Michael, das sie in den *ONE National Gay & Lesbian Archives* in Los Angeles gefunden hat, zum Anlass, um über Michaels Selbstentwurf vor dem Hintergrund des Narrativs der AIDS-Pandemie in den USA und über die medialen Bedingungen eines solchen Selbstentwurfs nachzudenken. Im Umgang mit verschiedenen Materialien, Fotografien, Haaren, Stickern, Werbung im Scrapbook entwirft Michael sein Selbst in Abhängigkeit zu einer (Pop-)Kultur der 70er bis 90er Jahre und stellt sich dabei nicht als linear werdendes, geschlossenes Subjekts dar, sondern dieses Selbst wird über die Materialkombination und die queere Zeitlichkeit der Montage als prozesshaft und offen gekennzeichnet. Mit dem Scrapbook als Gegenstand schreibt Köppert damit ein Medium in die Diskussion um Zeitlichkeit in den Queer Studies ein, das als eine Grundlage für einen Entwurf von Bewegungsgeschichte_n gelesen werden kann, ohne dabei auf feste/ontologische Identität zu verweisen oder diese herzustellen.

Köppert beschäftigt sich mit Theorien zur Zeitlichkeit in den Queer Studies und aktualisiert diese im Zuge ihrer Archivarbeit am Gegenstand. Dabei kombiniert sie medien- und kunstgeschichtliche Fragestellungen zur Montage und zu deren Möglichkeiten einer Brechung der Zeit mit Fragen nach den queeren Zeitlichkeiten des Scrapbooks in Bezug auf Michaels Selbstrepräsentation. Die Perspektive auf queere Zeitlichkeit wird hier auch zu einer Frage nach einer Ordnung materieller Bestandteile im Scrapbook und zu einer Frage des Selbstentwurfs in Bezug auf diese Zeitlichkeit. In Bezug auf Michaels Selbst ist es das Prozessuale, das hier zum queeren Moment wird und Identitätspolitiken entgegensteht, die auf feste Identitäten verweisen.

Für eine Auseinandersetzung mit Materialitäten ist in Bezug auf Film und Fotografie das Verhältnis zum Tod bzw. die Nachträglichkeit des Filmbildes wichtig. Im Dokumentarfilm ist der Tod auf eine andere Art und Weise präsent als im Spielfilm, weil Ersterer immer auf eine außerfilmische Wirklichkeit Bezug nimmt. Ich schließe an dieser Stelle noch einmal an Ann Cvetkovichs Analysen der beiden Filme THE BRANDON TEENA STORY und BOYS DON´T CRY an.

Cvetkovichs Beobachtung, dass in beiden Gattungen, dem Spielfilm wie dem Dokumentarfilm, etwas Unterschiedliches passiert, ist für meine weitere Arbeit zentral. Dabei stellt sie heraus, dass es nicht um eine Frage der Fiktionalisierung geht, denn beide Filme basieren auf Fiktionen, in dem im vorherigen Kapitel bereits erläuterten Sinne, dass auch Dokumentarfilme nicht ohne Fiktion auskommen. Dass Brandons Geschichte in der Verkörperung durch Hillary Swank in BOYS DON'T CRY zu einer Behauptung einer universell menschlichen Geschichte wird, ist ein Aspekt, der auch mit der normativen Strukturierung von Liebesgeschichten im Film zusammenhängt. Der Film lief zudem auch unabhängig von queeren Filmfestivals erfolgreich in den Kinos, er war damit, wie auch durch die Person der bekannten Schauspielerin, nicht speziell auf ein queeres Publikum ausgerichtet. Die beiden Motive des Todes und der Liebe sind strukturierende Momente der Erzählung. Es sind Zeitfiguren, die immer wieder im Spielfilm aufgegriffen, wiederholt werden. Sie bestimmen damit performativ auch, wie im Film über Zeit Bedeutung produziert wird. Die Zentrierung der Liebesgeschichte ist ein Element, das sicherlich auch zur Behauptung einer Universalität der Geschichte beiträgt.

Der Dokumentarfilm macht, dies stellt Cvetkovich fest, die Abwesenheit und Anwesenheit Brandons spürbar. Dafür sind wiederum die zeitlichen Motive zentral, dass er nicht mehr da ist, dass er jedoch da war. Sein Tod ist damit auf andere Weise denn als narratives Element, nämlich im Potential des dokumentarischen Materials angelegt. Das Moment der Abwesenheit Brandon Teenas im Dokumentarfilm ist eine spezifisch mediale Form der Wahrnehmung. Im Film sind es Fotografien und eine Audioaufzeichnung, die audiovisuell auf Brandon Teena verweisen.

Diese Verbindung von ehemaliger Anwesenheit und Filmmaterial ist materiell mit dem analogen Material verbunden und verliert mit der digitalen Filmtechnik seinen indexikalischen Bezug. Sie bleibt aber auch der dokumentarischen Form mit ihrem Bezug zur Wirklichkeit inhärent. Es ließe sich demnach folgern, dass Filme, die wir als Dokumentarfilme wahrnehmen, die Zeitstrukturen analogen Materials aufführen.

Die spezifische Frage nach dem Stellenwert des Dokumentarischen auch in Kontrast zum Spielfilm klingt in den Analysen immer wieder an. Hier möchte ich noch einmal zu Ann Cvetkovichs These zurückkommen, dass gerade der Dokumentarfilm das Potential hat, ein queeres Archiv zu sein bzw. ein solches mit zu etablieren (vgl. Kap. 2). Sie erläutert dies unter anderem auch an Cheryl Dunyes Film THE WATERMELON WOMAN von 1996. Die Sammlung der Bilder der Schwarzen Schauspielerin Fae Richards, deren Geschichte der Film rekonstruiert, ist eine fiktive Sammlung von Bildern, die nachträglich für den Film erstellt worden ist. Fae Richards selbst ist eine fiktive Person und wird doch über den Film, der einen dokumentarischen Gestus hat, am Ende aber ein Spielfilm ist, zu einer Stellvertreterin einer nicht erzählten Geschichte, zum Verweis auf die Leerstelle der fehlenden Erzählungen marginalisierter Personen in der Filmgeschichte. Die Schwarze lesbische Schauspielerin ist bis zu diesem Zeitpunkt kein Bestandteil amerikanischer (Film-)Geschichte. Ann Cvetkovich beschreibt im Hinblick auf THE WATERMELON WOMAN ihre Vorstellung queerer Archive, die ebenfalls mit einer Reflexion von Historiografie verbunden ist:

> »Lesbian and gay history demands a radical archive of emotion in order to document intimacy, sexuality, love, and activism, all areas of experience that are difficult to chronicle through the materials of a traditional archive. Moreover, gay and lesbian archives address the traumatic loss of history that has accompanied sexual life and the formation of sexual publics, and they assert the role of memory and affect in compensating for institutional neglect« (Cvetkovich 2002, 110).

In drei lesbischen Dokumentarfilmprojekten findet Ann Cvetkovich vor allem die Möglichkeit, Popkultur mit Emotionen marginalisierter Personen zu verbinden und damit eine eigene Erfahrung innerhalb gesellschaftlicher/popkultureller Strukturen zu bewahren und gleichzeitig zu verorten.

Ähnlich wie in ihrem Artikel *In the Archives of Lesbian Feelings: Documentary and Popular Culture* von 2002 setzt sie sich auch 2003 in einem Kapitel ihres Buchs *An archive of feelings. Trauma, Sexuality, and Lesbian Public Cultures* – wieder beginnend mit THE WATERMELON WOMAN – mit Dokumentarfilmen als spezifischen queeren Archiven auseinander. Über den Korpus von Filmen, die sie für die Argumentation anschaut, schreibt sie:

> »These documentaries use the power of visual media to put the archive on display, incorporating a wide range of traditional and unorthodox materials, including personal photographs, videotapes from oral history archives, innovative forms of autodocumentary, and ›archival‹ footage-including clips from popular film« (Cvetkovich 2003, 244).

Das queere Archiv, das Cvetkovich entwirft, basiert also auch auf medialen Bedingungen. Im Film zeigt sich nicht nur ein Archiv, Film bringt die Möglichkeit einer audio-visuellen Sammlung unterschiedlichster Materialien, Zeiten und Phänomene überhaupt erst hervor. Dokumentarfilme selbst haben die Möglichkeit, auch flüchtige Momente zu bewahren, das Archiv zu erweitern und die Idee des Dokuments darin zu verändern.

4.7 Queer Cinema Studies unter dem Aspekt von Zeitlichkeit

Die filmwissenschaftlichen Anschlussfragen, die sich aus den Theorien zur Zeitlichkeit in den Queer Studies ergeben, sind in den vorgestellten Texten auf unterschiedliche Art und Weise mitberücksichtigt oder mitgedacht. Insbesondere Elizabeth Freeman, die sich mit Mediengeschichte beschäftigt und an ihr zeigt, wie sich Zeitlogiken auch über Medien herstellen, spricht sich dafür aus, medien- und spezifisch filmwissenschaftliche Theorien in der Frage nach Chrononormativität mit zu berücksichtigen. Sie thematisiert die Konstruktion von Familie und Ähnlichkeit/Abstammung, die über das Medium der Fotografie, über das Genre der Familienfotografie und das Fotoalbum erst normativ werden konnte, und sie zeigt im Rückgriff auf Mary Ann Doane auf, wie das Medium Film und das Kino die sich mit der Industrialisierung wandelnde Gesellschaft und Diskurse um *race, class* und *gender* begleitet haben. Das Medium Film ist also beteiligt an der Hervorbringung normativer Zeitordnungen beteiligt, kann aber gleichzeitig immer wieder in diese Normativität eingreifen und sie als Konstruktion sichtbar machen.

Zeit und Zeitlichkeiten sind hier also bereits als Strukturen benannt, die stark auch von Medien hervorgebracht werden und durch sie und in ihnen wirkmächtig sind. Die Faszination für verschiedene Medien geht auch gerade aus ihren Möglichkeiten des Umgangs mit und des Rückgriffs auf Zeit hervor. In der Fotografie ist es der Stillstand und das Bewahren des Vergänglichen, im Film sind es die Möglichkeit des Spiels mit der Zeit, das Aufzeichnen zeitlicher Momente, die Bewegung, das Verlangsamen, Zurückdrehen und Wiederholen. Zeit ist in Bezug auf (den analogen) Film interessanterweise mit dem Visuellen verbunden, während die ersten Aufzeichnungstechniken der Mediengeschichte auf die Konservierung von akustischen Signalen beschränkt waren. Mit den digitalen Medien sind es Momente der Gleichzeitigkeit, Simultanität und Speicherung in großem Rahmen, die zeitliche Momente und Möglichkeiten erst über Medien herstellen. Zeiterfahrung wird damit immer auch in und durch Medien hergestellt und verändert. Und dabei bestimmen sie Geschlechterkonstruktionen, Sex, Begehren und auch Entwürfe von Kollektivität oder Bewegungsgeschichte mit.

Bisher aber sind insbesondere dokumentarische Filme in der Auseinandersetzung mit Zeitlichkeit in den Queer Studies nicht als eigenständige Beiträge zur Auseinandersetzung mit Zeitlichkeit gefasst worden. Wie auf medialer Ebene selbst eine Auseinandersetzung mit Zeitlichkeit und Bewegungsgeschichten geführt wird, ist in den vorgestellten Texten schon deutlich geworden. Die vorliegende Arbeit soll einen Beitrag dazu leisten, dokumentarische Positionen als einen Teil der Diskussion und als eine Form queerer Historiografie zu begreifen. In Bezug auf das Dokumentarische werde ich zeigen, wie die Filme an Ideen des Dokumentarischen, aber auch an Fragen des Effekts dokumentarischer Positionen für queere Projekte arbeiten. Damit sind sie mit Fragen nach Historiografien, nach Bedeutungsproduktion und dem, was bleibt beschäftigt und suchen hier Möglichkeiten queerer Interventionen. Ich werde dies an drei Aspekten herausarbeiten, an der Verbindung von Liebe und Tod als strukturierende Motive des Films, die eine Narration bestimmen, an Fragen nach der Produktivität von Filmgeschichte, aber auch im Blick auf die Zeitlichkeit der dem Film zugrundeliegenden Materialitäten und den Möglichkeiten queeren Umgangs damit.

5. Die Medialität Queerer Zeitlichkeiten in dokumentarischen Filmen

5.1 Ehe und Tod als zeitliche Strukturen im Film

Über den Schwerpunkt des romantisch aufgeladenen Plans zu heiraten, ist EDIE AND THEA: A VERY LONG ENGAGEMENT (USA 2009, R.: Susan Muska/Gréta Ólafsdóttir[1]) sehr eng an (hetero)normativen Zeitstrukturen orientiert. Dafür könnte der erste Film, der hier im Hinblick auf seinen Umgang mit Zeitlichkeit analysiert werden soll, aus einer queeren Perspektive kritisiert werden. Ich möchte aber im Folgenden eine andere Lesart vorschlagen und mir anschauen, wie der Film diese normativen Zeitlichkeiten als mediale Zeitlichkeiten für eine Gleichstellungspolitik nutzt und in Teilen auch verändert. Der Wunsch zu heiraten, aber auch der Tod sind für die Struktur des Films bestimmend. Es sind zeitliche Motive, die ich filmspezifisch in ein Verhältnis zu Fragen nach Normativität setzen werde.

Der Film ist ein Porträt der beiden Frauen Edie Windsor und Thea Spyer. Sie blicken im Film vor dem Hintergrund, dass sie planen, einander zu heiraten und Thea Spyer schwer erkrankt ist, auf ihr gemeinsames Leben zurück. Inhaltlich ist der Film damit leichter mit assimilativer Gleichstellungspolitik als mit queeren Kritiken/Politiken zu assoziieren. Solche assimilativen Gleichstellungspolitiken sollen auf der einen Seite eine gesellschaftliche Anerkennung befördern, sind aber auf der anderen Seite stark an heteronormativen Strukturen orientiert, da diese den gesellschaftlichen Kontext bestimmen, in dem die Gleichstellung und Teilhabe queerer Menschen angestrebt wird. Die Ehe als geschützte und privilegierte Form der Beziehung wird in

1 Zu Muskas und Ólafsdóttirs Arbeiten zählt THE BRANDON TEENA STORY (USA 1998), ein Film der auch in die Diskussion zu queerer Zeitlichkeit und zum Brandon Archive, wie sie J. Jack Halberstam (2005) initiiert hat, gehört (vgl. Kap. 2 und 4).

diesen Politiken nicht in Frage gestellt, sondern vielmehr weiter als Institution bekräftigt. Dieses Einschreiben in eine heteronormative Ordnung ist auch als Homonormativität (vgl. Kap. 2) beschrieben worden. Bedeutungsvoll werden demzufolge nur diejenigen Lebensentwürfe, die in solche normativen Ordnungen einpassbar sind, wie im Fall der Ehe die langjährige monogame Zweierbeziehung.

Edie Windsor ist zu einer prominenten Person im Kampf um die Anerkennung der gleichgeschlechtlichen Ehe geworden, die mit ihrem Fall vor dem Supreme Court gegen den DOMA (*Defence of Marriage Act*) erfolgreich gegen die Ungleichbehandlung gleichgeschlechtlicher (Lebens-)Partnerschaften eingetreten ist.[2]

Um das Motiv der Politiken von Anerkennung als im Film zeitlich bestimmtes Motiv noch weiter herauszuarbeiten, betrachte ich in einer zweiten Analyse SILVERLAKE LIFE: THE VIEW FROM HERE (USA 1993, R.: Tom Joslin/Peter Friedman). Auch hier handelt es sich um einen biografischen Film, in dem Tom Joslin sein Leben und das Leben seines Partners Mark Massi porträtiert. Beide Männer sind an AIDS erkrankt und die Folgen der Krankheit strukturieren stark den Alltag wie auch den Film. Fertig gestellt wird der Film nach Joslins Tod von Peter Friedman. Für SILVERLAKE LIFE ist es das Sterben des Protagonisten, das im Zentrum steht und die zeitliche Struktur prägt. Die Ehe als eine staatliche Institution wird nur implizit relevant gemacht, sie bildet kein strukturierendes Prinzip des Films.

Laura Mulvey hat die Ehe sowie den Tod in Bezug auf klassische Narration im Film als zwei prominente Figuren des Filmendes beschrieben (vgl. Kap. 3). Über sie findet eine Stillstellung statt, sie sind also etablierte Motive, die eine Narration strukturieren und über die die Bewegung des Films angehalten

---

2 Beide Protagonist*innen des Films sind bereits verstorben. Thea Spyer stirbt schon vor Fertigstellung des Films, ihre Erkrankung ist hier ein zentrales Motiv. Edie Windsor kämpft nach dem Tod ihrer Partnerin weiter gegen die Diskriminierung/Unmöglichkeit gleichgeschlechtlicher Ehen in den USA. Sie stirbt am 12. September 2017. In den medialen Nachrufen wird sie als nationale Persönlichkeit im Kampf für Gleichstellungsrechte porträtiert. Der Nachruf der *New York Times* fokussiert unter anderem auf ein Statement Barack Obamas (vgl. Slotnik 2007). Die *Frankfurter Allgemeine Zeitung* zeigt einen Tweet Obamas, in dem er sie zu einer zentralen Figur in der politischen Gleichstellung der Ehe macht (vgl. O.V. 2017). Der *Guardian* beschreibt Edie Windsor als eine Ikone des *gay rights movement* und verlinkt zum Text eine Fotografie von Edie Windsor und Thea Spyer, die auch im Film zentral ist, zur Seite (vgl. Redden 2017).

wird. Sie prägen immer wieder die Struktur von Spielfilmen und produzieren über die Filme Bedeutung. Der Tod ist zudem eine Figur, die filmwissenschaftlich als ein dem Dispositiv des Films inhärentes Motiv herausgestellt worden ist. Es ist also eine Figur, die eng mit der Frage verbunden ist, welche Zeitlichkeiten dem Medium Film ganz grundsätzlich eingeschrieben sind.

Im ersten untersuchten Film sind beide Motive, der Tod und die Ehe, zentral. Allerdings fallen sie hier nicht (nur) mit einem Ende des Films zusammen, sondern werden zu strukturierenden Prinzipien des Films. Dies gilt in Bezug auf den Tod auch für den zweiten Film, die Ehe spielt hier eine untergeordnete Rolle. Die Ehe bzw. die nicht realisierte Ehe wird aber in beiden Filmen zum Zeichen einer realpolitischen Politik der Anerkennung und über das bedrohende Moment des Todes zu einer existentiellen Frage der eigenen Geschichte. Die Funktion einer Schließung und Stillstellung, die Mulvey beiden Motiven für das Ende des Films zuschreibt, wird dabei in Form einer Dringlichkeit wiederholt. So werden die filmisch normativen Momente der Erzählung von Liebe und Ehe für eine eigene Aneignung genutzt.

Über die zwei Motive hinaus wirken in beiden Filmen weitere spezifisch mediale Konfigurationen von Zeitlichkeit zusammen: In Edie and Thea sind es Fotografien, die ihre mediale Zeitlichkeit in den Film einschreiben, und in Silverlake Life ist es das Video als Medium. Medien sind in beiden Filmen Artikulationsmöglichkeiten des Wunsches nach Anerkennung und darüber hinaus stellen sie auch bereits diese Form der Anerkennung her. In Bezug auf die Ehe als Signifikante für die Bedeutsamkeit einer Beziehung wird sich zeigen, dass bereits die mediale Aufzeichnung und Erzählung eine symbolische, nicht rechtliche, ähnliche Wirksamkeit bekommt.

Die Filme ermöglichen darüber hinaus eine Form von Trauerarbeit im Umgang mit dem Tod der jeweiligen Protagonist*innen. Das heißt, die Figur des Todes verschiebt sich hier ebenfalls, das Sterben steht nicht für eine narrative Lösung, für ein Ende des Films, stattdessen ist das Sterben hier durchgehend präsent und bewusst.

5.1.1 Edie and Thea: A Very Long Engagement: Gleichstellung und Film

Im Zentrum des Films Edie and Thea: A very long Engagement stehen die beiden Protagonistinnen Edie Windsor und Thea Spyer, ihre Beziehung, ihre Lebensgeschichten und ihr gemeinsamer Alltag im Alter. Die Erzählung reicht von ihrem Kennenlernen in den 1960er Jahren bis in die Jetztzeit des

Films, die wenige Jahre um das Jahr 2007 umschließt.[3] Die Frauen sind zu dieser Zeit seit über 40 Jahren ein Paar. Anlass für die Entstehung des Films war ihr Beschluss, einander in Kanada zu heiraten, was in New York, wo die beiden lebten, zum Zeitpunkt der Dreharbeiten nicht möglich war. Edies und Theas titelgebende Verlobung besteht schon seit vielen Jahren. Die Ehe soll nun vor dem Hintergrund geschlossen werden, dass Thea, die an einer chronisch fortschreitenden Form von Multiple Sklerose erkrankt ist, von einem Arzt mitgeteilt bekommen hat, dass ihre Lebenserwartung höchstens noch ein Jahr betrage. Dadurch ist der Tod im Film durchgehend präsent. Gerahmt werden im Film Erzählungen der beiden von einer gemeinsamen Betrachtung vergangener Bilder, Fotografien aus ihrem Leben. Im Film kommen verschiedene Medien zusammen, die gemeinsam die Erzählung strukturieren: neben privaten Fotos von Edie Windsor und Thea Spyer und den Filmaufnahmen der Filmemacherinnen auch Archivmaterial von Demonstrationen einer *gay-liberation*-Bewegung.

Susan Muska und Gréta Ólafsdóttir realisieren mit EDIE AND THEA ein Hochzeitsvideo[4] in der Tradition eines identitätspolitischen Dokumentarfilms. Die Hochzeit wird dabei zum Höhepunkt eines langen gemeinsamen Lebens, der mit viel Kraft umgesetzt wird. Einige Zeit nach der Eheschließung sprechen Edie Windsor und Thea Spyer auf einer Kundgebung über die positiven Effekte, die sie durch ihre Heirat erfahren haben, über die Anerkennung, die andere ihnen entgegengebracht haben. Diese Anerkennung führt zu einer weiteren Aufwertung der Ehe als Beziehungsform, da sie gesellschaftliche Wertschätzung verspricht. Gegen die homophobe und queerfeindliche Abwertung gleichgeschlechtlicher Beziehungen soll die Öffnung der Ehe die Gleichwertigkeit aller monogamen Zweierbeziehungen ausstellen, Homosexualität und Heterosexualität sind in dieser Logik nur Varianten derselben Form von Liebe. Damit soll zum einen ein Recht auf Gleichstellung geltend gemacht werden, zum anderen sollen homophobe

3 Die Zeitspanne der Beziehung der beiden Protagonist*innen lässt sich damit auch parallel lesen mit einer US-amerikanischen Bewegungsgeschichte, die sich als ein Initiationsmoment an den Ereignissen der *Stonewall-Riots* orientiert. Auch hier im Film wird *Stonewall* als eine Zeitmarke gesetzt, die persönliche Geschichte wird damit eng an eine identitätspolitische Bewegungsgeschichte gebunden.

4 Im Rahmen des Internationalen Frauenfilmfestivals Dortmund|Köln konnte ich 2010 ein Filmgespräch mit den beiden Filmemacher*innen führen. In diesem Kontext haben sie mir erzählt, dass das Projekt zunächst als ein privates Hochzeitsvideo geplant war und erst im Laufe der Arbeit daran die Idee einer Veröffentlichung einstanden ist.

Logiken über den Beweis der Gleichheit der Beziehungsform entkräftet werden, wodurch zugleich die Ehe und die Zweierbeziehung weiter erhöht und stabilisiert werden.

Das Hinterfragen der Institution der Ehe ist sicherlich keine Aufgabe eines einzelnen Paares, dessen Wunsch und Geschichte an dieser Stelle auch nicht hinterfragt oder kritisiert werden soll. Das Narrativ der romantischen Zweierbeziehung jedoch reproduziert sich in medialer Form fortlaufend, ist eines der zentralen wiederkehrenden Motive und bestimmt damit auch performativ Normierungen und Ideen von gesellschaftlich anerkannten Beziehungskonstellationen. Auch EDIE AND THEA stellt dieses Narrativ zentral und bindet es gleichzeitig an kollektive Gleichstellungspolitiken. Das Recht zu heiraten wird zum Recht auf Anerkennung und zum Moment der Gleichstellung.[5] Zudem wird der Ehe eine gesellschaftliche Beweisfunktion zugesprochen, mittels der Liebe beglaubigt wird. Dass das Konzept des Films sich während der Dreharbeiten in Bezug auf die rechtlichen und gleichstellungspolitischen Aspekte verändert hat, ist auf Edie Windsors Website im Rahmen der Dokumentation ihres juristischen Prozesses zu lesen:

> »Although the film documenting Edie and Thea's lives was meant to focus only on their relationship and marriage, as Thea's illness became increasingly debilitating, Thea decided that she wanted posterity to see the realities of her MS and disability. Thea therefore changed her mind and allowed the filmmakers to film Edie moving her in and out of her bed and the pool using a mechanical lift, as well as Edie arranging Thea's breathing apparatus as she did each night before Thea went to sleep. Why was Thea comfortable showing strangers such intimate and potentially embarrassing details of her

5 Der Film benennt noch nicht, dass die offizielle Bezeugung der Beziehung der beiden auch eine wichtige rechtliche Konsequenz hat. Edies Status als Witwe ist ein anderer als ihr Status als unverheiratete Frau nach dem Tod Theas. Edie Windsor kämpft nach dem Tod ihrer Partnerin weiter für die rechtliche Anerkennung ihrer Ehe. Da diese zunächst nicht anerkannt wird, gelten für sie andere, ungünstigere Sätze bei der Erbschaftssteuer. Es gelingt ihr, die Anerkennung ihrer Ehe in dieser rechtlichen Frage zu erwirken. Auf Edie Windsors früherer Website waren unter dem Reiter DOMA die Dokumente zu ihrem Prozess veröffentlicht, http://ediewindsor.com (zuletzt abgerufen am 02.09.2018). Die Fotografien der beiden Frauen, die über den Film bereits bekannt sind, wurden auch hier in der Berichterstattung immer wieder aufgerufen. So wurde ihre private Sammlung von Fotografien auch zu einem Zeichen für gleichgeschlechtliche (lesbische/romantische) Liebe und die Fotos wurden zu monumentalen Verweisen innerhalb einer nationalen Historiografie.

> illness? Because, as Thea explained, they were making a *documentary* and she wanted everyone to know that ›s[hit] happens,‹ and that marriage is about sharing the good times and the bad times with the person you love. And Edie and Thea did exactly that« (Windsor v US (2010), S. 13, Herv. i. O.).

Das Zitat verweist darauf, dass der Film auch das Anliegen verfolgt, die Rechtmäßigkeit der Ehe und der Beziehung als fürsorgende Beziehung zu verdeutlichen und auszustellen. Dies soll die Dokumentation leisten, indem sie die gegenseitige Unterstützung der beiden Frauen zeigt und ihre Beziehung als sorgend und dauerhaft charakterisiert.

Queere Dokumentarfilme, die die Erfahrungen nicht-heterosexueller Menschen in einer heteronormativen Gesellschaft reflektieren und dabei vergangene Erlebnisse thematisieren, entwerfen einerseits Gegenerzählungen, indem sie Geschichten nachholen, die in hegemonialen Historiografien nicht vorkommen. Und sie machen andererseits Anforderungen deutlich und sichtbar, die in biografischen Narrativen, in institutionellen Zwängen und Lebensentwürfen enthalten sind, die häufig an Logiken von Reproduktion gebunden sind. Sie verdeutlichen also auch, wie Geschlechterkonstruktionen und Begehren reglementiert werden. Gleichzeitig werden in queeren Dokumentarfilmen Menschen zentral, die von heteronormativen Narrativen ausgeschlossen werden. Dennoch erzählen diese Filme keineswegs ausschließlich negative oder tragische Geschichten, da häufig auch Verliebtheit und Begehren als positive Erfahrungen dargestellt werden. Ein (nationales) Narrativ, das Homosexualitäten, Trans*identitäten, Queerness ausklammert oder nur in gewaltvoller Form sichtbar gemacht hat, wird als normative Konstruktion verständlich. Retrospektiv soll es durch queere Dokumentarfilme erweitert und ergänzt werden. Dabei werden in (in Bezug auf lgbtiq-Verortungen) identitätspolitischen Dokumentarfilmen Erzählungen von individuellen Erfahrungen häufig gebunden an kollektive Erfahrungen, beide bezeugen sich in ihrer Relevanz dabei gegenseitig. Über weite Strecken von EDIE AND THEA passiert hier ebendies: die Verortung einer privaten Geschichte innerhalb einer kollektivierenden Gleichstellungspolitik. Die beiden Frauen werden zu signifikanten Figuren in einer US-amerikanischen Version der Öffnung der Ehe für gleichgeschlechtliche Paare. Ihre Geschichte wirkt stellvertretend für viele andere Paare und wird zu der Geschichte einer gemeinsamen Politik der Gleichstellung.

Das Moment der Ehe wird als tradiertes Motiv romantischer Beziehungskonstruktionen im (Spiel-)Film vom Dokumentarfilm aufgegriffen und kann über diese Wiederholung eine Wirkmächtigkeit entfalten. Die mediale Struktur von Film basiert darüber hinaus auf der Zeitlichkeit vieler einzelner Elemente, die im Film zusammenkommen. Über Vergangenheit, Gegenwart und Zukunft wird die Beziehung der beiden Frauen hergestellt und mit Bedeutung versehen. Wie dieses Zusammenspiel der unterschiedlichen Zeitebenen beschaffen ist und mit welchen Effekten es einhergeht, werde ich nun genauer analysieren.

Exposition

Noch bevor auf der Leinwand ein Bild zu sehen ist, also im Moment der Dunkelheit, ist ein hallendes Klopfen zu hören, das eine zeitliche oder räumliche Orientierung verwehrt. Dies wird abgelöst durch das Geräusch eines – ein Bild weiterschiebenden – Diaprojektors, dem sogleich eine Stimme und ein Bild folgen: die Fotografie zweier Frauen, projiziert auf eine Fläche, die über zwei unten angebrachte Griffe deutlich als Schrank zu erkennen ist und die Assoziation eines privaten Raums nahelegt.

Die analoge Diashow verbindet die Wohnung mit dem Kinoraum. Der Blick in die Vergangenheit ist in EDIE AND THEA gleich zu Beginn als ein medialer, auf Fotografie basierender ausgewiesen. Die Diashow unterscheidet sich medientheoretisch insofern vom Kinoraum, als sie durch die Konstruktion des Privaten markiert bzw. den privaten Raum charakterisiert ist und damit anders als der öffentliche Raum des Kinos funktioniert. Sie stellt Nähe her und konstruiert somit auf eine andere Art Gemeinschaft, als es das Kino tut. In der Diashow ist üblicherweise die Person, die die Fotos gemacht hat und nun vorführt, präsent. Er*Sie kommentiert und verortet die Bilder und teilt anhand der Bilder eine eigene Geschichte, für die er*sie einen eigenen Rhythmus finden kann. So wird in EDIE AND THEA: A VERY LONG ENGAGEMENT der private Raum gleichzeitig Teil eines öffentlicher Raumes, denn über die Dunkelheit im Vordergrund, in dem sich Edie Windsors und Thea Spyers Köpfe als Silhouetten abzeichnen, wird ihr Schauen verbunden mit dem Schauen der Menschen im Kino. Im Blick auf ihre Vergangenheit, könnte man sagen, lässt der Film sie Teil des Publikums werden und lässt damit gleichzeitig auch ihre Vergangenheit und ihre Bilder zu einer Kinogeschichte werden. Zugleich gilt andersherum: Das Kinopublikum wird in den privaten Raum geholt. Von Beginn an sind es nicht nur die Liebe und der Tod, die thematisiert werden, sondern mit ihnen die medialen Bedingungen, unter denen diese hier verhandelt werden.

Die private Sammlung von Bildern, aufgeführt am privaten Ort, wird über den Film bereits zu einem Archiv und gleichzeitig kollektiv. Denn schon im Öffnen des Raums hin zu einem öffentlichen Kinoraum sind es nicht nur die jeweiligen Zuschauenden, deren Präsenz sich zum Schauen hinzufügt, sondern immer schon auch Gréta Ólafsdóttir und Susan Muska, die Filmemacher*innen, deren Anwesenheit als Lachen auf der Tonspur deutlich zu hören ist.

Einen Blick in die Vergangenheit zu werfen, ohne die Deutungsmacht darüber zu behaupten, ist eine Schwierigkeit, die in queeren Theorien zu Zeitlichkeit benannt ist. Dies arbeiten sowohl Elizabeth Freeman (2010) als auch Heather Love (2009) oder auch Carolin Dinshaw (1999) heraus (vgl. Kap. 2). Ein Problem ist dabei, dass die Deutung der Vergangenheit vor allem in Bezug auf die Gegenwart geschieht und damit auch für diese instrumentalisiert werden kann. Ein weiteres Problem ist der Rückgriff auf historische Personen, die selbst nicht mehr zu Wort kommen und Sinn nur aus der Perspektive und in Bezug auf eine Jetztzeit erhalten. Edie and Thea findet hier eine Möglichkeit dieser Perspektive zu entgehen, dadurch dass die Stimmen der beiden Protagonistinnen und ihre Anwesenheit die Fotografien selbst verorten. Trotzdem schreibt sich auch in Edie and Thea die Problematik weiter, dass die Fotos dazu dienen, die Gegenwart, konkret die gegenwärtige Beziehung der beiden Protagonist*innen zu charakterisieren.

Die Fotografien unterscheiden sich in vielfacher Weise von den medialen Entwürfen der beiden Frauen, die der Film produziert oder hinzufügt. In Bezug auf Zeitlichkeit sind die Fotografien Stillstand von als einmalig gekennzeichneter Situationen, während die Videoaufnahmen eine Alltäglichkeit darstellen. Im Zusammenspiel legen die beiden Medien die ihnen eingeschriebenen Traditionen offen. Die Bilder der Handkamera, die die Möglichkeit des Dabeiseins in privaten Momenten festhalten, stehen im Kontrast zur geplanten, arrangierten Pose als eine Form der Fotografie. Vergangenheit und Gegenwart im Film werden so vor allem über die Medialität unterschieden und nicht nur über Narration und Handlung. In den Fotografien sind die Frauen aber auch anders, die Fotografie macht sie zu medial anderen Protagonistinnen, als es das Video vermag. Die Fotografien bezeugen das, was nicht mehr ist, und tragen damit auch ein melodramatisches Motiv in den Film hinein. Für die beiden Frauen auf dem Foto ist es zu spät zu heiraten. Die beiden Frauen, die in der Gegenwart des Films ihre eigene Vergangenheit als mediale Vergangenheit bedeuten, tun dies ebenfalls im Medium, aber für eine gemeinsame Zukunft.

Die Jetztzeit des Films und die Vergangenheit unterscheiden sich stark in den jeweiligen medialen Selbst- und Fremdentwürfen der beiden Protagonistinnen. Die Qualität der Fotografien und die der digitalen Aufnahmen stehen in einem Kontrast, sie haben ein jeweils eigenes zeitliches Begehren und sie basieren auf unterschiedlichen medialen Logiken. Es sind zwei voneinander verschiedene Bewegungen: Die Fotografien repräsentieren den Wunsch nach Einzigartigkeit und einer Idee von Ewigkeit, während das Videomaterial dem Wunsch, die Protagonist*innen und Rezipient*innen zu kollektivieren, zuspricht. Der Film vermag beide Bewegungen zusammenzufassen und nutzt ihre jeweiligen Zeitlichkeiten. Über die Fotografien bekommt Edies und Theas Beziehung einen monumentalen Status, die Dringlichkeit der Situation der Anerkennung dieser Beziehung im Angesicht des drohenden Todes wird über die Anwesenheit der Filmemacher*innen mit ihrer Kamera verstärkt.

Eine Kommentierung erfolgt gleich zu Beginn des Films, im Moment der gemeinsamen Rezeption der Fotos. Mit Blick auf eine Aufnahme von Edie am Strand sagt Thea aus der Dunkelheit: »God I think I'll look at this picture for an hour while everybody has lunch.« In dem Moment macht der Film die Möglichkeit der Bilder, ein Begehren zu evozieren, deutlich und markiert dieses über die Stimmen, über die Dunkelheit des privaten/öffentlichen »Küchenkinos« zugleich als ein lesbisches Begehren.

Die Fotografien

Die privaten Fotografien, die im Film gezeigt werden, sind deutlich arrangiert, es sind nur wenige nicht-komponierte Fotografien darunter. In der visuellen Ästhetik der privaten Aufnahmen der beiden Frauen entwerfen sie ihre Idee eines glamourösen lesbischen Lebens und sich als Hauptfiguren darin. Es sind Inszenierungen eines als unbeschwert und frei gekennzeichneten Lebens. Die Bilder aus dem privaten Album erinnern an Mode- oder auch an Starfotografien. Gerade in den Urlaubsfotografien sind die Frauen häufig sehr genau in Bezug auf Kleidung und Umgebung geometrisch wie farblich ins Bild gesetzt. Auf den vier Fotos (Abb. 1-4), die der Exposition und der Diashow entnommen sind, zeigt sich, wie sie darüber als Figuren im Bild perfekt eingepasst sind.

Im Blick auf die Filmgeschichte ließe sich die Geschichte von Filmstars assoziieren, die hier zu einer lesbischen Geschichte wird, die es allerdings offen im Kino so zu der Zeit der Entstehung der Bilder, beginnend in den 1960er Jahren, nicht gibt. Mit ihren privaten Fotografien aber schließen Edie

Abb. 1-4: Die Reisefotografien als Projektionen auf einem Schrank, Edie and Thea: A Very Long Engagement, *Screenshots, Courtesy of Susan Muska and Gréta Ólafsdóttir.*

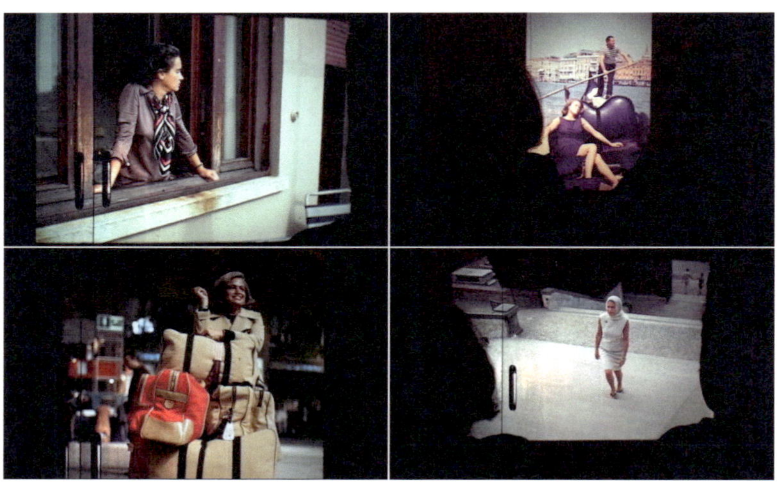

Windsor und Thea Spyer daran an, schreiben sich die beiden Frauen damit im privaten Album in eine Mediengeschichte ein. Der Film kann auf diese Fotografien zurückgreifen und die beiden Frauen damit zu den Ikonen machen, als die sie sich im Blick aufeinander, der in den Bildern festgehalten ist, schon entworfen haben. Erst im Moment der Nachträglichkeit wechselt im Fall von Edie and Thea das Medium von der Fotografie hin zum Film. Und mit diesem Medienwechsel ändert sich auch die Adressierung. Die Bilder sind im Arrangement des Films wie Idealisierungen des eigenen Lebens. Im Blick auf ihr fotografiertes Selbst konstituieren die Frauen sich selbst als Subjekte und als Partnerinnen in ihrer Beziehung. Diese mediale Vergangenheit, der ein lesbisches Begehren eingeschrieben ist, wird nun zu einer öffentlichen Angelegenheit, die in gleichstellungspolitischer Hinsicht auch auf eine Zukunft verweisen soll.

Fotografien zählen in (lgbtiq-)Dokumentarfilmen zu wichtigen Elementen in der Konstruktion und Erzählung von Vergangenheit. Sie übernehmen die Funktion der Bezeugung einer marginalisierten Geschichte. Sie dienen damit als Beweise für die Geschichte(n) queerer Lebensentwürfe (oder nichtheterosexuellen Begehrens), die nicht Teil medialer/öffentlicher Narrative sind. Im Film können sie inkludiert werden und bilden damit auch ein Element eines (queeren) Archivs, das sich hier, wie Ann Cvetkovich herausstellt, im Dokumentarfilm in einem Zusammenspiel unterschiedlicher Materialien und Zeiten realisieren kann (vgl. Cvetkovich 2003, vgl. Kap. 4). Im Fall der Fotos von Edie Windsor und Thea Spyer ist es eine private Konstruktion lesbischen Begehrens in der Fotografie, die auf eine Mediengeschichte der Fotografie verweist. Die Fotos werden auch im Film noch stark an die beiden Frauen und ihren Blick, ihre Verortung gebunden.

Medientheoretisch ist es in Bezug auf Zeitlichkeit vor allem die Vorstellung der bürgerlichen Familie, der Reproduktion und Abstammung, die über den Gebrauch von Fotografien transformiert und mit hervorgebracht worden ist. Die Fotografie hat die Idee der (visuell bezeugten) Abstammung und die Konstitution der Familie bestimmt, wie dies insbesondere Studien zum Familienalbum zeigen (vgl. Hirsch 2012/Freeman 2010). In den Fotografien der beiden Protagonistinnen kommen beide Elemente zusammen: Es sind Fotografien, die als Dokumente eines lesbischen Lebens in den USA ab den 1960er Jahren eine marginalisierte Geschichte ergänzen und sichtbar machen können. Zusätzlich dient das gemeinsame Album als ein Element der Bezeugung der Beziehung. Und schließlich sind die Fotos nicht nur ein Dokument lesbischer Beziehungen seit den 60er Jahren, sondern medienhistorische Entwürfe von Subjektivität, die die beiden durch lesbisch konnotierte Fotografien erweitern.

Edies und Theas Fotografien haben – analog zu einem Familienalbum – die Funktion, die Nähe der beiden Frauen zu belegen und somit auch ein Bildwissen ihrer Beziehung mit herzustellen. Ein großer Teil der Fotografien sind Reisefotografien und Aufnahmen von Freizeitaktivitäten, gezeigt wird oft ihr Leben am Strand und außerhalb des Hauses, es sind viele Sommerbilder. Der Film wiederum funktioniert in dieser Hinsicht wie ein audiovisuelles Familienalbum und unternimmt eine Rückschau auf die gemeinsam erlebte Zeit. Analoge und digitale Formen der Bewahrung und Erinnerung treffen im Film aufeinander. Die Diashow bestimmt den privaten Rahmen des Films, die Fotografien sind Zeugnisse einer als glücklich gekennzeichneten gemeinsam verbrachten Zeit, das Archivmaterial verweist auf eine übergeordnete Bewegungsgeschichte und der später im Kino aufgeführte Film produziert eine Kollektivität im Jetzt, die im Blick auf die Vergangenheit hervorgebracht wird.

Im Blick auf ein Foto, das Edie zeigt, fragt diese Thea: »Do you love that girl?«, und diese antwortet: »I love that girl and the person who took that picture also loved that girl«. Beide referieren auf sich selbst beim Reden über die Fotografien in der dritten Person. In der Spaltung einer Person in ihr damaliges und ihr gegenwärtiges Ich, wie sie im Betrachten der Fotografien hier im Film vorkommt, wird gewissermaßen von einer früheren Generation als einer anderen Generation erzählt. Die Person in der Fotografie und die Person, die das Foto gemacht hat, sind somit nicht mehr da. Sie gehören einer Vergangenheit an. Sie bezeugen nicht so sehr eine Ähnlichkeit der Personen miteinander, also eine Genealogie, als vielmehr eine Ähnlichkeit des Zusammenseins, eine Kontinuität, Langlebigkeit und Sinnhaftigkeit der Beziehung der beiden Frauen zueinander.

Das Versprechen der Ehe und die visuelle Anerkennung

Edie and Thea thematisiert an einigen Stellen den Blick und das »Gesehen-Werden«, Thea sagt beispielsweise, sie und Edie sehen sich immer noch als diejenigen, als die sie sich kennengelernt haben, obschon sie diesen Personen nicht mehr gleichen, da sie älter geworden sind. Am Ende des Films sagt Edie in einer öffentlich gehaltenen Rede für die Öffnung der Ehe, dass die Ehe ihr und Thea erlaubt, von anderen anders gesehen und damit anerkannt zu werden. Das Gesehen-Werden ist auch ein Aspekt der Fotografien, die die beiden gemacht haben. Die inszenierten Fotografien aus der Vergangenheit existieren gleichzeitig mit der Erfahrung, eben nicht gesehen zu werden und die eigene Beziehung nicht offen führen zu können. Die Fotografien haben den beiden Frauen eine andere Form der Selbstverständlichkeit ihrer Beziehung ermöglicht. Gerade in Edies Arbeitsumfeld in der IT-Branche,[6] so erzählen die Frauen im Film, war es nicht denkbar, ihre Beziehung offen zu zeigen, also verheimlichten sie sie aus Angst vor negativen Auswirkungen. Edie trug deshalb ihren Verlobungsring, der ja eine visuelle Markierung darstellt, in Form einer Brosche und nicht an der Hand. In den Fotografien ist über den Blick der jeweils anderen aber die Beziehung für eine Zukunft sichtbar bewahrt.

Die Ehe ist zum einen als symbolischer Akt zu verstehen, als Bezeugung einer romantischen Verbindung, und zum anderen als die Möglichkeit zur Teilhabe an rechtlichen und finanziellen Vorteilen und Pflichten. Der rechtliche Kampf wird im Film und in der Logik der Gleichstellungspolitik immer auch zu einem Kampf um eine romantische Form der Liebe und – wie sich

6 Edie Windsor arbeitete viele Jahre im IT-Management von IBM, Thea Spyer als selbstständige Psychotherapeutin.

hier abzeichnet – auch zu einer Form der visuellen Anerkennung, zu der Möglichkeit, als Beziehung gesehen zu werden.

Das Haus und der Entwurf eines gemeinsamen Lebens

Das Haus der beiden Frauen ist ein zentrales Motiv im Film, das innerhalb des filmischen Mediums als architektonisches Medium zur Beschreibung ihrer Beziehung dient. Auch das Einfamilienhaus als Rückzugsort ins Private und insbesondere zentraler Ort der Konstruktion der bürgerlichen Familie wird in EDIE AND THEA somit umgearbeitet und an einen Entwurf lesbischen Lebens angepasst. Es muss als Zeichen aber auch zurückgewiesen bzw. resignifiziert werden. So erzählen die beiden Frauen, dass Thea das Haus nicht von Anfang an mochte und sie entwerfen es nicht über Momente des Rückzugs und der Abgeschlossenheit, sondern gerade über Ideen der Offenheit.

Das Haus ist Teil ihres Lebensentwurfs und die Art, wie sie es nutzen, entwerfen, aber auch einrichten, sagt viel über sie aus. Es ist Teil eines Lebens, das als kulturell wie sozial reich erscheint und finanziell abgesichert ist. Immer wieder gibt es Außenansichten des Hauses, das aber wie verlassen daliegt und schon auf eine Zeit ohne die beiden Bewohner*innen hinweist. In den Bildern des Hauses zeigen sich Anwesenheit und Abwesenheit zugleich. Edie stellt die Funktion des Hauses als einen Durchgangsort dar, es soll ein Ort sein, an dem sie nur kurz etwas essen und von dem aus sie dann wieder aufbrechen, um zum Beispiel tanzen zu gehen. Sie widerspricht damit Vorstellungen von einem eigenen Haus, die mit Konstanz, Sesshaftigkeit und Festigkeit verknüpft sind. Dem Haus als privatem Ort der Familie steht das Haus der beiden als offenes und temporäres Konstrukt gegenüber. Im Zentrum der Aufnahmen des Sommerhauses auf Long Island steht immer wieder der verlassene Swimmingpool. Zwar sind an einigen Stellen in den Interviews auch die Innenräume des Hauses zu sehen, aber charakteristischer sind die Außenansicht, der Pool und die Liegestühle. Sie evozieren andere Vorstellungen des Privaten als normative Ideen vom Haus als Rückzugsort im Gegensatz zu einem öffentlichen Leben außerhalb des Hauses. Das Haus bleibt geöffnet, der Pool verweist auf ein Leben, das eher draußen als drinnen stattfindet. Über die Beziehung der beiden findet auch eine Transformation des Einfamilienhauses statt. Dabei ist es kein Sehnsuchtsort, der für ein Verweilen hier aufgeladen wird, sondern ein Ort, der darüber entworfen wird, dass von hier aus das Reisen möglich ist, der ein Leben außerhalb nicht innerhalb seiner selbst ermöglicht, dies zum Beispiel über die Nähe zum Meer, das wir zwar nicht sehen, von dem die Frauen aber erzählen, und auch über den großen Pool, der sehr viel Raum einnimmt. Das Haus als ein zentrales Motiv des Films widerspricht den zeitlichen Zuschreibungen von Konstanz, einem monumentalen Leben und statischen Verhältnissen, die ein Einfamilienhaus repräsentiert. Über die Betonung der Offenheit und der immer nur vorübergehenden Nutzung wird es zeitlich umkodiert und im Rahmen des Films ein mediales Zeichen für Veränderungen. Motivisch schließt es auch an die Öffnung des privaten Raums zum Kinoraum an, die schon die Diashow ermöglicht. Das Private ist hier nicht abgeschlossen, sondern offen gehalten.

Das private Hochzeitsvideo als kollektivierendes Moment

Der Film ist aus Edies und Theas Wunsch entstanden, ihre Hochzeit in Form eines Videos zu dokumentieren. Erst im Laufe der Arbeit ist die Idee aufgekommen, den Film nicht ausschließlich für den privaten Gebrauch zu nutzen, sondern auch auf Festivals zu zeigen. International ist er auf queeren Filmfestivals mit großem Erfolg gelaufen und hat dort insgesamt 24 Preise gewonnen, viele davon Publikumspreise. Queere Filmfestivals stehen dabei nicht unbedingt bzw. nicht ausschließlich im Gegensatz zu privaten Vorführungen, sie erweitern vielmehr über die identitätspolitische Ausrichtung und Ansprache des Publikums als Community den Ort des Privaten (zur Performativität von queeren Filmfestivals vgl. Loist 2015, 154ff.). Das Hochzeitsvideo, also der Film selbst, erfüllt somit – wie die Eheschließung – ebenfalls eine wirkmächtige Funktion. Im Film vollzieht sich die Anerkennung der Beziehung über die gemeinsamen Erinnerungen, über die Fotografien und die Interaktion. Aber auch die performative Wiederholung eines auch filmischen Motivs einer monogamen Zweierbeziehung trägt zu dieser Form der Gleichstellungspolitik bei.

Edies und Theas Eheschließung wird zum zentralen Motiv der im Film erzählten Geschichte und zum Ausgangspunkt der Produktion und der Narration des Films. Ihre individuelle Geschichte wird, gerade über die Verbindung von privater Erzählung, medialer Diashow und der Erweiterung des privaten zu einem kollektiven Raum, zu einer identitätspolitischen Erzählung, zu einem Bewegungsfilm. In dieser Erzählung ist die Gewaltförmigkeit der heteronormativen Struktur, wie sie Edelman herausarbeitet, zu erahnen (vgl. Edelman 2004). Die Gleichsetzung von Ehe, Liebe und gesellschaftlicher Anerkennung der Beziehung führt zur teleologisch determinierten Form der Narration, die die Beziehung der beiden Frauen auf das Ereignis der Eheschließung hin ausrichtet. Die Schließung der Ehe kann somit in der Dringlichkeit des Films auch darauf verweisen, wie wirkmächtig diese Institution für ein Erleben gesellschaftlicher Anerkennung ist. Damit wiederholt der Film nicht nur das Motiv der romantischen Zweierbeziehung, sondern kann auch Fragen nach der Ordnung von Beziehungsformen im Kontext staatlicher Anerkennung aufwerfen. In der Rede, die Edie Windsor gegen Ende des Films hält, ist es nicht die Liebe, sondern die Ehe, die ein übergreifendes, universal verständliches Zeichen für eine Form der Verbindung und Nähe geworden ist.[7] Die Bedeutung der Ehe wird unter anderem über die Struktur des Films kollektiviert.

Edie and Thea erzählt von der Beziehung der beiden Frauen und lässt über diese Erzählung die Ehe zu einem zentralen Motiv und zu einer Angelegenheit von Gleichstellungspolitiken werden. Der Film folgt in seiner Zeitlichkeit linear dem Ziel der Eheschließung. All jenen oben genannten normativen Aspekten des Motivs der Ehe steht im Film entgegen, dass die eigentliche Vermählung der beiden Frauen dann nur einen sehr kleinen Anteil des Films ausmacht. Die Eheschließung ist also Anlass für den Film, als Ereignis selbst aber schließlich doch nicht zentral. Sehr viel mehr Raum nehmen die Erinnerungen, die Fotografien aus der Vergangenheit und die Vorbereitungen auf das Ereignis ein.

Das Narrativ der Eheschließung folgt zudem, so sagt es auch Thea Spyer selbst, einer umgekehrten zeitlichen Logik zum Versprechen der Ehe auf ein gemeinsames Leben. Das gemeinsame Leben ist hier bereits gelebt und wird in Geschichten und Fotografien retrospektiv beglaubigt. Es ist schon eine Filmgeschichte im Kontext von Bewegungsgeschichten geworden und in diesem Kontext setzt der Film die zeitlichen Logiken des Mediums bewusst ein

---

7 Im Wortlaut sagt Edie hier: »In 42 years of living together we never thought of ourselves as single. So what could be different? Turns out marriage could be different. It didn't occur to us that people would see us differently but in response to the New York Times announcement we heard from literally hundreds of people from every stage of our lives – playmates and schoolmates, colleagues and relatives pouring out love and congratulations because we were married. Thea looks at her ring every day and thinks of herself as officially a member of a special species who can love and couple until death do them part. The word marriage itself conveys clearly that you and your spouse love each other and are united and belong together. It represents the ultimate expression of love and commitment between two people and everyone understands that in the whole world. Everyone understands that« (Edie and Thea: A very long Engagement, 54:55-56:01).

und nutzt sie nicht nur für die Reproduktion des Genres eines privaten Hochzeitsvideos, sondern überführt mithilfe der zeitlichen normativen Strukturen die private Geschichte in eine kollektive Form von Gleichstellungspolitik. Diese Form ist stark (hetero-)normativ ausgerichtet, wird aber von den beiden Frauen, die hier retrospektiv ein Versprechen einlösen, das eigentlich auf eine Zukunft ausgerichtet ist, auch immer wieder gebrochen.

Krankheit und Sterben

Gegen Ende des Films, als die Eheschließung bereits stattgefunden hat, sagt Thea Spyer, dass sie merkt, dass der finale Prozess des Sterbens für sie eingesetzt hat und dass sie sich wünscht, noch einen Sommer zu erleben. Ein paar Sequenzen später sehen wir sie in einem Gartenstuhl in ein Handtuch gewickelt sitzen und sie sagt: »And I had my summer.« Edie Windsor geht darauf ein und erwidert, dass sie glaubt, dass sie bestimmt noch viele Sommer erleben werde. Die Zeit hier ist eine andere Zeit, insofern sie nicht mehr auf das Ziel ausgerichtet ist, auf das der Film und mit ihm die Erzählung der Beziehung bis dahin hinausläuft. Es ist eine heteronormative Zeitstruktur, die den Film über die Narration und die Ausrichtung auf das Ereignis der Eheschließung bestimmt. In diese Struktur passen sich die einzelnen Momente des Films ein. Das Motiv der Heirat bringt seine eigene Zeitlichkeit in den Film hinein als ein gesellschaftlich kodierter Bedeutungspunkt in Bezug auf eine monogame Zweierbeziehung. Die Ehe als Institution gesellschaftlicher Reproduktion und Verantwortung beschreibt, wenn sie geschlossen wird, einen Wendepunkt, in Bezug auf Begehren auch ein Stillstehen und eine Fixierung auf eine einzige Person. Über das Ehegelöbnis mit dem Versprechen der Treue in guten wie in schlechten Tagen und bis zum Tod eines der Eheleute wird der Beziehung institutionell eine bestimmte Qualität zugeschrieben.

Eine andere zeitliche Logik ist, dass es in Anbetracht von Theas fortschreitender Krankheit nicht darum geht, verheiratet zu sein, sondern darum, verheiratet gewesen zu sein. Hier haben die Ehe, der Film und die Fotografie strukturell ähnliche Funktionen. Sie bezeugen, dass die Beziehung da gewesen ist, und sie erkennen die Beziehung der beiden Frauen an und bewahren die lesbische Beziehung über den Tod hinaus.

Strukturell ist der Film also auch auf das Ereignis des Todes ausgerichtet. Fortlaufend ist die Bedrohung der Prognose von Theas nahendem Tod in den Film eingeschrieben. Der Tod und damit das Ende der Beziehung der beiden Frauen bestimmt ebenfalls die Zeitlichkeit des Films. So ist er nicht nur ein Hochzeitsvideo, sondern auch ein Abschiedsvideo. Die Rezipient*innen erfahren erst am Ende des Films, dass Thea zur Zeit der Fertigstellung des Films bereits verstorben ist. Die Ehe wird erst dann wirklich dringlich, als die Bedrohung durch den Tod immer größer wird und näher rückt. Wie sehr aber schreibt sich dieses Wissen über den Tod in den Film ein? »Until death do us part«, wir hören diesen Teil des Ehegelöbnisses im Video. Der Film und die Ehe haben damit die doppelte Funktion der Bezeugung der Beziehung und gleichzeitig der Trauerarbeit. Im Medium Film wird die Möglichkeit, die gemeinsame Zeit anzuhalten, wiederholbar zu machen und für eine Zukunft bedeutsam zu machen, realisiert.

Diese Verbindung der Konstruktion der Beziehung und der Produktion von Bedeutung für eine Zukunft vor dem Hintergrund des Sterbens und der Trauerarbeit in queeren Dokumentarfilmen möchte ich mir nun noch an einem zweiten Film anschauen

5.1.2 Silverlake Life: The View from Here

Trauerarbeit im Film

Die staatliche Nicht-Gleichbehandlung gleichgeschlechtlicher Paare ist eine Form des Ausschlusses von staatlichen Privilegien, gegen den identitätspolitische Bewegungen sich gewendet haben. In der Zeit der AIDS-Pandemie in den USA kommt es zu einer Form des Ausschlusses, die so weit geht, dass an AIDS erkrankte Personen keine ausreichende gesundheitliche Versorgung bekommen und im öffentlichen Diskurs stigmatisiert werden.

Gerade im Hinblick auf die traumatische Erfahrung des verfrühten Todes tausender Menschen im Kontext der AIDS-Pandemie, die einhergeht mit einem gewaltvollen Ausschluss, homophoben Politiken und nationalen Ausblendungen, sind Dokumentarfilme zentrale Momente der Aufarbeitung dieses Geschehens geworden. Medialität wird in Bezug auf den Tod, das Sterben und die medieninhärente Zeitlichkeit von vielen Filmen diskutiert, unter anderem von Video Remains (USA 2005) und auch Dear Gabe (USA 2003) von Alexandra Juhasz, Tongues Untied und Anthem (USA 1991) von Marlon Riggs oder Fast Trip, Long Drop (USA 1993) von Gregg Bordowitz. Die Filme weisen, trotz vieler Unterschiede, die Gemeinsamkeit auf, dass die mediale Aufzeichnung sowohl eine aktuelle, als auch eine nachträgliche Bedeutung bekommt. Vor dem Hintergrund der gesellschaftlichen Ausblendung der AIDS-Pandemie in den USA und des aktivistischen Kampfes gegen die staatlichen Politiken des Ausschlusses, aber auch im Prozess des Sterbens ist die Nutzung von Medien durch Betroffene, ihre Angehörigen und/oder Aktivist*innen eine Form der Selbstermächtigung, Selbstversicherung und Selbstkonstitution. Die Aufzeichnungen werden aber auch gemacht, um als Vergangenheit eine zukünftige Historiografie zu garantieren, eine Existenz in normativen Strukturen zu beweisen, sie versichern eine Gegenwart und sind an eine Zukunft adressiert.

Dass lgbtiq-Filme in US-amerikanischen Kontexten eine Trauerarbeit geleistet haben, die auf gesellschaftspolitischer Ebene zunächst verunmöglicht wurde, arbeitet Chris Tedjasukmana anhand der Filme von Todd Haynes heraus, die, so seine These, eine gesamtgesellschaftliche Trauer ermöglichen können (Tedjasukmana 2008, vgl. Kap. 4). Eine solche Trauer ist auch deshalb nicht möglich, weil der gesellschaftspolitische und öffentliche Umgang mit AIDS von Homophobie, Queerfeindlichkeit, Rassismus, Klassismus und Ausgrenzung bestimmt ist. Die Angst vor der Krankheit und die Stigmatisierung derjenigen, die an ihr erkranken, führen zu deren Ausschluss. Gesellschaftlich werden sie zu einer Bedrohung gemacht und damit aus der Gruppe derjenigen, die kollektiv betrauerbar sind,[8] ausgeschlossen. Die Zeiterfahrung des kollektiven Sterbens und des Verlustes, aber auch der Endlichkeit sind für die Auseinandersetzung mit Zeitlichkeit in den Queer Studies bestimmend. Der

8 Eine Verbindung von Trauer und Kollektivität zieht Judith Butler in ihrem Essay: *Gewalt, Trauer, Politik*: »Mich beschäftigt in Anbetracht der jüngsten globalen Gewalt die Frage: Wer gilt als Mensch? Wessen Leben zählt als Leben? Und schließlich: Was macht ein betrauernswertes Leben aus? Trotz all unserer Unterschiede im Hinblick auf Standort und Geschichte vermute ich, daß es möglich ist, an ein ›wir‹ zu appellieren, denn alle haben irgendeine Vorstellung davon, was es heißt, jemanden verloren zu haben. Der Verlust hat aus uns allen ein ansatzweises ›wir‹ gemacht. Und wenn wir jemanden verloren haben, dann folgt daraus, daß wir jemanden gehabt haben, den wir begehrt und geliebt haben, daß wir darum gekämpft haben, die Bedingungen für unser Begehren zu finden. Wir alle haben in den vergangenen Jahrzehnte Verluste durch AIDS gehabt, doch es gibt noch andere Verluste durch Krankheiten und durch globale Konflikte, die uns zusetzen; und es gibt ebenfalls die Tatsache, daß Frauen und Männer, darunter sexuelle Minderheiten, als Kollektiv der Gewalt unterworfen sind, ihrer Möglichkeit ausgesetzt sind, wenn nicht sogar ihrer Realisierung. Das bedeutet, daß jede (jeder) einzelne von uns zum Teil aufgrund der sozialen Verwundbarkeit unserer Körper politisch verfaßt ist – als ein Ort des Begehrens und der physischen Verwundbarkeit, als Ort einer öffentlichen Aufmerksamkeit, der durch Selbstbehauptung und Ungeschütztheit zugleich charakterisiert ist. Verlust und Verletzbarkeit ergeben sich offenbar daraus, daß wir sozial verfaßte Körper sind: an andere gebunden und gefährdet, diese Bindung zu verlieren, ungeschützt gegenüber anderen und durch Gewalt gefährdet aufgrund dieser Ungeschütztheit« (Butler 2005, 36f.).

gesellschaftspolitische Umgang mit HIV und AIDS hat diese Zeiterfahrung der Pandemie isoliert und sie denjenigen, die selbst erkrankt sind oder mit Menschen, die erkrankt sind, zu tun hatten, zugewiesen.

Aber eben nicht nur Spielfilme wie die von Haynes, sondern gerade auch Dokumentarfilme sind während der sogenannten AIDS-Pandemie in den USA eine Form der Auseinandersetzung mit dem Tod und der gesellschaftspolitischen Ausblendung des kollektiven Sterbens geworden. So ist SILVERLAKE LIFE: THE VIEW FROM HERE (USA 1993, R.: Tom Joslin/Peter Friedman), ein Dokumentarfilm im Stil eines Videotagebuchs, eine Auseinandersetzung mit dem eigenen Sterben eines schwulen Paares, die beide HIV positiv und an AIDS erkrankt sind. Der Film ist eine Form von Trauerarbeit und eine Praxis, die es ermöglicht, sich selbst in die Filmgeschichte einzuschreiben und relevant zu machen und darüber zugleich den gesellschaftlichen Umgang mit HIV und AIDS zu verändern.

Im privaten Raum und in der privaten Beziehung stellt sich der Film der homophoben Angst und dem Ausschluss aus der gesellschaftlichen Anerkennung entgegen. Die gemeinsam verbrachte Zeit des Filmdrehs ist zugleich die Zeit des Sterbens. Der Film ist sowohl eine Form, dieses Sterben medial aufzuhalten, als auch eine Möglichkeit, es auszuhalten und zu dokumentieren. Er wird zu einem integralen Bestandteil der Beziehung der beteiligten Personen zueinander. Der Filmemacher Tom Joslin nutzt den Film, um einen Umgang mit der Prognose seines bevorstehenden Todes wie auch der Erkrankung und dem Sterben seines Partners Mark Massi zu finden. Das Filmen wird zu einem Ritual innerhalb des Tagesablaufs. Dabei verliert Joslin aufgrund zunehmender körperlicher Schwäche im Verlauf der Dreharbeiten und zugleich des Films die Fähigkeit, selbst die Kamera zu halten bzw. zu bedienen, und gibt diese daher an seinen Partner und eine Freundin weiter. Fertiggestellt wird der Film nach seinem Tod von dem befreundeten Filmemacher Peter Friedmann. SILVERLAKE LIFE ist also ein Dokumentarfilm, der eine Selbstdokumentation, eine Autobiographie des Sterbens umfasst. Der Umgang des Filmemachers mit der Kamera ist auf ein Hier und Jetzt ausgerichtet und zunächst nicht so sehr auf Fragen nach einer kollektiven Geschichte. Der Tod macht das Hier und Jetzt[9] zentral. Mit der fortschreitenden Krankheit des Filmemachers verändert sich der Film auch auf der visuellen Ebene. Der Raum

9 An Gregg Bordowitz' Film HABIT (USA 2001) und der autobiografischer Auseinandersetzung mit der AIDS-Pandemie stellt auch Lauren Berlant (2011) die Fokussierung auf die Gegenwart im Moment einer Krisensituation heraus. Die Figur der Krise geht im

wird sehr eng, am Ende sehen wir Tom Joslin nur noch in seinem Bett liegen. Er ist nicht mehr in der Lage, sich viel zu bewegen. Joslin beschreibt sich selbst als einen Menschen, der immer mehr zum Sehen und Beobachten gezwungen wird. Sein Bett wird zum Zentrum auch des Filmemachens. Die schon fertigen Videobänder für den Film sehen wir auf dem Regal neben dem Bett, ein Monitor, ein Videorekorder und auch die Kamera selbst werden um das Bett herum installiert. Eine Fotografie ist zentral im Film, es ist ein Schwarz-Weiß-Foto des Paares wenige Jahre vor dem Videotagebuch, von einer Freundin aufgenommen. Auch hier ist es also eine visuell bezeugte Vergangenheit, die im Film präsent ist und die Teil der Möglichkeit ist, Anerkennung zu erlangen. Friedman hat zudem mit Ausschnitten aus BLACK STAR: AUTOBIOGRAPHY OF A CLOSE FRIEND (USA 1977, R.: Tom Joslin) eine weitere Arbeit Joslins in den Film eingefügt. Auch hier ist über das Medium eine zusätzliche Vergangenheit in den Film eingebettet. In den Ausschnitten erzählt Joslin von seinen Bemühungen, als Jugendlicher als heterosexuell zu *passen*, er befragt seine Eltern zum Moment des Coming-out ihnen gegenüber und sie erzählen auch von ihrer Enttäuschung über sein Schwulsein. Mark Massi erzählt, wie er und Joslin sich kennengelernt haben. Auch hier ist die Liebesgeschichte bereits mit dem Film verbunden, Massi beschreibt Joslin als jemanden, der über seine Arbeit mit Film lieben wollte. Dazu sehen wir Schwarz-Weiß-Bilder der beiden, immer in Bezug auf Medien, die sie umgeben, an Arbeitsplätzen mit Skizzen, an Schnittplätzen, vor Fernsehgeräten. Das Filmemachen ist auch hier schon mit den Selbstentwürfen der beiden verbunden.

Neben dem Filmemachen dreht sich der Alltag in der Jetztzeit des Films um die Organisation des Haushalts von Joslin und Massi und um Arztbesuche und alternative Behandlungsmethoden. Gezeigt wird ein Ausflug oder kurzer Urlaub, einen zweiten Urlaub inszenieren die beiden Männer auf dem Balkon ihres Hauses als Europakreuzfahrt. An Weihnachten fliegen sie nach New York zu Tom Joslins Familie. Sie besuchen gemeinsam einen Psychologen, der ihnen aufzeigt, dass sie beide jeweils unterschiedliche Arten haben, mit der Angst vor dem Tod umzugehen. Es sind durchgehend Inszenierungen privater Situationen. Die Kamera ist dadurch auch durch eine große Intimität gekennzeichnet. An einigen Stellen des Films interagieren die beiden Männer

---

Film mit einer Aussetzung bekannter Zeitabläufe einher und fokussiert das Moment der Gegenwart, des Hier und Jetzt (ebd., 55-63).

über die Kamera und schieben sie sich gegenseitig zu, nehmen sich gegenseitig damit auf. An manchen Stellen ist die Kamera ohne klaren Bezug zu der zweiten Person im Raum. So hören wir Joslin darüber sprechen, dass er immer mehr ein Beobachter und Zuschauer wird. Die Kamera fokussiert in dieser Sequenz kleine Szenen, Bewegungen, eine sich drehende Werbetafel. Die Dinge, die Joslin sieht, so sagt er, werden ihm immer fremder, erscheinen ihm immer seltsamer.

Er und Mark Massi gehen bis zum Zeitpunkt von Tom Joslins Tod genau und schonungslos mit ihren Körpern und deren Veränderungen und Verletzlichkeiten um. Nachdem Joslin gestorben ist, sehen wir, wie seine Leiche von zwei Leichenbestattern in einen Leichensack gehoben und eingewickelt wird. Auf dem Totenschein, der nach Tom Joslins Tod ausgestellt wird, sehen wir in Großaufnahme den Eintrag *Never Married*. Dieser Fokus ist bezeichnend, weil direkt vor dieser Aufnahme Mark Massi darüber spricht, dass sie 22 Jahre zusammen gewesen sind. Warum ist der Fokus auf den Eintrag *Never Married* so wichtig? Welcher Stellenwert wird dabei auch hier der Ehe zugeschrieben? Oder vielmehr: Was zeigt sich in der Feststellung auf dem Totenschein, dass Tom Joslin nie verheiratet gewesen sei? Es zeigt sich zum Beispiel, dass seine Beziehung zu Mark Massi nicht staatlich verdatet worden ist. Das Zeigen des Eintrags *Never Married* kann als ein Hinweis auf eine Nicht-Anerkennung oder auf eine Verunmöglichung einer bestimmten Form von Trauer gelesen werden. Welchen Status hat die Ehe hier? Es wäre auch möglich, den Status des *Never Married* zu lesen als eine Form der Unabhängigkeit von staatlichen Beziehungsordnungen. Die Beziehung, die Tom Joslin geführt hat, ist nicht institutionalisiert. Stellt der Film mit der Großaufnahme des Totenscheins ein Bedauern darüber her, dass die Beziehung von Tom Joslin und Mark Massi in dem Dokument keinen Stellenwert hat? Der Film stellt zuvor die Beziehung als sehr liebevoll und respektvoll dar, indem er die Fürsorge füreinander sowie ihre große Nähe zueinander ins Bild setzt. All dies kann im Totenschein nicht sichtbar werden, passt nicht zu den vorgegebenen Kategorien. Das Dokument kann also auch auf eine Unmöglichkeit der staatlichen Erfassung ihrer Beziehung hinweisen. Und damit auch die Funktion der Ehe als staatliche Form der Anerkennung sichtbar machen und so in ihrer Wirkmächtigkeit gleichzeitig kritisieren und als ausschließend kennzeichnen. Der Totenschein verweist an dieser Stelle auch auf die staatliche Ignoranz, Beziehungen anders und weiter zu fassen als in Form der Ehe, unabhängig von reproduktiven Logiken.

Was das Dokument in diesem Moment nicht erfassen kann, ist aber im Film bereits festgehalten bzw. hergestellt. Auch hier, wie auch in EDIE AND

THEA garantiert der Film eine Form von Anerkennung der Beziehung, die gleichgestellt wird mit der Ehe, die die homophoben staatlichen Politiken der Zeit für gleichgeschlechtliche Paare ausschließen. Der Tod ist, wie im Ehegelöbnis, der Grund der Trennung voneinander. Der Verweis auf das *Never Married* verbunden mit der Aussage, dass die beiden 22 Jahre zusammen waren, stellt ihre Beziehung der Ehe in einer zeitlichen Logik der Dauer gleich. Der Film verbindet sie also. Das *Never Married* kann als ein Verweis auf eine in einer homophoben Gesellschaft unsichtbare Beziehung gelesen werden, die in dieser Sequenz sichtbar gemacht wird. Dies geschieht auch über die Aufnahme der beiden Leichenbestatter, die den Körper Tom Joslins in den Leichensack heben. Sie sind wie offizielle Eindringlinge ins Haus. Wie das Dokument Tom Joslin nicht erfassen kann, so wird er auch in ihrer Anwesenheit unter ihren Händen zu einem standardisierten Fall und der Umgang mit seinem toten Körper wird zu einem anonymen Ablauf.

Der Film stellt Tom Joslin und Mark Massi und ihre Situation als kollektiv betrauerbar her und stellt damit auch ihre Beziehung sicher. Diesen Aspekt einer Trauerarbeit hat auch Chris Tedjasukmana in seinem Buch *Mechanische Verlebendigung. Ästhethische Erfahrung im Kino* herausgestellt. Was er für den Film und das Bonusmaterial der DVD-Version erarbeitet, schließt direkt an die Auseinandersetzung mit Zeitlichkeit in den Queer Studies an. In Bezug auf die Rezeptionssituation und die Erfahrung eines zukünftigen Publikums mit dem Film schreibt Tedjasukmana mit Rückgriff auf Derrida:

> »Aus Joslins Filmprojekt wird Friedmans Gedenken an Joslin, der Autor regrediert zum Gegenstand, das Subjekt zum ›Sujet‹. Das Gespenst aus dem Schneideraum zu verbannen, bedeutet hier aber keinen Exorzismus, sondern lediglich, das Verhältnis zwischen Lebenden und Toten auszutarieren. Was uns der Film vielmehr zeigt, ist, dass Derridas Diktum, zu lernen, mit den Gespenstern zu leben, auch bedeutet, sich nicht von ihnen bestimmen zu lassen. Unser Verhältnis zu den Gespenstern ist eines des lebendigen Austauschs, einer wechselseitigen Berührung über technische oder okkulte Medien.« (Tedjasukmana 2014, 265)

Tedjasukmana berücksichtigt dabei schon den Ort des Schnittraums, in dem Friedman nach dem Tod Tom Joslins und Mark Massis den Film fertigstellt. Friedman ist hier mit der Vergangenheit und der im Material andauernden Anwesenheit der bereits verstorbenen Freunde konfrontiert. In der Dokumentation des Zusatzmaterials der DVD ist Mark Massi auf einem Bildschirm in Friedmans Schnittraum zu sehen und damit in doppelter Hinsicht im Medium anwesend. Die mediale Präsenz, die schon im Film immer wieder aufgerufen und zeitlich neu zusammengesetzt wird als Form von Begegnung, setzt sich also auch hier fort. Entwürfe queerer Historiografie, wie sie sich in den Queer Studies finden, beinhalten genau dieses Bild einer Form der Begegnung, eines *touch across time* (vgl. Kap. 2). Diese Figur ist eine filmische Figur, die nicht nur, aber ganz besonders im Kino im Moment der Rezeption hervorgerufen wird.

Die Zeitlichkeiten des Films

Die Zeit des Films korreliert mit dem Alltag der Männer. Kleine Erledigungen wie die Fahrt zum Lebensmittelgeschäft werden zu Ereignissen im Film, die mit großer Kraftanstrengung verbunden sind. Der Alltag und das Überleben darin werden zu zentralen Momenten des Films. Die Krankheit und mit ihr die körperlichen Einschränkungen bestimmen das Tempo und geben die Zeitlichkeit vor. Vor allem über Joslins Körper, der ihn zu immer mehr Langsamkeit zwingt, wird die Zeitlichkeit des Films vorgegeben. Wann der Tod kommt, ist aber nicht vorhersehbar. So sind Toms Eltern mit der Frage konfrontiert, wann der richtige Zeitpunkt ist, den Sohn zu besuchen. Der Tod ist durchgehend präsent und verweist damit immer auf das Hier und Jetzt.

Mark Massi behält das Ritual des Filmens bei, auch als Tom Joslin dafür zu schwach wird und er nur noch eingeschränkt kommunizieren kann. Er spricht für seinen Partner, zeigt mit der Kamera in Großaufnahme das Melanom auf Tom Joslis Augenlid und spricht über den Schmerz, den es ihm bereitet. Dieser kann selbst das Auge nicht mehr öffnen. Die Intimität des Films und das langsame Sterben, die Verletzlichkeit der beiden Protagonisten stehen dem gewaltvollen Ausschluss von an AIDS erkrankten Menschen aus dem Status von »Betrauerbarkeit« in der Zeit der Entstehung des Films gegenüber.[10]

Der Film läuft auf den Tod Joslins zu, aber das Sterben ist kein linear strukturierendes Prinzip. Die Zeiterfahrung verändert sich über die Einschränkung des Körpers, der Film folgt dieser Zeitlichkeit mit Langsamkeit,

10 In ihrer Analyse des Films machen Beverly Seckinger und Janet Jakobsen auf zwei mögliche Rezeptionsprobleme aufmerksam, die sie in der Fokussierung des privaten Raums des Films sehen. Einerseits könnten die Zuschauer*innen die Situation der beiden Protagonisten als eine individuelle Situation ohne politische Relevanz lesen, andererseits könnte die Situation auch verallgemeinert werden, könnte also vom Film auf ein Leben und Sterben mit AIDS geschlossen werden (Jakobsen/Seckinger 1997, 153).

mit einem wandernden Fokus auf für sich stehende kurze Sequenzen. Das Filmemachen wird zu einer Möglichkeit, die Kontrolle über die eigene Geschichte zu behalten, die außerhalb des privaten Rahmens durch homophobe, rassistische, klassistische Politiken zur Zeit der AIDS-Pandemie gewaltvoll ausgeschlossen wird.

Tom Joslins Krankenbett wird auch zu seinem Arbeitsort. Von hier bestimmt er über den Film, bis er die Verantwortung übergibt. Im Titel des Films, SILVERLAKE LIFE: THE VIEW FROM HERE, wird das Sehen betont. Silverlake ist ein Stadtteil von Los Angeles. *The View from here* verweist sowohl auf den Blick, den der Film einnimmt, als auch darauf, dass es noch einen anderen Blick geben muss, auf den der Film sich bezieht. Der Gegenblick des Films wird über die körperlichen Einschränkungen durch die Krankheit zu einem vor allem auf das Leben im Haus bezogenen Blick. Er ist ausgezeichnet durch große Nähe und Verletzbarkeit. *The View from here* kann auch als ein ›Ausblick von hier‹ verstanden werden. Dieser Ausblick ist über das Sterben und wiederum auch über die eingeschränkte Mobilität zu einem sehr engen Ausblick geworden.

Es ist aber auch der Blick auf die Körper der beiden Protagonisten. Sie setzen ihre Körper der Aufzeichnung der Kamera aus und sprechen gleichzeitig von der Scham, den Körper den Blicken anderer Menschen auszusetzen. Die Melanome an den Körpern markieren ihre Körper als erkrankte Körper und rufen, so beschreibt es Massi in einer Szene in einem privaten Pool, die Distanzierung der anderen hervor. Die Kamera distanziert sich nicht und sie selbst distanzieren sich auch nicht voneinander. Der Distanz, die auch über das (Aus-)Sehen der Körper gesellschaftlich hervorgerufen wird, wird im Film Nähe entgegengesetzt. Die Form von Nähe ist radikal, gerade weil sie so stark auch die Verletzlichkeit der beiden Männer zeigt. Über die Kamera wird der Blick ausgehalten, der gesellschaftlich für beide nicht mehr aushaltbar ist, weil die gesellschaftlichen Blicke Ausgrenzung produzieren über die Angst vor dem sichtbar erkrankten Körper und vor der Bedrohung durch den Tod.

Die Exposition

Der Film beginnt mit einer Großaufnahme von Mark Massi, der mit geschlossenen Augen und nach hinten gelehntem Kopf auf einem Sofa sitzt. Die Kamera schwenkt auf den Fernseher, hier ist Tom Joslin in Großaufnahme zu sehen, umrandet von einem Herz und dem Satz »Mark I love You«. Auf der Audiospur ist zunächst Musik, dann wird Massis Stimme als Voice-over ein-

Abb. 5-10: Exposition 1, SILVERLAKE LIFE: THE VIEW FROM HERE, Screenshots, Courtesy of Peter Friedman.

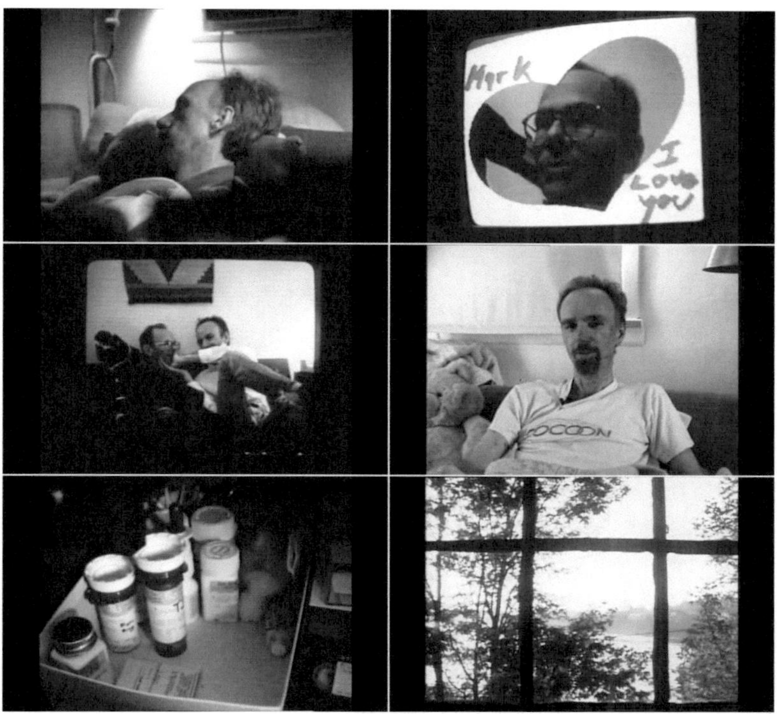

geblendet: »The thing I remember most about Tom is what he feels like.« Mark Massi spricht über die Erinnerung daran, Tom Joslin auf die Stirn zu küssen, über Berührungen. Während er spricht, gibt es einen Schnitt zurück auf den Fernseher.

Auf dem Bildschirm sehen wir Tom Joslin und Mark Massi zusammen auf einem Sofa sitzen. Mark Massi nimmt Tom Joslins Kopf in die Hände und küsst ihn auf die Stirn. Von dort gibt es einen Schnitt auf Mark Massi, der nun wach auf dem Sofa sitzt, der Ton wird diegetisch. Seine Erinnerung an die Berührungen endet mit »I can't do that anymore«.

Es folgt ein harter Schnitt auf ein Tablett mit Medikamenten. Und ein erneuter Schnitt, ein Blick aus einem Sprossenfenster, durch das der gerasterte

Blick auf Bäume und einen See fällt. Im Zeitraffer geht die Sonne geht vor dem Fenster unter.

Abb. 11-16: Exposition 2, Silverlake Life: The View from Here, Screenshots, Courtesy of Peter Friedman.

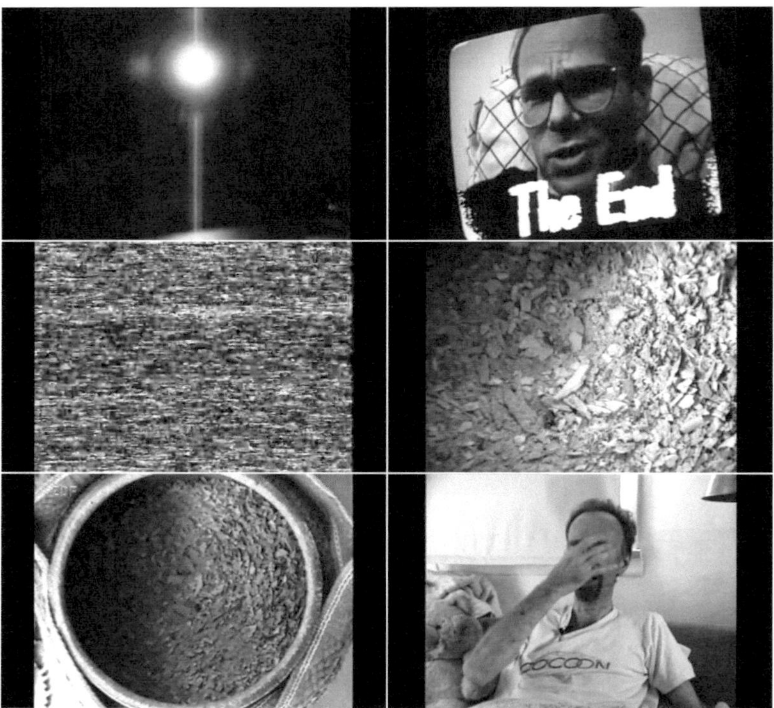

Der Raum, den wir dann sehen, ist vollkommen dunkel, ein Licht wandert von oben nach unten, ist auf uns als Rezipient*innen gerichtet. Der nächste Schnitt geht zurück auf den Fernsehmonitor und Tom Joslin im Bild, nun mit der Schrift »The End« versehen.

Es folgt auf dem Monitor das Flimmern eines Videobandes, durchlaufende schwarz-weiße Querstreifen. Das nächste Schnittbild ist eine Detailaufnahme einer sandig-grauen Struktur.

Erst als die Einstellung springt und der Bildrahmen sich damit vergrößert, sehen wir, dass es sich um einen Blick in eine Urne handelt und die

Asche in der Urne zu sehen ist. Auf der Audiospur setzt wieder ein Voice-over ein: »It was very scary to look at him the first time after he died... you know... look in his face, but I did and I remember it. I looked at him and then I wanted to close his eye. It's a very strange thing seeing a dead person starring and I tried just like in the movies to close the eye lid – it doesn't close. It puffed back open. I said to Tom: ›I apologize life wasn't like in the movies‹. In the movies they just dramatically close the eye lids and it's all over. But it didn't.« (Silverlake Life, 01:08-01:42)

Abb. 17-22: Exposition 3, Silverlake Life: The View from Here, Screenshots, Courtesy of Peter Friedman.

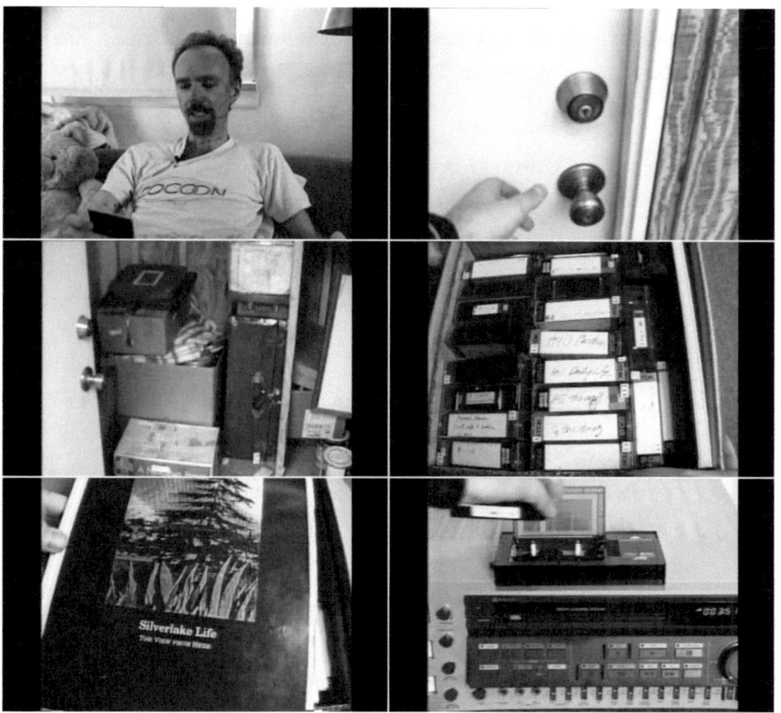

Während Massi spricht, bringt der Schnitt ihn auch wieder diegetisch ins Bild. Er sitzt auf dem Sofa, blickt auf eine Fotografie in seiner Hand und immer wieder in die Kamera. Am Ende blickt er nach unten und der nächste Schnitt zeigt einen Türknauf. Eine Hand greift ins Bild und öffnet die Tür. Eine Abstellkammer mit Kartons und Koffern wird sichtbar. Während die Person mit der Kamera den Raum betritt, hören wir im Voice-over: »Tom Joslin was my filmteacher back in college in the mid seventies. He was my mentor. And later he and his lover Mark Massi became two of my closest friends. When they were both diagnosed with AIDS Tom decided to shoot a video diary. He asked me to finish it if he couldn't.«

Das Voice-over ist montiert zu einem Blick auf einzelne Kartons in dem Raum. Die Hand öffnet einen der Kartons und in ihm befindet sich eine Sammlung von Videokassetten mit Beschriftungen.

Die Hand nimmt ein Heft aus dem Karton. Auf der Titelseite des Hefts steht *Silverlake Life: The View from here*. Es sind die Aufzeichnungen Joslins, sein Script für den Film, dessen Titel nun auch als Titel für den Film dient. In der nächsten Einstellung ist ein Video- bzw. Schnittrekorder zu sehen. Eine der digitalen Kassetten wird in eine Trägervideokassette geschoben.

Abb. 23-26: Exposition 4, SILVERLAKE LIFE: THE VIEW FROM HERE, Screenshots, Courtesy of Peter Friedman.

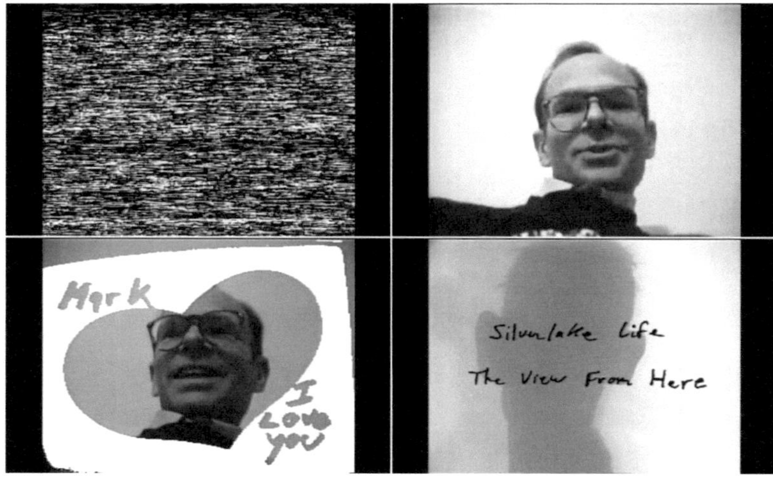

Es folgt wieder das Bandrauschen unbespielter Videokassetten und dann eine Einstellung aus der Untersicht auf Tom Joslin, der direkt in die Kamera schaut und sagt: »How's this: This is the first footage from the beginning of the first tape of *Silverlake Life* and I thought I'd show this to Mark and the message is gonna be clear.«

An dieser Stelle wird dem Bild der animierte herzförmige Rahmen hinzugefügt und die Inschrift »Mark I love you« ist sichtbar. Tom Joslin sagt es auch noch einmal und lacht. Hiermit endet der Beginn des Films und vor einer weißen Leinwand mit dem Schattenspiel der Umrandung von Tom Joslins Kopf ist der Titel *Silverlake Life* zu sehen.

Zu Beginn stellt der Film bereits die eigenen Möglichkeiten zu einem flexiblen Umgang mit Zeitlichkeit aus und verweist auf die eigene Medialität. So steht Tom Joslins Tod bereits am Anfang des Films. Eine Zeitlichkeit ist die des Todes und damit auch die Lebenszeit, die aufgerufen wird. Sie wird allerdings schon mit Beginn des Films verändert, ihrer Chronologie entrissen. In der allerersten Sequenz sind Mark Massis Augen geschlossen, während Tom Joslin auf dem Bildschirm, medial als Fernsehbild, an seiner Seite ist und auf ihn schaut. In einer der nächsten Einstellungen dann erzählt Mark Massi von Tom Joslins Tod und wir sehen die Urne und die Asche. Die Aufnahmen der subjektive Kamera, die Peter Friedmann kurz darauf zugeschrieben wird, der sich im Voice-over vorstellt und Joslins Nachlass, den er anschaut und seine Filme, die er ins Bild holt, liegen zeitlich weit hinter dem eigentlichen Beginn des Films. Das Rohmaterial des Films ist zu diesem Zeitpunkt schon archiviert worden, den Kartons sieht man an, dass sie bereits längere Zeit in Gebrauch sind bzw. im Lager gelegen haben. Darauf wiederum folgt dann der Anfang von Tom Joslins Videotagebuchs. Wobei dieser Anfang eine Wiederholung ist, denn das hier gezeigte Bild ist bereits Teil der allerersten Sequenz, es ist dort das Fernsehbild, das Videobild geworden, das über Mark Massi wacht, während er schläft. Dass die Zeitlichkeiten des Films spezifisch mediale Zeitlichkeiten sind, wird durchgehend thematisiert. So wird auch die Erfahrung des Sterbens der beiden Protagonisten mit einem medialen Wissen zusammengebracht. Wenn Mark Massi erzählt, dass er Tom Joslin – wie im Film – das Augenlid schließen wollte und dies aber immer wieder aufgesprungen ist, dann kollidiert das mediale Wissen und die mediale Erinnerung der Geste mit einer außermedialen Erfahrung von Tod. Die Geste des Verschließens der Augen mit der Hand ist eine medial gelernte Wiederholung. Im scheiternden Versuch der Wiederholung dieser Geste zeigt sich sowohl die Wirkmächtigkeit filmischer Ideen als auch eine Idee davon, wie Filme Teil einer individuellen wie kollektiven Erinnerung sein können, die dann zu außerfilmischen Wiederholungen führt. Es geht nicht nur darum, dass das Leben wie ein (Spiel-)Film sein soll, die Wiederholung bestimmter Gesten, Bilder und Situationen im Film ist auch produktiv im Hinblick auf eine außerfilmische Realität, sie erzeugt ein geteiltes (bildliches) Wissen und Imitationen. Mark Massis Wiederholung der filmischen Geste aber gelingt nicht. Den Umgang mit seinem verstorbenen Freund kann er also nicht anschließen an das Wissen, an die Bilder und die Geste, die er aus Filmen erinnert. Der Film verweist damit auf mediale Vorstellungen und Konstruktionen des Sterbens und verändert sie.

Die Erzählung dieser Situation ist eine der ersten Sequenzen in der Exposition von SILVERLAKE LIFE. Vorangegangen ist ihr die kurze Einstellung des schlafenden Mark Massi mit dem Schwenk auf Tom Joslin im Fernsehbild. Die Beschreibung der nicht glückenden filmischen Geste folgt also auf eine Sequenz, in der Tom Joslin bereits zu einer medialen Figur im Bild geworden ist. Die Beziehung der beiden Männer zueinander ist also schon zuvor, von Anfang an, über Medialität gekennzeichnet. Zunächst sind sie medial im Filmbild voneinander getrennt, wenn Mark Massi auf dem Sessel schläft und Tom Joslins Liebeserklärung im Videobild über ihn wacht. Dann sind sie in einer weiteren Einstellung gemeinsam in einem Videobild (im Fernsehrahmen im Film) auf dem Sofa zu sehen, wenn Mark Massi darüber spricht, dass er es vor allem vermisst, Tom Joslin zu berühren. Der Dokumentarfilm realisiert hier, was für Mark nicht mehr möglich ist. Er wiederholt die Berührung, er holt die Berührung ins Bild zurück. Dies geschieht nicht innerdiegetisch, stattdessen wird die Berührung an den Monitor im Bild übergeben und als mediale Berührung ausgestellt. Die Zeitlichkeit der Rezipient*innen des Films unterscheidet sich somit von der Zeitlichkeit der Protagonist*innen des Films. Die Montage widerspricht der Unmöglichkeit der Berührung nach dem Tod. Für die Rezipient*innen schließt das Videobild der beiden Männer nahtlos an, taucht sogar zeitgleich mit den Worten Mark Massis auf und holt somit das nach, was für den Protagonisten unmöglich ist. Die Funktion des Mediums ist es, nicht nur vom Tod und vom Sterben zu erzählen, sondern dies auch gleichzeitig aufzuhalten, das, was war, zu bewahren und mediale Traditionen zu verändern.

Die leere Videospur

Ein weiteres mediales und zeitliches Element des Filmes ist eine an zwei Stellen auftauchende leere Videospur. Sie ist ein verbindendes Element zwischen dem Voice-over von Peter Friedmann und dem Beginn der Aufzeichnungen von Tom Joslin. Während diese Aufzeichnungen zuvor noch über das Fernsehgerät gerahmt waren, gehen sie jetzt rahmenlos über in die Zeitspur des Films selbst. Als Element für sich selbst verweist die leere Videospur auf das Medium Video auf der einen Seite und auf die Leere des Materials vor oder nach der Aufzeichnung. Tom Joslins Aufzeichnungen beginnen nach einer kurzen leeren Spur. Häufig verweist die Leere aber auch auf das Ende einer Aufzeichnung. Im Kontext von SILVERLAKE LIFE wird das Element in den Film hineingeholt und damit ausgestellt. An beiden Stellen in der Exposition taucht es im Zusammenhang mit Joslins Videotagebuch auf. Zunächst auf dem Fernsehmonitor nach der Einblendung »The End« und dann an der eben beschriebenen Stelle am Ende der Exposition. Warum wird an diesen beiden Stellen die leere Spur des Videos ausgestellt? Sie markiert Anfang und Ende des Videoprojekts von Tom Joslin, das somit zu einem Film im Film wird. Sie verweist auch auf das Material, auf Video. Sie kann metaphorisch für den Tod und das Sterben gelesen werden. Sie verweist auf all das, was nicht aufgezeichnet wird, und sie verweist darauf, dass die Aufzeichnung abbricht, obschon das Material, die Videokassette, noch nicht am Ende ist. Sie ist auch ein Zeichen des Verlusts, eines abgebrochenen Kontakts. Sie verdoppelt die Schrift »The End« und lässt den *flow* abreißen. Anders als im Film (und im Kino), der mit dem Abspann ein klares Ende hat und als unbespieltes Material nicht sichtbar wird, wird hier ausgestellt, dass es sich bei dem Videotagebuch um einen Prozess, um eine Montage mit vielen Leerstellen handelt. Gleichzeitig kann man die Präsenz des leeren Videos auch als einen Verweis darauf lesen, dass Tom Joslin wenig ins Material eingegriffen hat. Denn es wird hier genau gezeigt, dass er in diesem Moment entschieden hat, den Aufnahmeknopf zu drücken und sein Videotagebuch zu beginnen, und an jener anderen Stelle hat er beschlossen, es zu beenden. In jedem Fall wird der Prozess des Aufzeichnens deutlich gemacht und Tom Joslins Autorschaft herausgestellt. Die Videospur verweist auch auf den privaten Charakter des Films. Sie ist nicht so sehr mit dem öffentlichen Raum, etwa dem Kino verbunden, sondern mit dem Videorekorder und dem Fernseher in den eigenen privaten Räumen. Hier ist sie immer wieder sichtbar, wenn etwas aus dem Fernsehen aufgezeichnet wird oder auch zwischen privaten Aufnahmen in *home videos*. Sie verweist auf die Auswahl in der Zeit und gleichzeitig auf all das, was nicht ausgewählt und aufgezeichnet wurde. Also verweist sie immer auf ein Mehr und auf die Begrenzung des Ausschnitts. In dem Moment, in dem Mark Massi erklärt, dass er die Augen seines toten Partners nicht schließen konnte und dass er nicht wiederholen konnte, was er im Kino über den Tod gelernt hat, verdoppelt die leere Videospur den Tod und stellt ihn visuell durch Leere dar.

Die Videospur verdeutlicht erneut die Unterscheidung des Videotagebuchs vom Spielfilm und kennzeichnet ein Auf- und Abtauchen im Medialen. Sie markiert nicht so sehr das Hier und Jetzt, sondern verweist auf eine andere Zeit, auf die Vergangenheit und auch auf Vergänglichkeit und Tod. Sie verweist immer auch auf die außermediale Realität, in der nun die Aufzeichnung unterbrochen ist/war. Insofern ist sie auch eine Illusion von Anwesenheit und Abwesenheit.

5.1.3 Fazit der Analyse der beiden Filme

Die beiden hier analysierten Filme nutzen mediale Versprechen auf Bedeutung und auf ein Überdauern/Fortdauern. Die filmische Darstellung der beiden im Zentrum stehenden Paare schreibt sich dabei in bereits tradierte Formen medialer Erzählungen von romantischer Liebe und monogamer Beziehung ein. Über das Moment des Todes werden auch melodramatische Zeitmomente eines ›zu spät‹ aufgerufen (vgl. Williams 1999). Die Filme funktionieren so vor dem Hintergrund hegemonialer Anerkennungspolitiken und im Rahmen tradierter Zeitordnungen, aber auch vor dem Hintergrund ihrer Kehrseite, des gesellschaftlichen Ausschlusses, im Fall der AIDS-Pandemie des tödlichen Ausschlusses. EDIE AND THEA: A VERY LONG ENGAGEMENT ist zeitweise teleologisch auf das Recht zu heiraten hin aufgebaut und wiederholt in diesem dem Film zugrunde liegenden Motiv das Versprechen auf gesellschaftliche und staatliche Anerkennung, das auf einer monogamen Form von Zweierbeziehung beruht. SILVERLAKE LIFE: THE VIEW FROM HERE inszeniert den Wunsch, bis zum Tod die Kontrolle über die eigene (medialisierte) Geschichte zu bewahren. Die Kontrolle zu behalten, bedeutet hier auch, die Kontrolle über die Erzählung und die technische Aufzeichnung zu haben. Die Kamera und damit das Medium Video werden zudem zu einer sozialen Praxis, die es ermöglicht, einen Umgang mit dem (eigenen) Sterben zu finden.

Beide Filme arbeiten auf der Grundlage tradierter medialer Zeitordnungen. Sie arbeiten mit Politiken von Anerkennung, die auf normativen zeitlichen Strukturen im Medium basieren, verschieben diese oder machen sie sich zu eigen. Es ist das dem Medium eingeschriebene Versprechen, die Zeit zu bewahren, auf dem wiederum diese Politiken der Anerkennung basieren. Es ist auch die monogame, romantische Zweierbeziehung, die als mediale Figur diese Form der Anerkennung garantiert. Damit wird deutlich, dass diese medieninhärenten Zeitordnungen normativ sind, aber auch eine Offenheit haben, laufend durchgearbeitet werden müssen. Gleichzeitig zeigen sich zeitlich tradierte Formen von Anerkennung und Betrauerbarkeit in ihrer – auch medialen – Konstitution. So machen EDIE AND THEA und SILVERLAKE LIFE in der Herstellung auch gleichzeitig sichtbar, unter welchen Bedingungen diese Anerkennung medial erfolgt. Beide Filme nutzen die (hetero-)normativen Zeitordnungen der Medien als Bedingungen audiovisueller Anerkennungsmechanismen und schreiben sie gleichzeitig um. Während die beiden Filme die Beziehungen der langjährigen Paare in eine Filmgeschichte einschreiben, die romantische Beziehungen und Langlebigkeit wie die Ehe wertschätzt und anerkennt, wird deutlich, dass sie über eine Nähe zu diesen normativen Ideen hier ein Narrativ weiterführen können und auf Ausschluss darin hinweisen können. Die Anerkennung funktioniert also auch in der Ähnlichkeit trotz Differenz. In beiden Filmen sind es die privaten Aufnahmen, die gegen eine öffentliche Darstellung erstellt werden, eigene mediale Geschichte_n entwerfen und bewahren, eigene Entwürfe der Beziehungen medial festhalten. In der Projektion im Kinoraum, auf Filmfestivals, im Eingang in eine queere Filmgeschichte werden daraus Bewegungsgeschichte_n.

5.2 Die Produktivität von Filmgeschichten

5.2.1 Vorgeschichte

Für die Konstruktion von Bewegungsgeschichten ist das Konzept einer Gemeinschaft grundlegend, aus der die betreffende Bewegung hervorgeht. Das Festhalten und Festschreiben von Bewegungsgeschichten ist zudem von den medialen Bedingungen, Codes, Traditionen und Standards der Zeit, in der sie erzählt werden, bestimmt. Filme haben die Idee von queerer/n Bewegungsgeschichten stark mitgeprägt, nicht nur weil sie im Medium Film erzählt worden sind und erzählt werden, sondern auch weil Filme strukturell die Idee von Bewegungsgeschichten mitbestimmen. Bereits bevor queere Geschichte als filmische Bewegungsgeschichte erzählt worden ist, haben Filme Figuren in ihre Narrative eingebunden, die außerhalb der Logik einer heterosexuellen bzw. cis-geschlechtlichen Verortung lesbar waren und damit zu gemeinsamen Bezugspunkten für ein queeres Publikum werden konnten. Für nicht-heterosexuell bzw. nicht-cis-geschlechtlich verortete Figuren einer queeren Bewegung in den USA gibt es etwa die Tradition, (Spiel-)Filmgeschichte als eine Emanzipationsgeschichte zu erzählen, wie es von Dokumentarfilmen wie THE CELLULOID CLOSET (USA 1995, R.: Rob Ebstein/Jeffrey Friedman) oder FA-

BULOUS! THE STORY OF QUEER CINEMA (USA 2006, R.: Lisa Ades/Lesli Klainberg) (2004) praktiziert wird. Auch B. Ruby Richs Begriff eines *New Queer Cinema* kategorisiert die Filme in Bezug darauf, dass Filmgeschichte eine Fortschrittsgeschichte ist, es eine Besserung für die Erzählung queerer Geschichten gibt (vgl. Rich 2004 [1992])). Allerdings liegt die Besserung hier darin, dass die Figuren, die die Filmemacher*innen entwerfen nicht mehr um jeden Preis gefallen wollen, also sich einem heteronormativen Publikum anbiedern müssen, sondern unsympathisch, gebrochen und komplex sein dürfen.

Den Dokumentarfilm haben identitätspolitische Bewegungen, wie Bill Nichols aufzeigt, immer wieder aktiv genutzt, um selbst Produzent*innen der Bilder einer *community* zu werden, um Repräsentationen von denjenigen zu schaffen, die gesellschaftliche Marginalisierung erfahren haben, und um politische Forderungen nach Anerkennung verhandelbar werden zu lassen (vgl. Nichols 2001, 151ff.). Die Grundlage für diese Form der Kollektivität und *community* ist die gemeinsame Erfahrung der Marginalisierung oder des Ausschlusses. Filmproduktion und Produktion von Gemeinschaft ist hier also auch ein Moment (gleichstellungs-)politischer Handlung.

Sowohl Dokumentarfilme als auch Spielfilme bilden eine Grundlage der Produktion von (queerer) Gemeinschaft durch die Zeit. Bewegungsgeschichten sind jedoch nicht nur im Medium Film als Handeln einer Gemeinschaft (*community*) erzählt und konstituiert worden, der Rezeptionsmodus, den Filme vorgeben – gerade durch den Abspielort des Kinos –, ist selbst als Anordnung bereits kollektivierend und gemeinschaftsbildend. Ebenso ist dem Medium Film, auch ohne den Ort des Kinos, die Idee des geteilten Blicks, die Erfahrung des geteilten Sehens eingeschrieben.

Queere Bewegungsgeschichten werden im Medium Film nicht nur verhandelt, sondern auch überhaupt erst hergestellt und produktiv gemacht. Die Idee einer ihr/ihnen zugrunde liegenden Gemeinschaft scheint eng mit dem Medium Film verbunden zu sein. Im Folgenden werde ich den Fokus aber nicht auf Filme legen, die sich zentral mit aktivistischen oder künstlerischen Bewegungen wie dem *gay liberation movement* bzw. mit Gruppierungen wie etwa *Act Up* auseinandersetzen. Die Auswahl der Filme THE OWLS (USA 2010, R.: Cheryl Dunye/Parliament Collective) und HIDE AND SEEK (USA 1996, R.: Su Friedrich), die ich für meine Analysen heranziehe, liegt vielmehr darin begründet, dass sie auf unterschiedliche Weise Medialität als einen zentralen Bestandteil von Bewegungsgeschichten und Diskussionen von Identitätskonstruktionen thematisieren. Ich werde untersuchen, wie die Filme eine mediale Produktivität in Bezug auf Begehrenskonstruktionen, aber auch Gemeinschaftskonstruktionen diskutieren, und dabei die Auseinandersetzung mit Zeitlichkeit in den Queer Studies um den Gegenstand der Medialität erweitern. Anhand der ausgewählten Filme zeigt sich, dass Zeitkonzepte, die der Auseinandersetzung mit Zeitlichkeit in den Queer Studies zugrunde liegen, von den Filmen selbst mit hervorgebracht werden. An den beiden Filmen interessiert mich auch die Frage einer queeren Historiografie, an der auch eine queere Filmgeschichte Anteil hat.

Ausgangspunkt für dieses Kapitel ist der Film THE OWLS (USA 2010, R.: Cheryl Dunye/Parliament Collective), der eine lesbische Filmgeschichte nachzeichnet und dabei Grenzen zwischen Dokumentarfilm und Spielfilm auflöst. THE OWLS begreife ich als einen medialen Beitrag zur Auseinandersetzung mit Zeitlichkeit. Der Film setzt sich mit der Produktivität einer lesbischen Filmgeschichte auseinander und thematisiert im Hinblick auf Narration, Ästhetik und Gattung die Bedingungen für die Konstitution lesbischer Figuren im Film. Ich stelle diesem Film mit HIDE AND SEEK eine weitere filmische Position zur Seite, die mediale Vergeschlechtlichungen und Begehrenskonstruktionen in den Blick nimmt und im Medium selbst diese Konfigurationen umschreibt.

Im Oktober 2014 hielt B. Ruby Rich auf der Konferenz *Queer Film Culture: Queer Cinema and Film Festivals* in Hamburg einen Vortrag zum Phänomen der verschwindenden Gemeinschaften in queeren Filmen.[11] Richs Begriff des *New Queer Cinema* hat das Sprechen über queeren Film geprägt, mit diesem Begriff ist sie selbst schon eine Chronistin des queeren Films geworden und sie schreibt hier an dieser Chronik weiter und zeigt gleichzeitig, wie eine auch medial konzipierte queere *community* sich verändert. Im Hinblick auf die oben skizzierten Gefüge von Film(en), Gemeinschaft und Bewegungsgeschichten beschreibt Rich in ihrem Hamburger Vortrag eine grundlegende Zäsur, die sie in Zusammenhang mit sich verändernden Formen der Filmrezeption bringt. Während die Protagonist*innen neuerer queerer Filme als Einzelkämpfer*innen persönliche Konflikte durchzustehen hätten, so die Beobachtung Richs, schauten vereinzelte Rezipient*innen ihnen auf Computern und Fernsehern in privaten Räumen dabei zu. Dem stellt Rich ältere queere Filme gegenüber, in denen die Protagonist*innen eingebettet waren in *communities* oder Freund*innenschaften: Sie waren Teil von Gemeinschaften. Und auch die Rezipient*innen waren über die Form der Rezeption, die häufiger

11 In deutscher Übersetzung erschien ein Auszug des Vortrags kurz danach auf *Spiegel Online* (vgl. Rich 2014).

noch in Kinos oder Filmclubs und auch Filmfestivals als gemeinsam erlebtes Ereignis stattfand, als Gemeinschaft und *community* konzipiert.

Richs Beobachtungen zu einem nun schwindenden Kollektiv der Rezeption vor und in queeren Filmen wurden an einem Ort artikuliert, an dem ein solches Zusammenkommen immer noch im Fokus steht: beim fünfundzwanzigsten Jubiläum des größten queeren Filmfestivals in Deutschland, den *Lesbisch Schwulen Filmtagen Hamburg|International Queer Film Festival*. Rich stellte heraus, dass Gemeinschaft in queeren Filmen, aber auch die Gemeinschaft, die sich über die Filme herstellt, einem historischen Wandel unterliegen. Und dass sich beide in Abhängigkeit zueinander verändern. Es ging ihr um eine Idee von Gemeinschaft, die in queeren Filmen – wie auch in außerfilmischen Realitäten – produktiv ist und gleichzeitig über mediale Anordnungen mitkonzipiert wird. Dabei – so Richs These – verschwinden die im Film zu sehenden wie die durch Film zusammenkommenden Gemeinschaften.

Wenn sich gemäß der Analyse von B. Ruby Rich sowohl die Geschichten als auch ihre Rezeptionsbedingungen in Abhängigkeit zueinander und in Bezug auf Gemeinschaften verändern, stellt sich die Frage, wie und ob sich ein Erzählen von Queerness im Film in seiner zeitlichen Verortung und Organisation dabei ebenfalls transformiert.

Die Idee einer Gemeinschaft bzw. kollektiver Kämpfe in lesbischen Filmen untersuche ich in Kapitel 5.2.3 exemplarisch an einer filmischen Position, am Film The Owls von Cheryl Dunye und dem Parliament Collective. Der Film beschäftigt sich mit dem Verhältnis von Film, Gemeinschaft (Kollektivität) und lesbischen Bewegungsgeschichte_n als Filmgeschichte und dies nur wenige Jahre vor dem Vortrag von B. Ruby Rich. Bevor ich aber zur Analyse von The Owls komme, werde ich in einer kurzen Analyse eine lineare Form der Verbindung von Filmgeschichte/Bewegungsgeschichte und Dokumentarfilm in The Celluloid Closet vorstellen. Dies ist wichtig, weil The Owls sich gerade von einer solchen Form der Filmgeschichte absetzt und eine andere Form der filmischen Verhandlung der Effekte einer Filmgeschichte wählt.

5.2.2 The Celluloid Closet und das Narrativ der positiven Veränderungen

Um die Besonderheiten der medialen Reflexion der beiden primär in diesem Kapitel behandelten Filme möglichst deutlich herausstellen zu können, werde ich zunächst noch einmal auf die sehr konventionelle und lineare Form einer Erzählung von Filmgeschichte zurückkommen, die im Film The Cel-

LULOID CLOSET zu finden ist und die, wie bereits in Kapitel 4 gezeigt, auch schon Teil der Auseinandersetzung mit Zeitlichkeit in den Queer Studies ist. Rob Ebsteins und Jeffrey Friedmans 1995 veröffentlichter, auf dem gleichnamigen Buch von Vito Russo basierender Film streicht die Relevanz der Filmgeschichte für ein Wissen über Homosexualitäten heraus. Buch und Film stellen die gesellschaftspolitischen Reglementierungen von Homosexualität im Hollywood-Film seit den 1920er Jahren dar und zeigen damit viele Momente auch gewaltvoller Darstellungen, aber immer auch mögliche widerständige Lesarten potentiell queerer Figuren. Zusätzlich zu den Ausschnitten aus den einzelnen besprochenen Filmen werden Zeitzeug*innen interviewt, die ihre eigene Geschichte mit der Geschichte des Films verbinden. Es ist insofern auch eine Form von Identitätspolitik, als dass die Expert*innen häufig auch von eigenen Erfahrungen sprechen. Neben Schauspieler*innen, Drehbuchautor*innen, Regisseur*innen und weiteren Personen, die am jeweiligen Film mitarbeiteten, kommen auch Filmwissenschaftler*innen wie Richard Dyer zu Wort. Die Geschichte homosexueller Figuren im Hollywood-Film wird mit der Geschichte der *gay-liberation*-Bewegung parallelisiert. Die enge Verknüpfung von Filmgeschichte und identitätspolitischer Bewegung wirft die Frage auf, was es genau bedeutet, wenn im *Voice-over* zum Ende des Films gesagt wird, dass die Geschichten, die nie erzählt worden sind, Geschichten über Menschen, die immer schon da waren, nun erzählt werden. Dies würde bedeuten, dass die Bilder und Geschichten, die in Hollywood Homosexualität verhandelt haben, ohne Effekt geblieben wären und damit in Bezug auf individuelle oder kollektive Verkörperungen keine Relevanz hätten. Der Film behauptet dies in seinem Beharren auf der Universalität von Liebe. Diese Universalität der Liebe aber basiert auf einer heteronormativen Idee von Liebe.

Lee Edelman weist auf die heteronormative Struktur jeder (Identitäts-)Politik hin und zeigt, wie bereits in Kapitel 2.2 ausgeführt, dass Queerness in Strukturen von Bedeutungsproduktion, die auf einem reproduktivem Futurismus (*reproductive futurism*) aufgebaut sind, nicht Bestand haben kann (vgl. Edelman 2004). In THE CELLULOID CLOSET aber zeigt sich auch, dass Queerness nie vollständig in heteronormativen Strukturen aufgeht. Im Film reflektieren prominente Personen über queere Filmgeschichte. Zu ihnen zählen auch Tom Hanks und Susan Sarandon, die selbst queere Figuren im Film dargestellt haben. Kurz nachdem Tom Hanks von den immer gleichen vier Buchstaben (ich gehe davon aus, dass er von Love/Liebe spricht) spricht, die für alle homo- wie heterosexuellen Paare dasselbe bedeuteten, spricht Susan Sarandon vom Kino und seinen Möglichkeiten der Gefühls-

und Erfahrungsvermittlung. Sie spricht zunächst positiv über diese Vermittlung, weist aber auch darauf hin, dass die Erfahrung im Kino gewaltvoll sein kann. Parallel werden Bilder aus DAS SCHWEIGEN DER LÄMMER (USA 1991, R.: Jonathan Demme) und BASIC INSTINCT (USA 1992, R.: Paul Verhoeven) montiert. Gerade DAS SCHWEIGEN DER LÄMMER ist für seine transphobe Inszenierung der Figur des Massenmörders stark kritisiert worden, in BASIC INSTINCT ist die lesbische Figur die Mörderin. Die Montage zeigt hier, dass sich Homophobie, Transphobie und Queerfeindlichkeit weiterhin in Hollywoodfilmen fortschreiben. An dieser Stelle zeigt sich also auch, dass der Film die Erfolgsgeschichte einer Emanzipationsbewegung, die er erzählt, nicht komplett einlösen kann.

Die Kontextualisierung von Vergangenheit hat auch Heather Love, wie schon in Kapitel 4 dargestellt, anhand von THE CELLULOID CLOSET in den Blick genommen und analysiert, wie die Schauspielerin Shirley MacLaine darin über THE CHILDRENS HOUR (USA 1961, R.: Wiliam Wyler) spricht. MacLaine sagt, dass sie im Filmteam während der Dreharbeiten nicht über Homosexualität gesprochen hätten und dass es mittlerweile sicherlich Proteste gegen die Szene geben würde, in der (die von ihr dargestellte) Martha vor Karen zusammenbricht und weint und sagt, dass sie sich fragt, was mit ihr verkehrt sei. Heute, so MacLaine, würde Martha für sich kämpfen. Die Autorin und Aktivistin Susie Bright spricht im Film ebenfalls über diese Szene und sagt, dass sie immer noch weinen müsse, wenn sie die Szene von Marthas Zusammenbruch sehe. Und sie fragt sich, warum sie davon immer noch berührt werde, es sei nur ein alter, dummer Film und Menschen fühlten sich heute nicht mehr so. Dann aber hält sie inne und sagt, sie glaube nicht, dass das wahr sei. Leute fühlten heute immer noch so. Heather Love hat diese Sequenz des Sprechens der beiden isoliert und daran gezeigt, dass es eine Kontinuität von Gefühlen gibt, die in einer auf Fortschritt und positiver Veränderung basierenden Erzählung von lgbtiq-Gleichstellungspolitiken nicht auftauchen (Love 2009, 14ff.). Gefühle wie Scham oder Verzweiflung und Selbsthass sind in solchen Erzählungen an die Vergangenheit gebunden, sie gehören zu einer längst überwundenen Zeit und sind daher nicht mehr thematisierbar.

MacLaine trifft ihre Aussage im Kontext eines Dokumentarfilms, der sich mit der Geschichte von queeren Figuren im Film beschäftigt. Der Film selbst verfolgt eine ähnliche Logik des Fortschritts, wie ihn MacLaine behauptet, indem er von einer Filmgeschichte erzählt, in der nicht-heterosexuelle Figuren zunächst nur unter restriktiven Bedingungen auftauchen konnten, bis diese sich so weit verändern, dass immer mehr Geschichten mit (positiv bzw.

realistisch gezeichneten) homosexuellen Figuren möglich werden. Eine solche lineare und teleologische Geschichte als Emanzipationsgeschichte ist damit auch eine Engführung, weil sie ausblenden muss, was sich nicht einfügen lässt, und damit Machtverhältnisse dethematisiert, weitere Auseinandersetzungen mit Scham, Trauer oder Melancholie verweigert. Heather Love schreibt:

> »The invitation to join the mainstream is an invitation to jettison gay identity and its accreted historical meanings. Insofar as that identity is produced out of shame and stigma, it might seem like a good idea to leave it behind. It may in fact seem shaming to hold on to an identity that cannot be uncoupled from violence, suffering, and loss. I insist on the importance of clinging to ruined identities and to histories of injury. Resisting the call of gay normalization means refusing to write off the most the vulnerable, the least presentable, and the dead« (Love 2009, 30).

Genau diese Einladung eines Ankommens im Mainstream und das Zurücklassen der schmerzhaften Gefühle ist auch ein Thema, das der im Folgenden analysierte Film behandelt. Loves Beharren darauf, festzuhalten an der Wichtigkeit einer Geschichte der Verletzungen, finde ich im Film THE OWLS in eine ästhetische Aushandlung übersetzt.

5.2.3 THE OWLS

Kollektive Dilemmata

Auch im Film THE OWLS, dessen Titel eine Abkürzung für Older Wiser Lesbians ist und der unter der Regie von Cheryl Dunye, und dem Parliament Collective[12] entsteht, ist eine Filmgeschichte der zentrale Bezugsrahmen. Sie wird hier aber nicht direkt nacherzählt, sondern über die Filmform reflektiert und auf ihre Effekte in Bezug auf lesbische Figuren und zeitgenössische Filmerzählungen untersucht. Der Film setzt sich mit lesbischer Filmgeschichte auseinander, unterscheidet sich dabei aber grundlegend von der Form der Auseinandersetzung mit Filmgeschichte, wie sie in THE CELLULOID CLOSET zu finden ist. THE OWLS verbindet Elemente des Spielfilms mit solchen des

12 Der Begriff des Parliaments hat eine doppelte Bedeutung, da er einerseits eine Gruppe von Eulen bezeichnet, also auch auf den Titel des Films zurückverweist, andererseits aber auch ein Begriff für ein politisches Parlament ist, was darauf verweist, dass auch hier im Film über das Medium an Politiken gearbeitet wird.

Dokumentarfilms. Anders als in THE CELLULOID CLOSET sind die Spielfilmelemente keine Ausschnitte aus bereits bekannten Filmen, es gibt also keine Wiederholungen bereits bestehender Filme, die dann besprochen werden. Sowohl die Spiel- wie auch Dokumentarfilmsequenzen wurden eigens für THE OWLS gedreht. Während THE CELLULOID CLOSET eine mediale Vergangenheit über die Ausschnitte in den Film holt, ist die Vergangenheit der Filmgeschichte in THE OWLS eine Frage des filmgeschichtlichen Erbes, das in aktuellen Filmen und Entwürfen lesbischer Figuren weiter produktiv ist.

In THE OWLS werden, so möchte ich zeigen, Ideen von Kollektivität in Bewegungsgeschichten auf ihre mediale Konfiguration hin befragt und verhandelt. Dabei setzt die Arbeit Dunyes und des Parliament Collectives filmische Traditionen unterschiedlicher Gattungen in Bezug auf ihre Produktivität in queerer Filmgeschichte in einen Dialog. Statt eine lineare Geschichte lesbischer Filme zu erzählen, werden in THE OWLS viele einzelne Bestandteile filmischer Bewegungsgeschichten zusammengebracht. Dies ist ein signifikanter Unterschied zur Form der Auseinandersetzung, die THE CELLULOID CLOSET führt. Während dort eine Geschichte bereits ihre Form gefunden hat, wird sie in THE OWLS nun befragt und im Hinblick auf ihre Wirkmächtigkeit analysiert. THE OWLS bietet keine Schließung an, sondern eine Auseinandersetzung.

Während B. Ruby Richs Überlegungen zur Veränderung der Figurenkonstellation in aktuellen queeren Filmbeispielen einen Verlust von Gemeinschaft konstatieren (vgl. Rich 2014), findet die Auseinandersetzung mit historischen filmischen Formen von queerer Gemeinschaft in Dunyes Film selbst statt. Gemeinschaft wird nicht nur auf der inhaltlichen Ebene thematisiert, das Filmemachen selbst ist auch hier immer noch ein wichtiger Aspekt. Die Auseinandersetzung mit Gemeinschaft als Teil einer Filmgeschichte, die eine Bewegungsgeschichte ist, findet in THE OWLS über das Zusammenspiel verschiedener filmischer Modi und Figurenkonstellationen statt. Auch Rezeption spielt dabei in Form eines geteilten Wissens über queere Filmgeschichte eine Rolle. Dieses Wissen ist nicht außerhalb des Films verortet, es ist vielmehr ein strukturierendes Prinzip des Films.

Für die Diskussion des Films ist der folgende Aspekt interessant: Der Film und das begleitende Pressematerial binden die Idee des Kollektivs als Teil einer Bewegungsgeschichte an die Produktionsbedingungen von Film. Das Kollektiv taucht auf der Seite der Produktion auf, die Arbeit ist kollektiv organisiert und im Kollektiv liegt auch der Ursprung der Kreativität. Das Kollektiv ist, so möchte ich Rich mit dem Film ergänzen, an dieser Stelle nicht verschwunden, sondern weiterhin produktiv. Aber es reflektiert an dieser Stelle auch die Situation der Filmfiguren, die auch hier über Vereinzelung gekennzeichnet sind, so wie es Rich beschreibt.

Im Zentrum von THE OWLS stehen vier Frauen, die ungefähr in den 1960er Jahre geboren wurden, zwei Frauen einer jüngeren Generation und die Geschichte eines Mordes. Die (Spielfilm-)Geschichte wird durchgehend von Interviewsequenzen im *talking-heads*-Format unterbrochen und kommentiert, sodass der Film durch Störungen und Reflexionen bestimmt wird. In der Spielfilm-Story des Films bilden die vier älteren der sechs Frauen eine zwangsläufige Gemeinschaft. Sie sind durch eine Vergangenheit, in der sie sehr erfolgreich zusammen in einer Band gespielt haben, die sich allerdings aufgelöst hat, miteinander verbunden. In der Jetztzeit des Films verbindet sie die Notwendigkeit, gemeinsam einen Mord zu vertuschen.

Figurenkonstellation

In der Spielfilmhandlung erzählt THE OWLS die Geschichte einer Gruppe von Freundinnen, die in der Vergangenheit zusammen eine Band waren. Carol (Cheryl Dunye) und Lilly (Lisa Gornik) sind ein Paar, das gemeinsam in einem Haus lebt, gärtnert, kocht und versucht, ein Kind zu bekommen, während die Beziehung immer mehr auseinanderbricht. Zusätzlich gehören noch Iris (Guinevere Turner) und M. J. (V. S. Brodie) zu der Gruppe. M. J. und Iris waren in der Vergangenheit ebenfalls ein Paar und besitzen nun noch ein gemeinsames Haus, in dem M. J. lebt und das Iris, die erst seit kurzer Zeit wieder in der Stadt ist, aus Geldnot gerne verkaufen möchte. Auf einer Party vor einiger Zeit hat eine von ihnen die einige Jahre jüngere Cricket getötet und sie haben sie gemeinsam begraben. In der Jetztzeit des Films taucht Skye (Skyler Cooper) auf, die auf der Suche nach Cricket (Deak Evgenikos) bei Carol und Lilly landet und dort ein paar Tage verbringt. Da in der Stadt auch Vermisstenplakate mit dem Bild von Cricket auftauchen, sind die vier älteren Freundinnen besorgt und angespannt.

Den älteren Figuren in den Spielfilm-Sequenzen des Films ist gemeinsam, dass sie stark der Vergangenheit verhaftet sind und in der Gegenwart der Filmerzählung stillzustehen scheinen und vereinzelt sind. Sie sind von Bildern der Band aus der Vergangenheit umgeben, leben in mondänen Häusern in den Bergen von Los Angeles, eine gärtnert, eine trinkt viel Alkohol, eine masturbiert vor dem Computer, eine ist schwanger und, was die Handlung des Films zusammenhält, alle haben eben diesen Mord an Cricket zu vertuschen.

Neben ihnen gibt es noch die zwei Figuren einer jüngeren Generation, Cricket und Skye. Zwischen den Vertreter*innen der unterschiedlichen Generationen besteht eine große Distanz. Einzig Skye stellt eine Nähe zwischen sich und Carol her, bedauert diese aber, da sie als Schwarze Lesbe zwischen den *weißen* Lesben den Bezug zu ihrer *community* verloren zu haben scheint.

Auffallend ist die Verweigerung, die Protagonist*innen positiv zu zeichnen. Anders aber auch als etwa im Film THE CHILDRENS HOUR, der im Pressematerial als einer der Referenzfilme für THE OWLS genannt wird,[13] gibt es auch keine klassische tragische Zeichnung der Figuren, die die Rezipient*innen emotional an die Protagonist*innen bindet und ein Mit-Leiden organisiert. Stattdessen werden die einzelnen Figuren auf Distanz gehalten. Guinevere Turner, die im Spielfilmteil Iris darstellt, sagt im Laufe des Films in einer Interviewsequenz, dass die Figuren, die Dunye für den Film kreiert habe, »pretty hateable« seien.

Die Schauspieler*innen sind selbst Teil einer lesbischen Filmgeschichte. Guinevere Turner und V. S. Brodie haben bereits in GO FISH (USA 1994, R.: Rose Troche) ein Paar gespielt, in THE WATERMELON WOMEN (USA 1996, R.: Cheryl Dunye) spielt Turner die Geliebte der von Dunye verkörperten Figur und Lisa Gornick ist unter anderem als Regisseurin des Films TICK TOCK LULLABY (USA 2007), in dem sie zugleich als Darstellerin auftritt, bekannt. In der Zusammenkunft in THE OWLS ist somit auch die Rollengeschichte eine Referenz und Teil der Vergangenheit, auf die der Film sich bezieht. Sie sind mit der Zeit und der Folgezeit des *New Queer Cinema* – beginnend in den 1990er Jahren – verbunden.

Der Film entsteht unter der Regie von Cheryl Dunye, wird aber gleichzeitig als Arbeit eines Kollektivs, des Parliament Collective, kommuniziert.

---

13 Im Pressematerial zum Film wird THE OWLS wie folgt eingeführt: »THE OWLS is a generational anthem for Older Wiser Lesbians. Raised in the shadow of the ›pathological lesbian‹ films like THE FOX, THE CHILDRENS'S HOUR and THE KILLING OF SISTER GEORGE, these women embraced the utopian vision of Lesbian Nation and came out with great optimism in their relationships, work and daily lives. Now, approaching middle age, the revolution has eluded their dreams. Caught between a culture that still has no place for them, and a younger generation of lesbians and queers who are indifferent to their contributions, OWLs are facing a unique set of circumstances that have yet to be compassionately or truthfully addressed« (vgl. Pressematerial zum Film auf der Internetseite des Verleihs, The Filmcollaborative (o. J.)).

Während THE OWLS selbst, ähnlich wie es B. Ruby Rich diagnostiziert, auch ein Scheitern queerer Gemeinschaft reflektiert, insofern die Figuren in privaten Räumen vereinzelt werden und sich nur aufgrund des Mordes in einer Zwangsgemeinschaft befinden, ist Gemeinschaft dennoch etwas Positives, ein utopisches Moment in der Entstehung des Films. Der Film lässt sich folglich nicht einfach als eine Absage an die Möglichkeit der Realisierung queerer Kollektivität lesen. Im Projekt von Dunye und dem Parliament Collective wird eine Enttäuschung von Gemeinschaft im Film anhand der Möglichkeit lesbischer Figuren durchgespielt, geht es um Momente des Scheiterns in den Narrativen, auf der Produktionsebene aber bleibt sie erhalten. Der Film ist also ein Kommentar zu einer Filmgeschichte als Bewegungsgeschichte und spezifischer noch zu einer Spielfilmgeschichte. Die dokumentarischen Elemente des Films verhalten sich anders zu der Idee des Kollektivs als die Spielfilmelemente. Das gemeinsame Sprechen in den Interviewsequenzen, das eine gemeinsame Erfahrung stark macht, ist bereits eine Form der Herstellung eines Kollektivs. Dieses findet sich häufig als ein gemeinsamer Blick zurück auf eine vergangene Zeit, eine bestimmte Situation oder Sache. Die Spielfilmelemente dagegen brechen mit der Idee einer *community* oder eines Kollektivs.

Die Wirkmächtigkeit von Filmgeschichte stellt THE OWLS in Bezug auf Identitätskonstruktionen und Ideen von kollektiven Identitäten aus. Eine Referenz sind gerade jene Filme etwa der 1960er Jahre, in denen lesbische Figuren düster inszeniert waren und/oder sterben mussten, Filme, in denen sie nur als negative/tragische Figuren für eine begrenzte Zeit eine Rolle spielen durften, um die heteronormative Ordnung mit aufrechtzuerhalten. Diese Filme sind für die Erzählung und die Mise en Scène von THE OWLS bestimmend und bilden gleichzeitig den Rahmen für die Protagonist*innen. Die Geschichte lesbischer Figuren im Spielfilm wird als relevant herausgestellt und in den Interviewsequenzen wie im Pressematerial stark gemacht. Welche Funktion übernimmt die Filmgeschichte und die Verortung lesbischer Figuren darin für den Film selbst? Findet sich diese Geschichte tatsächlich auch als eine Struktur wieder, in der die Protagonist*innen sich bewegen? Oder konkreter: In welcher Form ist diese Verbindung einer vergangenen und gegenwärtigen Filmgeschichte denkbar?

Die Vergangenheit am Anfang

Den Beginn des Films bilden Archivaufnahmen von Musikvideos und Protestaktionen. Aufgerufen werden hier lesbische Popkultur und Protest/Politik. In der Exposition des Films sind also gleich zu Beginn Sequenzen aus Musikvideos, vor allem aus dem Video zum Song *Femme Bitch Top* der lesbischen/queeren Punkband Tribe 8 aus dem Jahr 1996,[14] zusammen mit den *credits* zu sehen.

Darauf folgen Bilder von politischen Demonstrationen. Auf der Audiospur sind, nachdem der Song von Tribe 8 abgebrochen wird, zunächst mit schneller Musik unterlegte Sprechchöre mehrfach wiederholt zu hören: »Peace Now! Peace Now!« Dann spricht eine einzelne Stimme: »We all gather here, we come from so many different places, from different identities, different cultures, different backgrounds, different religions and yet we can gather under the guide of peace now [...].« Die Toncollage ist Teil des Le-Tigre-Songs *New Kicks* von 2004.[15] Mit Tribe 8 und den später in Erscheinung tretenden Le Tigre wird damit eine Geschichte lesbischer/queerer Musik, der Riot-Grrrl-Bewegung, als Referenz aufgerufen.[16]

Auf der Bildebene werden Versammlungen und Demonstrationen gezeigt, die zu den Rufen montiert sind. Zunächst ist der Spruch »Take back the Night« auf einem Transparent sichtbar, dann geht das Material in Sequenzen von *Act-up*-Demonstrationen und aktivistischen Aktionen über, eine Person läuft in einer Demonstration und hält das Schild: »Vote No on Proposition 8« über den Kopf. Auch auf der Audiospur folgen Fragmente, die offensichtlich unterschiedlichen Protestereignissen zuzuordnen sind. Dabei sind nicht nur Rufe und Forderungen zu hören, sondern auch Ausschnitte etwa aus Radiobeiträgen zu den Ereignissen. Diese münden wieder in »Peace Now!«-Rufe. Auf der Bildebene ist eine als Transparent von einer Gruppe getragene amerikanische Flagge zu sehen, deren Streifen allerdings durch eine Regenbogenflagge ersetzt ist.

Beide Elemente, die Musikvideosequenzen wie auch die Sequenzen von öffentlichen Protestaktionen/Demonstrationen bzw. alle darin enthaltenen Fragmente, sind historisch, sie werden dem Film vorangestellt und sie können als Verweis auf kollektive Momente queerer Geschichte in den

---

14 Das Video, das unter der Regie von Amy Yunis und Romy Suskin entstand, ist abrufbar unter: https://www.youtube.com/watch?v=vn56w4EObwo (zuletzt abgerufen am 01.03.2021).

15 Das Video zu *New Kicks* (USA 2004, R.: Samuel Topiary) ist nicht Teil des Films, bringt aber, wie es auch im Film THE OWLS passiert, Bilder verschiedener Demonstrationen zusammen. Das Video ist abrufbar unter: https://vimeo.com/18862472 (zuletzt abgerufen am 01.03.2021).

16 Atlanta Athens und Rena Onat verdanke ich den Hinweis auf die beiden Bands.

USA gelesen werden. Im Musikvideoabschnitt ist es ein einziger Song der lesbischen/queeren Punkband mit Bildern vor allem aus dem dazugehörigen Video. Bei den Protestbildern kommen verschiedene Bewegungen zusammen: feministische, friedenspolitische, AIDS-aktivistische. Sowohl die Musikvideos als auch die Protestbilder sind vorausgestellte Erinnerungen für die nun folgenden Narrative. Mit ihnen werden Musikkultur und Aktivismus zu stellvertretenden Zeichen einer Bewegungsgeschichte, sie können als solche aufgerufen werden.

Das kurze Intro des Films ist eine US-amerikanische identitätspolitische Bewegungsgeschichte im Schnelldurchgang. Diesem Schnelldurchgang vorangestellt ist über das Video einer lesbisch/queeren Punkband eine subkulturelle Vergangenheit. Beide Elemente unterscheiden sich in der Form der Filmbilder. Auf der einen Seite sind es subkulturelle Selbstentwürfe im Modus des Musikvideos, auf der anderen Seite sind es Dokumentationen von aktivistischen Ereignissen, in denen Video als Medium einer Gegenöffentlichkeit genutzt wurde. Auch diese Geschichte einer spezifischen Mediennutzung im Kontext identitätspolitischer/aktivistischer/subkultureller Bewegungen wird in diesem Zeitraffer aufgerufen und thematisiert.

Beide Elemente sind stark affizierend und da sie sich, gerade bei den Protestsequenzen, auf sehr unterschiedliche Ereignisse beziehen, werden sie in der Montage zu einem Kondensat. Das heißt, sie werden zu einem Zeichen des öffentlichen Protests, sind aber nicht auf ein einziges Ereignis zurückzuführen. Dies unterscheidet sie beispielsweise von dem Musikvideo des Songs von Le Tigre, das sehr klar auf Proteste gegen die Regierung unter George W. Bush zugeschnitten ist. Das schnelle Tempo des Anfangs mit den euphorisierten Stimmen und Körpern könnte mit José Esteban Muñoz als ein utopisches Moment gelesen werden (vgl. Muñoz 2009), denn es erinnert an Energien, die in den Protesten und in der Subkultur vorhanden waren/sind. Besser gesagt, es inszeniert eine große Euphorie und Kraft, allerdings endet diese auch in einer US-amerikanischen Flagge, die mit der Regenbogenflagge verschmolzen ist.

Hier stellt sich die Frage, ob der Film die Bewegungen der Vergangenheit damit bereits als Scheiternde vorführt. Es bleibt nicht so sehr die gesellschaftsverändernde Kraft der gemeinsamen Kämpfe im öffentlichen Raum bestehen, denn diese Kämpfe werden über die Blende und Fokussierung auf die Verbindung von Regenbogenfahne und US-amerikanischer Nationalflagge enggeführt. Diese Engführung könnte als ein Zeichen von Homonationalismus[17] gelesen werden. Die Demonstrationen und alle identitätspolitischen Kämpfe werden demnach in Narrativen des Nationalen geschluckt, die Protestbewegungen und Kritik immer wieder einzubinden wissen, aber damit auch neue Ausschlüsse produzieren. Indem etwa die Kämpfe von identitätspolitischen Bewegungen in ein nationales Selbstverständnis integriert werden, bekommen sie eine neue Funktion und sind in der Herstellung anderer kollektiver Logiken produktiv, wie eben dem der Nation. Dies führt auch dazu, dass Gleichstellungspolitiken in Praktiken des Othering auftauchen und hier wieder als Differenzmarkierung fungieren, obschon sie sich gegen Differenz gewendet haben. Die bildliche Zusammenführung der beiden Fahnen könnte eine solche Lesart des Prologs des Films nahelegen.

Als Ende der Exposition trennt die Fahne symbolisch Vergangenheit und Gegenwart. Sie ist eine Zäsur zwischen den Bildern der vergangenen Proteste und Subkultur und der Jetztzeit des Films, die nun beginnt. Diese Fokussierung auf die bildfüllende Fahne kann auch als eine visuelle Ausblendung gelesen werden. So bleibt am Ende des Anfangs der Schwerpunkt auf einer Verbindung der Zeichen von Nationalität und queerer Identitätspolitik als einer Grenze bestehen. Da die Engführung als Konzentration gleichzeitig auch eine visuelle Ausblendung ist, lässt sie aktiv auch die Straße, die Menschen und die übrigen Transparente verschwinden. Sie könnte also – mehr als auf die Verbindung – auf das Verschwinden der Vergangenheit und der Demonstrationen und Kämpfe hinweisen.

Es bleibt offen, ob der Film hier die Konzentration auf die Verbindung von Regenbogen- und Nationalfahne als Kritik an einer ausschließenden Koalition stark macht oder ob die Effekte einer Engführung des Blicks hier visuell verdeutlicht werden. In dieser Uneindeutigkeit kann die Engführung in der Ambivalenz beide Effekte von Bewegungsgeschichte beschreiben. Die Ausrichtung unterschiedlicher Kämpfe auf ein einziges Ziel von normativer Anerkennung im Zusammentreffen von identitätspolitischen Kämpfen und nationalstaatlichen Interessen kann als ein Effekt gelesen werden. Die Fokussierung auf diesen Effekt wiederum schließt alle anderen möglichen Geschichten und Lesarten aus.

In The Owls werden die anfangs gezeigten Proteste als Zeichen einer queeren Bewegung und als Momente des Fortschritts aufgerufen, in der dann

---

17 Vgl. zum Begriff Homonationalismus Puar 2007, 9. Puar bezeichnet mit *homonationalism* eine Figuration, in der Homonormativität und Nationalismus zusammenkommen.

anschließend erzählten Geschichte werden sie in dieser Funktion als positive Marker jedoch enttäuscht. Sie sind nicht Teil der Geschichte um die Protagonist*innen in Los Angeles. Carol erzählt Skye später im Film eher beiläufig, dass sie früher Teil queerer Bewegungen waren. Jetzt aber finden gemeinsame Treffen in privaten Räumen statt. Die Straßen sind zur Fortbewegung da und ordnen den Konsum. Öffentlichkeit und politische Kämpfe spielen für die Protagonist*innen des Films keine Rolle mehr. Sie sind jeweils stark mit sich selbst beschäftigt, agieren in als privat gekennzeichneten Räumen und sind aneinander nicht mehr in besonderem Maße interessiert.

Der Hauptteil des Films greift das Thema der Musik(produktion) wieder auf, da die älteren Protagonist*innen eine gemeinsame Vergangenheit haben, in der ihre Band eine zentrale Rolle spielt. Die Band und daran geknüpfte Wünsche sind häufiger Referenzpunkt eines vergangenen Erfolgs. Protest und Öffentlichkeit allerdings spielen in der Spielfilmerzählung keine zentrale Rolle mehr. Die musikalische Vergangenheit als Band ist eine ökonomische Vergangenheit geworden, die nur noch über Merchandise-Produkte und den Wunsch, an vergangenen Ruhm anzuschließen, präsent ist.

Dokumentarisch sprechen

Ein Aufeinandertreffen verschiedener Formen von audiovisuellem Material wie zu Beginn des Films findet sich auch später, wenn Spielfilmelemente und dokumentarische Interviewsequenzen miteinander kombiniert werden. Nach einer ersten Vorstellung aller Figuren, die auch bereits in kurzen Interviewsequenzen in ihrer Rolle gesprochen haben, vollzieht sich der Wechsel von der Spielfilm-Geschichte zur dokumentarischen Gesprächssituation in einer fließenden Bewegung im Bild. Im Plot sind alle Orte und Figuren bereits vorgestellt worden, die vier Protagonist*innen der älteren Generation sind im Haus von Carol und Lilly versammelt, eine Krise bahnt sich an, da Vermisstenplakate mit dem Porträt von Cricket in der Stadt aufgehängt wurden. Es ist Nacht. An der Tür klopft es und davor steht Skye als Vertreter*in der jüngeren Generation. Die Szene endet mit einer Untersicht auf das Haus in der Dunkelheit, durch Gräser aufgenommen, die in einer Großaufnahme von Skye mündet, die in die Kamera schaut und sagt: »There is a time, I have to be patient.«[18] Das Gesicht wird in Schwarzbild abgeblendet. Mit

18 Im Spielfilm ist das adressierende Sprechen ein Stilmittel des Illusionsbruchs, da damit der diegetische Rahmen der Handlung durchbrochen wird. Im Dokumentarfilm wird darüber auch ein Expert*innenstatus angezeigt. Das Sprechen findet hier zumeist

dem Aufblenden beginnt dann im Zeitraffer die nächste Sequenz wieder mit einer Außenansicht des Hauses, fokussiert auf die Haustür. Innerhalb von zehn Sekunden verändern sich die Lichtverhältnisse, das schwache Licht der Außenlaterne weicht dem hellen Tageslicht. Der Zeitraffer, der Beginn des neuen Tages, wird auf der Audiospur durch das Aufblenden von Vogelgezwitscher betont. Die nächste Einstellung zeigt den Innenraum des Hauses, die Küche. An der Arbeitsfläche, seitlich zur Kamera, steht Carol, die sich einen Kaffee zubereitet, auf der Audiospur ist leises Stimmengemurmel wie aus einem Radio zu hören und der diegetische Ton, etwa das Rühren des Löffels in der Kaffeetasse. Carol trinkt, dreht sich in Richtung der Kamera und bewegt sich dann nach rechts. Die Kamera nimmt ihre Bewegung auf und folgt ihr. Bis zu diesem Zeitpunkt kann bzw. muss die Szene als Fortsetzung der Geschichte gelesen werden. Es muss somit für die Zuschauer*innen Carol sein, die am nächsten Morgen in der Küche steht. Im Hintergrund wird mit der Bewegung ein weiterer Teil der Küche mit dem Herd sichtbar. Carol sagt: »All right, I'll do this«, und schaut dann in die Kamera. Sie spricht also mit den Zuschauer*innen oder mit der Person, die die Kamera führt.

Genau hier findet ein Bruch von vermeintlicher Spielfilmsequenz zu dokumentarischem Modus statt. Carol bzw. die Carol-Darstellerin und Regisseurin Cheryl Dunye bewegt sich weiter durch den Raum und bleibt vor einer weißen Fläche stehen, an dieser Stelle springt die Perspektive. Nach dem Schnitt ist die Einstellung weiter, die weiße Fläche wird als Leinwand erkennbar, vor der Carol/Cheryl Dunye nun steht. Der Raum ist jetzt nicht mehr das fiktive Wohnhaus, sondern ein Studio. Vor der Leinwand in der Bildmitte steht ein Hocker mit einem Aufzeichnungsmikrofon, dies legt Carol/Cheryl sich nun an. In mehreren hintereinander geschnittenen Detailaufnahmen verfolgt die Kamera den Prozess der Verkabelung. Die Kamera ist jetzt deutlich als Akteurin erkennbar, die Annäherung an die Figur ist fast aufdringlich. Cheryl Dunye/Carol unterstützt den Eindruck, indem sie mit Blick in die Kamera sagt: »You know, I'm not quite ready for the camera. (Gemurmel) Give me a minute.« Cheryl Dunye/Carol rückt ihr Hemd zurecht, atmet ein, die

im zeitlichen Modus der Nachträglichkeit statt. Die Kombination von Spielfilmsequenzen und Interviews findet sich traditionell eher im Fernsehen, aber auch im Dokudrama, das auf der Reinszenierung historisch als relevant erachteter Ereignisse und deren Verortung basiert. In identitätspolitischen Dokumentarfilmen werden über das Erzählen der eigenen Erfahrung marginalisierte Personen zu Expert*innen ihrer Geschichte. Dies beschreibt somit eine Deutungshoheit als emanzipatorischen Akt (vgl. zu identitätspolitischen Dokumentarfilmen auch Nichols 2001, 139-167).

letzte Einstellung der Sequenz zeigt Cheryl Dunye/Carol zentriert in der Mitte des Bildes in einer Halbtotalen. Von hier gibt es einen harten Schnitt auf Guinevere Turner/Iris, deren Gesicht in einer Großaufnahme vor monochromem Hintergrund zu sehen ist, während sie in die Kamera schaut und sagt: »My name is Guinevere Turner and I play Iris Crash.« Es folgt eine Großaufnahme von Cheryl/Carol, die ebenfalls in die Kamera schaut und sagt: »My name is Cheryl and in this film I play Carol.« Diese Aufnahme allerdings gehört nicht zu dem gerade inszenierten Vorbereitungsprozess für das Interview, denn Cheryl Dunye trägt hier ein anderes T-Shirt. Es folgen Großaufnahmen der anderen Schauspieler*innen, die sich ebenfalls alle als Schauspieler*innen vorstellen, ihre Namen und die Namen ihrer Rolle zusammenbringen.

Das adressierende Sprechen taucht hier im Film nicht zum ersten Mal auf. Wie beschrieben richtet sich unter anderem auch Skye bereits in der Großaufnahme direkt an die Rezipient*innen. Immer wieder wird die Spielfilmhandlung durch Interviewsequenzen unterbrochen, die in einem Studiosetting aufgenommen sind. Etabliert ist diese Form des Sprechens und Adressierens allerdings bis zu dieser Sequenz, in der Cheryl Dunye aus der Rolle von Carol herausgeht, nur in der Verkörperung der jeweiligen Rolle. So kommentieren die Figuren ihre Handlungen, erklären sich und ihre Motive.

Mit der eben beschriebenen Verwandlung von Carol in Cheryl Dunye wird eine weitere Möglichkeit des Sprechens eingeführt. Die *talking-heads*-Situationen, in denen die jeweiligen Figuren des Spielfilms über sich selbst sprechen, sind bereits vertraut. Sie sind deutlich als Zitate einer dokumentarischen Tradition von Interviews in Filmen zu erkennen und gleichzeitig sind sie fiktionalisiert in der Form, dass fiktionale Figuren hier Expert*innen sind. Anders formuliert, bevor Cheryl Dunye als sie selbst spricht, spricht sie in der Rolle als Carol und ist auch hier Interviewpartner*in.

Die Darstellerinnen werden interviewt, aber in der Geschichte nicht zum Ort dieser Interviews begleitet, die Situation der Aufnahme bleibt ungeklärt. Trotzdem ist sie als fiktional und als Zitat erkennbar. Es ist eine Übereinkunft, die der Film gleich zu Beginn, nach den *credits* mit Musik und Protest, mit einer Großaufnahme von Cricket mit den Rezipient*innen schließt, die wie eine Erzähler*in die Geschichte beginnt. Erst ist es noch eine Verunsicherung, ob es sich um ein Zitat einer dokumentarischen Tradition handelt oder um den Beginn einer dokumentarischen Erzählung, da die Spielfilmsequenzen erst nach Crickets Aussagen beginnen. Da die in der Spielfilmsequenz ermordete Cricket aber auch als Cricket im Interview spricht, ist die Übereinkunft der Fiktionalität auch der Interviews zwischen Film und Zuschauer*innen schnell getroffen. Diese Übereinkunft ist nun allerdings gebrochen. Mehrfach irritiert durch den unterschiedlichen Einsatz von Interviewmomenten, verhandelt der Film so den Kontrast von Interviews und Spielfilmsequenzen. Welches Verhältnis hat das Sprechen über den Film zum Film selbst? Welche Ideen von Wirklichkeiten und welche Effekte trägt eine lesbische Filmgeschichte in sich? Die *talking-head*-Situation wird von THE OWLS als ein Element queerer Filmgeschichte aufgegriffen. Damit stellt der Film aus, wie viel Relevanz diesem bezeugenden Sprechen in einer solchen Filmgeschichte gegeben wird. Als Form filmischer Chroniken, die Erinnerung im Sprechen von Zeitzeug*innen an historisches Material binden, ist die Verbindung von Interviewsequenzen mit Spielfilmmaterial eine etablierte Form. In Filmen wie dem eingangs diskutierten THE CELLULOID CLOSET, aber auch FABULOUS! THE STORY OF QUEER CINEMA wird die Relevanz von früheren Filmen für die Geschichte einer heutigen queeren Gemeinschaft stark gemacht. Die Interviewten sind dabei Repräsentant*innen der Gemeinschaft, die ein gemeinsames Erinnern möglich machen. Das Erinnern von Filmen und Filmgeschichte ist dabei nur ein Sonderfall in der Fülle von Filmen, die *talking heads* nutzen, um filmisches Material zu kommentieren und für eine Gegenwart mit Bedeutung zu versehen. In THE OWLS wird diese Tradition über die Wiederholung und Verschiebung als performativ in Bezug auf queere Bewegungsgeschichten und Gemeinschaftsproduktion lesbar gemacht.

Da es laufend zu Brüchen im Modus des Films kommt und die Unterscheidung nach dokumentarischen Elementen und Elementen des Spielfilms damit stark ausgestellt wird, ist zu vermuten, dass der Film dieser Unterscheidung eine starke Relevanz zuspricht. Hier schließen sich weitere Fragen an: Wie verhalten sich die Aufnahmen der Natur, der Räume, der Gegenstände und des Hauses zu den beiden Modi? Welchem Modus werden sie jeweils zugerechnet? Welche Funktion oder welche Effekte haben die Zäsuren, die sich im Ablauf des Films über die Wechsel zwischen beiden Elementen ergeben? Die dokumentarische Tradition, die die Interviews fortschreiben, unterscheidet sich von den dokumentarischen Bildern der Exposition. Am Anfang sind es Bilder von der Straße, von Demonstrationen und Zusammenkünften von vielen Menschen. Nur für kurze Augenblicke stehen hier einzelne Personen im Mittelpunkt. Hier ist es das Mit-Erleben über die Kamera (die Präsenz der filmenden Person), das die Aufnahmen auszeichnet. Dagegen sind in den Interviewsequenzen alle Sprechenden isoliert und vor der monochromen Leinwand platziert. Sie sind über diesen Hintergrund aus Raum, Zeit und Kontext genommen.

Die Schauspieler*innen sprechen in den Interviewsequenzen jeweils als Schauspieler*in über den Film und die Figur, die sie darstellen, oder aber sie sprechen als diese Figur selbst über die Gefühle der Figur und die Vergangenheit. Dabei versuchen sie, Erklärungen für die Motivation der Protagonist*innen zu geben. Häufig sind diese Interviewsequenzen im Split Screen neben der weiterlaufenden Geschichte positioniert, manchmal wird die Spielfilmgeschichte im zweiten Fenster wiederholt.

Als Schauspieler*innen beantworten sie ebenfalls Fragen zur eigenen Person, etwa danach, wie sie sich selbst identifizieren, was Mutterschaft für sie bedeutet, was ihnen an der Arbeit an dem Film und im Kollektiv wichtig ist welche Gedanken sie zu Alter und älter werden haben. Cheryl Dunye selbst spricht über ihre Ideen zur Geschichte des Films, über Vorbilder. Der Film verweigert sich einer Festlegung bezüglich der Frage, ob er dokumentarisch oder fiktional ist. Die Spielfilm-Erzählung gibt nicht die Form des Films selbst vor, sie ist lediglich ein Bestandteil des Films neben anderen.

Gerade die Interviewsequenzen lassen sich, obschon sie einen dokumentarischen Gestus wiederholen, nicht eindeutig einer Gattung zuordnen. Sie sind sowohl Elemente des Spielfilms als auch dokumentarische Elemente.

5.2.4 Vergleich mit The Watermelon Woman

Da in The Owls Filmgeschichte als Hintergrund und Referenz so stark gemacht wird, liegt die Vermutung nahe, dass das Medium Film auf spezifische Art ausgestellt bzw. thematisiert werden soll. Diesen selbstreflexiven Umgang mit Film hat Cheryl Dunye bereits 1996 in ihrem Spielfilmdebüt The Watermelon Woman etabliert. Hier ist das Filmemachen selbst Teil der Geschichte, Dunye spielt dort ebenfalls mit den Elementen des Dokumentarischen und des Spielfilms, die sie in Bezug auf die Produktion von Bewegungsgeschichte_n einsetzt. In The Watermelon Woman spielt sie die Filmemacherin Cheryl, die an ihrem ersten Dokumentarfilm arbeitet. Der Film soll das Leben von Fae Richards nachzeichnen, einer Schwarzen Schauspielerin in den 1930er Jahren, die in den Filmen, in denen sie mitgespielt hat, nicht einmal in den *credits* genannt wurde. Cheryl recherchiert nun ihre Geschichte und findet Fotografien, Aufzeichnungen und auch Zeitzeug*innen, die ihr dabei helfen sollen, Fae Richards als Schwarze und lesbische Schauspielerin zu porträtieren. Über die Erzählung der Entstehung des Dokumentarfilms und die Einbindung auch des dokumentarischen Materials ihrer Recherche legt der Film den Rezipient*innen nahe, ihn selbst auch in einem dokumentarischen Modus zu lesen. Gleichwohl handelt es sich um einen Spielfilm, der ein fehlendes Archiv und ein fehlendes Wissen um Schwarze (lesbische) Schauspieler*innen im Hollywood-Kino der 1930er Jahre thematisiert und damit auch sichtbar macht. Dunye stellt hier ein solches nicht existentes Archiv über den Film und über ihre Thematisierung fehlender Dokumente her.[19] Für Ann Cvetkovich ist THE WATERMELON WOMAN ein Beispiel für die Möglichkeiten eines queeren Archivs. Sie beschreibt schwul-lesbische Archive als Archive von Emotionen und Traumata und verdeutlicht den wichtigen Aspekt des *grassroot*-Ursprungs solcher Archive, die aus privaten Initiativen entstanden sind und auf emotionale Bedürfnisse antworten (vgl. Cvetkovich 2003, 242). Sie in größere institutionelle Kontexte wie Museen oder staatliche Archive zu überführen, birgt, so Cvetkovich, immer eine Gefahr des Verlusts ihrer spezifischen Struktur, ihrer Queerness. Zudem sind es spezifisch Dokumentarfilme, die für Cvetkovich ein solches queeres Archiv darstellen können, weil sie unterschiedliche Materialien bewahren, in Verbindung zueinander setzen, mit neuer Bedeutung versehen, Empathie ermöglichen.

In THE OWLS ist es nicht die Abwesenheit einer bestimmten lesbischen/queeren Geschichte, eine Leerstelle im gesellschaftlichen Archiv, die Dunye anspricht. Es ist vielmehr die Produktivität einer Geschichte lesbischer Figuren im Film, die sie mit einer Frage nach gegenwärtigen Formen von Kollektivität und queeren Gemeinschaften, Generationen und auch nach einem Status quo lesbischer Figuren im Film zusammenbringt.

THE OWLS fokussiert nicht so sehr auf eine chronologische Nacherzählung von Ereignissen, die eine queere Filmgeschichte bilden, sondern setzt vielmehr auf die Frage nach Kontinuitäten und Verwobenheiten. Das Ende politischer Auseinandersetzungen, die am Anfang des Films durch ikonische Bilder von Straßenprotesten aufgerufen werden, ist längst schon Teil einer Form der Erzählung von Vergangenheit. Die fiktiven Charaktere der älteren Generation sind komplett assimiliert und über ökonomische Teilhabe stillgestellt. Sie können mit Elizabeth Freeman als Figuren einer Chrononormativität (2010) gelesen werden, die von normativen Zeitordnungen, in diesem Fall auch normativen Filmgeschichten, durchdrungen sind. Das bezeugende

19 Fotografien von Fae Richards können auch in dem von Zoe Leonard und Cheryl Dunye gegründeten *Fae Richards Photo Archive* angesehen werden. Informationen zum Archiv finden sich auf der Webseite des Whitney Museum of American Art unter: https://whitney.org/collection/works/11353 (zuletzt abgerufen am 21.04.2021).

Sprechen wird zum Selbstzweck der andauernden Ausstellung von Identitätskategorien und schließlich wird die homophobe Filmgeschichte der 1960er Jahre selbst zu einem Gespenst, das die Protagonist*innen jagt. Unheimlichkeit und Spannung werden als Momente über den Gegensatz von Innen/Außen, Haus/Natur, Tag/Nacht aufgebaut. Es gibt immer wieder kurze Schreckensmomente, in denen die ermordete Cricket einer der Protagonist*innen als Geist erscheint. Sie und die Rezipient*innen des Films werden von ihr verfolgt. Diese kurzen Schockmomente, die immer wieder mit dem Auftauchen der toten Cricket in den Film eingebaut sind, können als Verweise auf die frühe Filmgeschichte und ihre Figuren gelesen werden, die die nachfolgende Generation immer noch jagen.

Entscheidend ist hier die Zeitkonstellation, da es immer wieder um einen Konflikt zwischen der jüngeren und der älteren Generation geht, wobei es die jüngere Generation ist, die die ältere Generation verfolgt. Im Zentrum des Films stehen die ca. 40-jährigen vier Protagonist*innen der älteren Generation. Da eine wichtige Referenz von THE OWLS die Filme der 1960er Jahre sind, gibt es eine weitere Generation von Frauen/Lesben, die sich als mediale Vergangenheit in den Film einschreibt und eben nicht einfach überwunden ist. Die Schauspieler*innen bzw. die Protagonist*innen kennen die betreffenden Filme allenfalls aus ihrer Kindheit und sind somit ähnlich zu ihnen positioniert, wie die jüngere Generation im Film wiederum zu ihnen positioniert ist.

Der Umgang mit Film in THE OWLS unterscheidet sich grundlegend von dem in THE WATERMELON WOMAN. THE WATERMELON WOMAN nutzt die Wirkmächtigkeit eines dokumentarischen Rezeptionsmodus, um die rassistische Struktur der Filmgeschichte aufzuzeigen. Performativ wird im Film ein nicht-dokumentierter Teil dieser Geschichte nachgeholt. Dies ist – so zeigt Dunye – gerade auch im Spielfilm möglich und dringend notwendig. THE OWLS dagegen beschäftigt sich mit dem Status lesbischer Figuren im Film, die über die Assimilation in kapitalistische Strukturen ihre Motivation politischer Kämpfe und Proteste verloren haben.

In beiden Filmen spielt die filmische Trennung, bzw. die Brüchigkeit der Trennung von Spielfilm und Dokumentarfilm eine wesentliche Rolle, aber in THE WATERMELON WOMAN schafft Cheryl Dunye über den dokumentarischen Modus und ihre Verortung am Ende des Films die Existenz des fehlenden Dokuments, eine Leerstelle in der Filmgeschichte aufzuzeigen und darüber auch nachzuholen, was fehlt. In THE OWLS dagegen werden die dokumentarischen Elemente in Form von Zeugenschaft als *talking heads* für Fragen nach dem Status lesbischer Figuren im Film genutzt. Dabei ergänzt das adressierte Sprechen die Isoliertheit der Figuren. Während *talking heads* in dokumentarischen Formaten häufig die Funktion übernehmen, sich zu erinnern oder Erinnerungen zu bestätigen, also für eine Vergangenheit zu stehen und Zeug*innenschaft abzulegen, bezieht das Sprechen der Figuren sich hier nur noch auf sie selbst.

In Filmen wie THE CELLULOID CLOSED oder auch FABULOUS! THE STORY OF QUEER CINEMA wird die Relevanz einer Filmgeschichte als Bewegungsgeschichte erzählt und auch hier werden Filmausschnitte durch Zeitzeug*innen in eine Geschichte des Films eingeordnet und mit Bedeutung versehen, die ihre eigene Geschichte mit der Geschichte der Filme und mit einer queeren Bewegungsgeschichte verbinden. In THE OWLS ist das dokumentarische Sprechen in zweifacher Weise gegeben: Es teilt sich in ein Sprechen der Schauspieler*innen und ein Sprechen der Figuren über sich selbst und ihre Motivation. Damit unterscheidet es sich grundlegend von der Strategie, die Dunye noch in THE WATERMELON WOMAN vorgeführt hat. In THE WATERMELON WOMAN wird der Status des Dokumentarischen erst am Ende des Films als ein Element des Spielfilms offengelegt und damit in seiner performativen Kraft herausgestellt, die hier gleichzeitig auf den Spielfilm übertragen wird. THE OWLS dagegen verweist über die Dopplung des dokumentarischen Sprechens auf die Funktion der Zeitzeug*innen im Film, auch im queeren Bewegungsfilm, aber die Dopplung weist auch auf den Status lesbischer Figuren im Film hin, die sich hier erklären müssen und die sich stark unterscheiden von den sie darstellenden Schauspieler*innen.

In einer Weise spricht so auch die Filmgeschichte im Moment ihrer Entstehung bereits für sich selbst. Eindeutig unterscheiden sich die Aussagen der Figuren von den Aussagen der Schauspieler*innen. An eine folgende Generation gewandt liefern die Figuren auch bereits eine Erklärung ihrer selbst. Sie müssen nicht mehr interpretiert werden.

Mit dem Verweis des Films auf die frühen Filme mit lesbischen Figuren und das Schicksal dieser Figuren im Film der 1960er Jahre stellt sich die Frage, welche Beziehung zwischen der Ausweglosigkeit der frühen Figuren und den Figuren des Films von 2010 besteht. Auch letztere befinden sich in Sackgassen, finden keinen Ausweg aus ihrer Krise. Diese Erstarrung rührt aus einer Form von Assimilation. Sie sind in eine kapitalistische Gesellschaftsordnung integriert. Auf keinen Fall könnten die Figuren mit Lee Edelman (2004) als queere Figuren der Verweigerung eines *reprofuturism* gelesen werden, weil sie ja überangepasst sind. Aber sie können als eine ironische Anspielung auf Assimilation und Homonormativität verstanden werden. Ihnen sind das politische Interesse und das Ideal der Kollektivität abhandengekommen. Die Unbequemlichkeit der Figuren liegt hier – so ließe sich sagen – auch in der Idee des Fortschrittsnarrativs, in dem Homophobie nicht mehr thematisiert werden kann (vgl. Kap. 5.1). Die lineare Erzählung von positiver Veränderung und gesellschaftlicher Teilhabe führt zu einer Form von Anpassung und Sprach- wie Handlungslosigkeit.

In Bezug auf die Wirkmächtigkeit jener Filmgeschichte, die THE OWLS thematisiert, ist die Differenz zwischen der Wahrnehmung der Figuren und der Wahrnehmung der Schauspieler*innen entscheidend. Die Schauspieler*innen setzen sich zu ihren Figuren in Beziehung. Cheryl Dunye beschreibt, dass sie merke, dass sie älter werde und eine Trennung von der Welt spüre. Guinevere Turner sagt, sie habe Iris zwar entworfen, aber sie glaube nicht, dass sie selbst so hassenswert sei wie Iris. Lisa Gornik sagt, dass Lilly erst entstehe, während sie spräche. Sie wolle nicht, dass sie »prissy« (brav/spießig) sei. V. S. Brody sagt, dass sie nicht paranoid sei wie M. J., und Deak Evgenikos sagt, sie habe etwas von Cricket in sich, das sei aber ein Teil, den sie unterdrücke, um nicht die Kontrolle zu verlieren. Später sprechen sie noch über ihre Assoziationen zu dem Wort »owls«. Die meisten sprechen über die Tiere, nur M. J. spricht über *older wiser lesbians* und darüber, ob sie sich als eine solche verstehe.

Die *talking heads* der Figuren sind keine Zeug*innen, die die Bilder und die Geschichte wiederholen oder mit Bedeutung versehen. Sie bezeugen vielmehr die Enttäuschung oder Verlorenheit der Figuren. Die Beziehungen vor allem zwischen den vier älteren Frauen sind alle zerbrochen. Es gibt keine Gemeinschaft (mehr), auf die sie sich positiv beziehen.

In THE OWLS scheint die Möglichkeit des Kinos als Ort einer Widerständigkeit für lesbische Figuren zunächst stillgestellt, obschon die Widerständigkeit, als ein Begehren, noch in den Film eingeschrieben ist. Die Relevanz von Filmgeschichte bleibt erhalten und wird ausgestellt. Skye wird zu einer Beobachter*in der anderen Figuren. Sie tritt als Fremde hinzu. Sie gehört einer anderen Generation an und spricht offensichtlich eine andere Sprache, wird von den Frauen der älteren Generation zu einer Fremden gemacht. Sie ist eine Bedrohung für die anderen und sie ist diejenige, die den Mord aufklären und rächen möchte. Diese beiden Generationen werden als voneinander verschieden dargestellt, Kontinuität wird damit verneint. Inszeniert ist dagegen ein Bruch zwischen den Generationen. Die ältere Generation hat die jüngere Generation umgebracht und gleichzeitig rächt sich später die jüngere

Generation an der älteren Generation. Hier gibt es keine Verbindung einer gemeinsamen Erfahrung. Das Motiv der Befreiung queerer Figuren einer Film- wie auch einer Bewegungsgeschichte, oder auch ein lineares Fortschrittsmotiv wird vom Film selbst zurückgewiesen. THE OWLS stellt auf der einen Seite die Relevanz der homophoben und gewaltvollen Filmgeschichte heraus und weigert sich auf der anderen Seite, diese in ein Narrativ der kontinuierlichen Verbesserung und Fortschrittlichkeit zu überführen. Stattdessen macht er das Moment der Differenz stark, indem er die Figuren deutlich in Generationen teilt und keine einfache Versöhnung anbietet. Und er beharrt auf der Verwobenheit von Vergangenheit und Gegenwart der Filmgeschichte.

5.2.5 HIDE AND SEEK

Mediale Vergeschlechtlichungen und Begehrenskonstruktionen (re-)inszenieren und verändern

Wie queere Filme die Filmgeschichte im Medium selbst reflektiert, produktiv gemacht und verändert haben, möchte ich noch an einem zweiten Beispiel untersuchen. 1996 hat sich auch Su Friedrich mit HIDE AND SEEK mit Lesbischsein, Medien und der Kombination von dokumentarischen Interviews und Spielfilmelementen auseinandergesetzt. Anders als in THE OWLS steht in HIDE AND SEEK das Thema Kindheit im Vordergrund. Die Kindheit, die Su Friedrich beschreibt, ereignet sich in den 1960er Jahren, also jener Zeit, in der die Filmgeschichte verortet ist, die in Cheryl Dunyes Film spukt. Su Friedrich setzt sich in ihrem Film mit der Wirkmächtigkeit der damals zeitgenössischen Medien im Hinblick auf Vergeschlechtlichungen auseinander. Geht es bei Dunye um die Nachwirkungen der lesbischen Filmgeschichte, so geht es hier um eine Analyse medialer Anrufungen. HIDE AND SEEK kombiniert dokumentarische Interviewsequenzen mit Spielfilmsequenzen und Ausschnitten aus pädagogischen/wissenschaftlichen/ethnographischen Filmen der 1960er Jahre. In den Interviews, die in den 1990er Jahren aufgenommen wurden, sprechen lesbische Frauen von ihren Erinnerungen an ihre eigene Kindheit.

Es sind die Erinnerungen an die Kindheit bzw. die Konstruktion von so etwas wie einer lesbischen Kindheit und Jugend, die im Zentrum des Films stehen. Hier wird sehr deutlich, dass es um eine Form von kollektiver Identität geht, die auch über Differenz mitbestimmt ist. Alle Zeitzeug*innen sprechen über Lesbischsein und Kindheit. Über diese Anordnung des Sprechens schafft der Film eine Collage kollektiver Erfahrung. Die Spielfilmelemente entwerfen dabei eine Möglichkeit lesbischer Kindheit, die in Beziehung zu allen Erzählungen steht und zugleich von ihnen gerahmt wird. Es geht vor allem um die Momente eines gesellschaftlichen Nicht-passend-Seins, Momente, in denen gesellschaftliche Erwartungen anscheinend nicht erfüllt wurden, und um Verbote und Gebote. Diese Erfahrungen werden stark an mediale Vermittlungen zurückgebunden. Die Protagonist*innen setzen sich in Beziehung zu Anforderungen, die an sie als Mädchen oder junge Frauen gestellt worden sind und die sie nicht erfüllt haben. Ausschnitte aus Spielfilmen, Unterrichtsmaterialien, Dokumentarfilmen, Werbung, Zeitschriften oder auch Radiobeiträgen dienen als Kommentare und zusätzliche Veranschaulichungen des Gesagten.

Der Film selbst entwirft in seiner Collage des Materials eine Gegenerzählung zu den Kindheiten und Jugenden, wie sie die Zeitzeug*innen in den Interviews beschreiben. Vor dem Hintergrund, dass diese oft eine Erfahrung beschreiben, die sie von anderen Jugendlichen in ihrem Alter isoliert, macht der Film eine Gegenbewegung zur Vereinzelung und lässt sie zu einer Gruppe werden. Dies geschieht nicht nur über die thematische Verbindung der Interviews. Der Film beinhaltet auch eine große Sammlung von Fotografien von Kindern und Jugendlichen. Sie werden im Kontext des Films zu Bildern von lesbischen Kindern und Jugendlichen. Es ist auch eine Art alternatives Fotoalbum, die Verbindung wird hier nicht über Generationen und äußere Ähnlichkeit hergestellt, sondern über eine Ähnlichkeit der Erfahrung. In der Strategie der Erzählung ähnelt es ein wenig der Strategie des Film The WATERMELON WOMAN, da auch HIDE AND SEEK ein nicht vorhandenes Archiv erst schafft und nachholend die Geschichte einer bisher unsichtbaren Vergangenheit erzählt.

Das Material des Films ist sehr heterogen, schon weil es aus unterschiedlichen Zeiten stammt. Diese unterschiedlichen Zeiten aber verbindet der Film, indem alle einzelnen Elemente in Schwarz-Weiß gehalten sind. So wird die Zeitlichkeit des Materials auf eine Art auch verneint.

Die Zeitlichkeit der frühen Beiträge aus der Zeit der Kindheit und Jugend der Interviewten, die Fotografien von Kindern, die Spielfilmsequenzen und auch die Interviews selbst passen sich einander dadurch an, dass sie monochrom sind (vgl. dazu Abb. 27-35). Hier ist es also wie in THE OWLS auch die Ästhetik, die auf eine bestimmte Zeit verweist. Mehr noch als auf eine ganz bestimmte Zeit verweist die Schwarz/Weiß-Gestaltung 1996 aber auch auf eine Geschichte audiovisueller Arbeiten. Su Friedrich arbeitet mit 16-mm-Filmmaterial, sie entscheidet sich also gegen eine zeitgenössischere

Technik.[20] Auch die Materialität des Films transportiert etwas Unzeitgemäßes. Über die Kombination von 16-mm-Film und Schwarz-Weiß-Gestaltung gibt es eine Nähe der in der Jetztzeit aufgenommenen Interviews mit dem historischen Material und den Kindheitsfotografien. Auch die Spielfilmerzählung ist in den 60er Jahren verortet, was sich zusätzlich zur Kontinuität des Materials auch in der Kleidung, der Requisite und eben in den Medien zeigt. Interessant ist die Entscheidung, die Position der Interviewten ästhetisch so nah an die Vergangenheit zu binden. Sie be/deuten zwar ihre eigene Kindheit und Jugend aus zeitlicher Entfernung und sprechen dezidiert über die Vergangenheit, werden aber durch die Schwarz/Weiß-Gestaltung gleichzeitig in große Nähe zu dieser Vergangenheit positioniert.

An dem *found-footage*-Material zeigt der Film auf, wie binäre Geschlechterpositionen medial produktiv sind. So wird in den ausgewählten Filmen, Serien und Bildern Geschlecht zu einem bestimmenden Gegenstand. Es sind Normierungsgeschichten. Und mit den Entwürfen binärer Geschlechterkonstruktionen geht auch die Frage nach binären Begehrensstrukturen einher. Während Lou, die Protagonistin der Spielfilmhandlung, von diesen medialen Texten und Anweisungen eingerahmt wird und in der Auseinandersetzung mit ihnen als Figur entworfen wird, erweitern die Interviewsequenzen die Möglichkeiten der Lesarten und Aneignungen. Auch die Kindheitsfotografien als Sammlung und Album erweitern wiederum dieses Archiv medialer Vergeschlechtlichungen.

In der Sortierung des Films werden so immer wieder auch Kindheitsmotive als geschlechtlich konnotiert herausgearbeitet. Im ersten abgebildeten Beispiel etwa ist die Sortierung der Bilder sehr binär, die Interviewte antwortet in der Sequenz davor und im Voice-over noch über die erste Bilderserie (Abb. 27-35) auf die Frage nach einer lesbischen Kindheit und benennt eine Schwierigkeit einer Erinnerung:

---

20 Wie stark auch das Material, 16mm und etwa die Bolex-Kamera bereits mit Zeit- und Begehrenskonstruktionen im *queeren* Filmen verbunden ist, wird im folgenden Kapitel deutlicher werden.

»I think a lot of lesbians do the tomboy thing. We figure out whether, you know, we played with dolls or played with trucks or whether we ever liked to wear dresses or that type of, you know, reconstructed memory that fits nicely into how we think lesbians are supposed to be. Of course tons of lesbians played with dolls and never thought about having crushes on girls and even thought they were going to get married and have kids. So I don't – I just don't know what I think about lesbian childhoods although ... you know, if there is such a thing I had something close to it.« (Alisa Lebow, Interviewpartnerin HIDE AND SEEK 10:34-11:10)

Abb. 27-29: Von der Spielfilmsequenz zum Interview, HIDE AND SEEK*, Stills, Courtesy of Su Friedrich.*

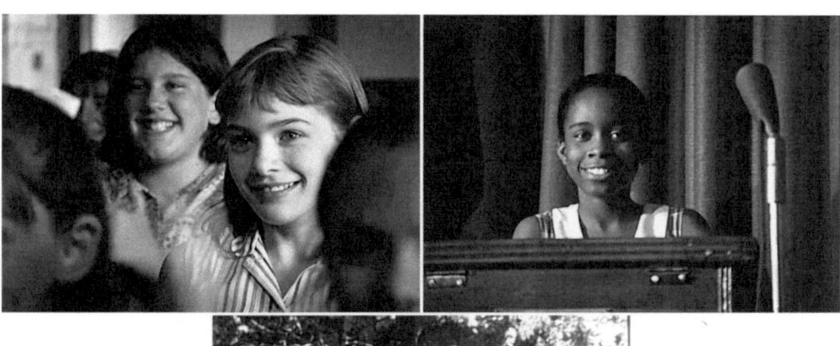

Abb. 30-35: Eine erste Sammlung von Fotografien lesbischer Kindheit, HIDE AND SEEK, *Stills, Courtesy of Su Friedrich.*

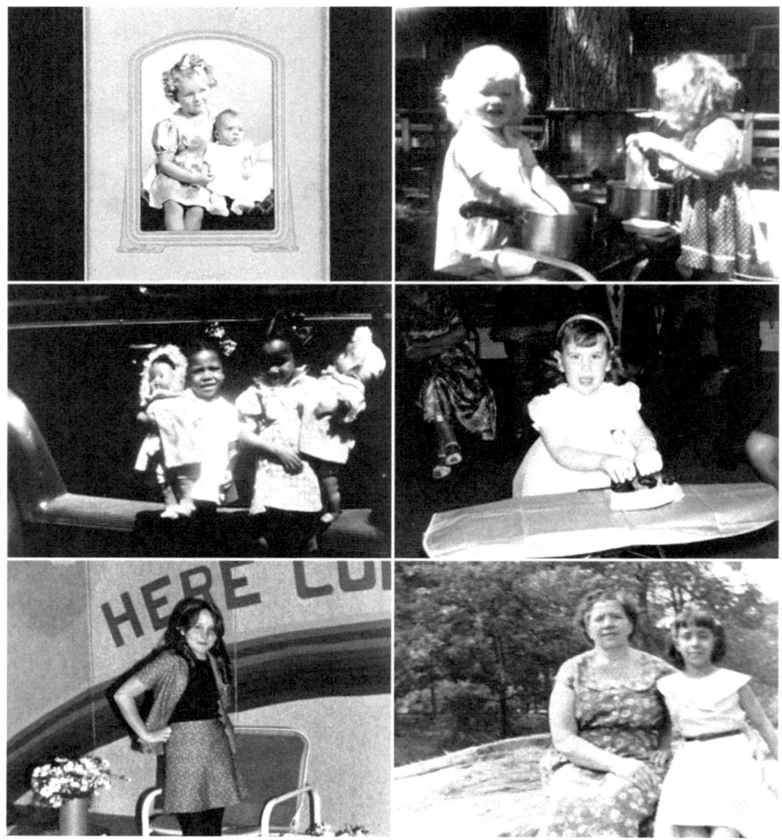

Die Bilder von Kindern, die wir währenddessen sehen, die mit Puppen oder Haushaltsgeräten spielen und Kleider tragen, werden damit zu Bildern lesbischer Kindheit. Diese wird aber nicht vereindeutigt, denn genau im Anschluss, nach einer weiteren kurzen Interviewsequenz (Abb. 36-42), zeigt der Film eine Reihe von Kindern, die sich in der Natur aufhalten, mit Jagdinstrumenten spielen, womit eher auf stereotype Konstruktionen von Männlichkeit verwiesen wird.

Auch sie werden im Kontext des Films zu Figurationen einer lesbischen Kindheit. Über die Sortierung der Fotos in je kleinen Sammlungen verwei-

Abb. 36-42: Vom Interview zu einer zweiten Sammlung von Fotografien lesbischer Kindheit, HIDE AND SEEK, Stills, Courtesy of Su Friedrich.

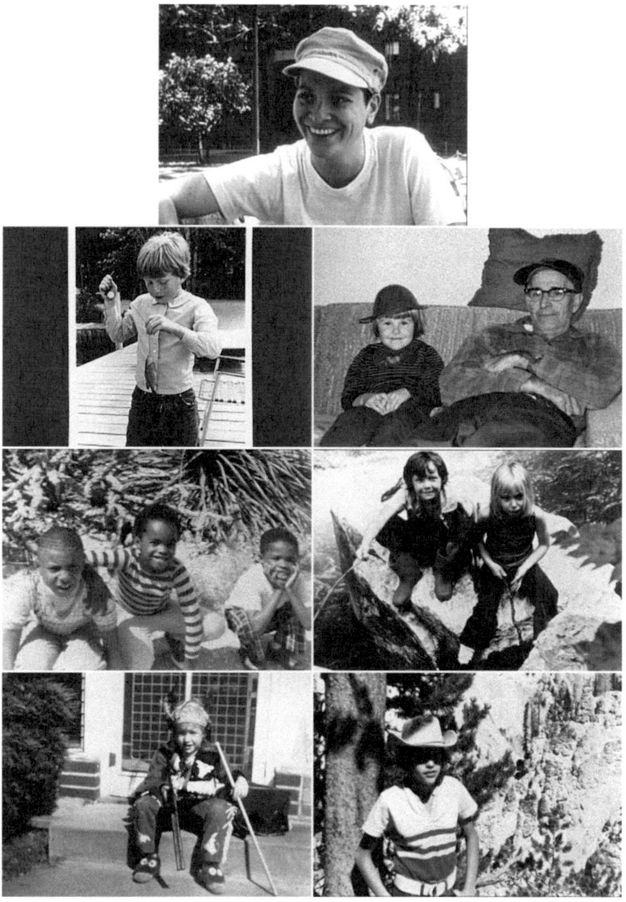

gert der Film zwar eine Eindeutigkeit der Repräsentation lesbischer Kindheit, macht aber in den Anordnungen auch eine Motivgeschichte der Inszenierung von Kindheit in Bezug auf Vergeschlechtlichungen deutlich.

Ein stark direktiver Charakter der Geschlechterinszenierungen ist dem *found-footage*-Material eingeschrieben, in dem immer wieder binäre Geschlechtlichkeit und heterosexuelles Begehren thematisiert und eingefordert wird. Dies wird mit den subversiven Momenten der Erzählungen der Zeitzeug*innen und mit den Fotos von Kindheit kontrastiert.

In der Spielfilmerzählung wird die zwölfjährige Lou selbst innerhalb sehr rigider Möglichkeiten entworfen und ist als Figur vor allem Beobachterin und Außenseiterin. Obschon die Zeitzeug*innen sehr verschiedene Geschichten erzählen und diese nicht miteinander verbunden werden, verweist der Film in vielen Sequenzen immer wieder auf Lou und ihre Geschichte. Sie wird damit zu einer allegorischen Figur lesbischer Kindheit und Jugend in den 60er Jahren. So ist es keine eigentliche Geschichte, die über Lou erzählt wird, es sind kurze atmosphärische Szenen in unterschiedlichen Situationen. Lou steht im Zentrum dieser kurzen Momentaufnahmen, aber sie ist dabei, wie gesagt, häufig mehr Beobachterin als Handelnde. Sie bekommt zum ersten Mal ihre Menstruation und ist allein mit der Situation, sie hört von der angeblich lesbischen Lehrerin und später dann von deren heterosexueller Hochzeit, sie sieht ihrer Schwester zu, die sich schminkt und dafür von der Mutter gemaßregelt wird, sie sieht in der Schule ein Aufklärungsvideo, in dem Mädchenfreundschaften als eine Phase vorübergehender Attraktion entworfen werden und gleichzeitig in ihre Grenzen verwiesen werden, sie nimmt an einer Pyjamaparty teil, geht in den Zoo, geht mit zwei Jungs in ihrem Alter an den Fluss und besteht die Mutprobe, allein in ein verlassenes Gebäude zu gehen. Sie hört den Mädchen in der Nachbarschaft zu, die »*Stop in the Name of Love*« mitsingen und dazu tanzen und singt selbst mit, sie verbringt Zeit in einem Baumhaus und findet mit Freundinnen *Playboy*-Hefte unter dem Bett der Eltern eines der anderen Mädchen. Alle Erfahrungen, die Lou macht, sind als Erfahrungen von Vergeschlechtlichung lesbar. Sie ist durchgehend mit den Erwartungen an sich selbst konfrontiert, die sich in Begegnungen und in Medien artikulieren. Sie wird als Teil einer Mädchengruppe entworfen, zu der sie gehört und auch nicht gehört. Obwohl sie auch in der Gruppe mit den beiden Jungen gezeigt wird, muss sie sich hier gleich unter Beweis stellen und gehört nicht fraglos dazu. Die Umgebung, die der Film für Lou entwirft, ist in hohem Maße gemäß der Zweigeschlechterordnung strukturiert und Lou selbst bewegt sich vor allem in einer »Mädchenwelt«. Aus ihrer Perspektive sehen wir etwa auch, wie die anderen Mädchen Lous Freundin am Arm berühren. Der Fokus auf Lou als beobachtende Person rahmt diese Situation als einen Moment des Begehrens. Wie hier ist wird über die Blickstruktur und vor der Folie der Interview-Erzählungen der erwachsenen Frauen, die von ihrer Kindheit erzählen, Lou selbst zu einer lesbischen Figur.

Die Möglichkeit einer anderen Erfahrung ist auch eine Erzählung, die immer wieder gerade auch aus feministischer Perspektive für das Kino stark gemacht worden ist. Das Kino wird mit Foucault zu einer Heterotopie (vgl. Foucault 1990), einem Ort, an dem eine – in Bezug auf die herrschende gesellschaftliche Zeitordnung – andere Erfahrung von Zeit möglich ist. HIDE AND SEEK, gerade in Bezug auf die Kombination der Spielfilmelemente mit den Interviewsequenzen, ordnet die Erfahrung der Zeit der Kindheit neu und macht damit eine andere Erfahrung möglich, versieht mediale Texte mit neuen Blickwinkeln.

Im Kino gesehen lässt HIDE AND SEEK den Raum auch zu einem monosexuellen Raum werden, zu einer Kinogesellschaft, die von Weiblichkeit bestimmt ist. Foucault – darauf weist auch Chris Tedjasukmana hin – beschreibt in seinen Überlegungen zum subversiven Potential von Freundschaft vor allem Räume und soziale Orte und Beziehungen, die von Männlichkeit bestimmt sind (vgl. Foucault 1990, Tedjasukmana 2008). Es stellt sich die Frage, ob sich eine Geschichte der Homosexualität oder der Sexualität allgemein auch anhand von weiblichen Bündnissen erzählen lässt oder warum diese Bündnisse keine Signifikanz haben. Der Raum, den Lou in HIDE AND SEEK beobachtet und in dem sie sich bewegt, ist vor allem über Ideen und Zuschreibungen von Weiblichkeit bestimmt.

Lous Blick, den der Film inszeniert, ist signifikant in Bezug auf eine Tradition feministischer Lektüren der Blickstrukturen im Film. Der Blick ist demnach ein Moment der Ermächtigung. Diese Ermächtigung aber geht nicht aus einer dominanten Position hervor, der Blick unterwirft nicht, sondern setzt vielmehr in Beziehung. Es ist aber auch ein Blick, der erkennt, dass Solidarität und Differenz bestimmende Momente des Blickens sind. Im Blick wird der Wunsch inszeniert, dazuzugehören und gleichzeitig anders zu sein, Erwartungen nicht erfüllen zu müssen. Es ist also ein Blick, der zwischen Ähnlichkeit, Zugehörigkeit und Anderssein changiert.

Über die Figur der Lehrerin, der die Jugendlichen eine Liebhaberin andichten, und über das Aufklärungsvideo, das vor zu enger Mädchenfreundschaft warnt und sie gleichzeitig zu einer kindlichen oder pubertären Phase erklärt, wird Lesbischsein zu einer Erzählung der Narration. Die Mädchen in Lous Klasse sprechen Lou mit dem Namen einer der beiden Mädchen aus dem Erziehungsfilm an, deren Freundschaft als zu nah und daher gefährlich problematisiert wurde.

Lou wird als Beobachterin auch noch über einen Film und ihren Berufswunsch entworfen. Sie möchte gerne Tierärztin werden und »nach Afrika« gehen. Es sind Ausschnitte eines ethnographischen Films zu sehen, Bilder vor allem von Tieren wie Zebras und Löwen, aber auch von Menschen, die diese Tiere beobachten. Was für eine Funktion hat der Film innerhalb der Erzählung? Wie unterscheidet er sich von den anderen Szenen der Beobachtung? Ist es eine Phantasie, die Lou aus einem Wunsch nach Macht entwirft? Es ist in jedem Fall auch eine kolonial geprägt Szene. Wir sehen eine *weiße* Frau in Schutzkleidung mit einem Tropenhelm und einem Anzug und einige Schwarze Männer, deren Kleidung sich stark von der Kleidung der Frau unterscheidet. Wenn Lou später im Film erzählt, dass sie Tierärztin werden und »nach Afrika« gehen will, dann ist dies eine Phantasie, die sie aus der Gesellschaft, in der sie aufwächst, herausnimmt. Außerdem ist es eine Phantasie, in der Weiblichkeit anders als in dieser Gesellschaft inszeniert wird. Die Frau im Film trägt einen Anzug und hat eine Profession. Sie wird nicht über die bisher präsentierten Vorstellungen von Weiblichkeit in den *found-footage*-Elementen entworfen. Diese Figur allerdings funktioniert nur über ein weiteres Moment des *Othering*, über eine rassistische (Medien)geschichte, über die Ausblendung bzw. Kontinuität kolonialer Gewalt.[21] Die medialen Anrufungen nach Geschlecht sind, das zeigt sich an dieser Stelle, auch mit rassistischen Anrufungen verwoben.

Die Erzählungen der erwachsenen Frauen, die von der eigenen Kindheit und Jugend berichten, sind freundlich und wohlwollend. Obschon der Spielfilm die Narrative von Vergeschlechtlichung gerade in der Erziehung und den Medien als sehr rigide entwirft, sprechen die Frauen vornehmlich von den Strategien, diesen Anforderungen der Vergeschlechtlichung etwas entgegenzusetzen. Die Geschichten und Situationen, die sie entwerfen, sind freundliche Erinnerungen und auch Entwürfe lesbischer Kindheit und Jugend, die – trotz repressiver Bedingungen – von Möglichkeiten der subversiven Aneignung darin erzählen. So wird die dominante Geschichte durch die Geschichten lesbar, die in ihr nicht vorkommen. Und gleichzeitig werden eine andere Erfahrung und andere Geschichte aktiv produziert. Deutlich ist auf jeden Fall die Trennung zwischen den Narrativen, die Geschlechterrollen verorten und auch zu Anweisungen machen und dem Umgang der Interviewten mit den entsprechenden Erwartungen und ihren eigenen Erfahrungen. Die interviewten Frauen werden zu einer Gemeinschaft, weil sie auf unterschiedliche

---

21 Zur Praxis der Selbstethnographie in HIDE AND SEEK vgl. Russel 1999, 148ff.

Art und Weise die Erfahrung gemacht haben, mit Erwartungen, die in der Kindheit an sie gestellt wurden, gebrochen zu haben, und weil sie dies alle als kennzeichnend für eine lesbische Kindheit herausstellen.

5.2.6 Vergleich der beiden Filme

Während HIDE AND SEEK eine Kindheit als lesbische Kindheit entwirft und in den Spielfilmsequenzen die Protagonistin Lou in Auseinandersetzung mit vergeschlechtlichenden Erziehungspraktiken und sozialen Anforderungen zeigt, führen die erwachsenen Figuren in THE OWLS keine Auseinandersetzung mit gesellschaftlichen Anforderungen an sie. Die Erzählung des Binarismus von gesellschaftspolitischen Anforderungen und persönlichem Widerstand dagegen ist vollständig aufgehoben. Sie sind auch keine Figuren mehr, die sich positiv aufeinander beziehen. Während also HIDE AND SEEK Verbindungen herstellt und damit die Interviewten zu einer Gemeinschaft werden lässt, zeigt THE OWLS Isolation auf. Trotzdem hält der Film am Ende an der positiven Idee eines Kollektivs, einer Gemeinschaft fest. OWLs als szenegebräuchliche Abkürzung für *older wiser lesbians* ist auch eine ironische Brechung mit einem Narrativ von Reife und Erfahrung. Ein solches Narrativ setzt der Film aus und kann nur zynisch damit umgehen. Die Versprechen eines reifen, erwachsenen Lebens, das hier vor allem durch materielle Dinge wie Autos, Häuser, Gärten, gutes Essen, aber auch auf Dauer gestellte Beziehungen und den Wunsch nach einem Kind gekennzeichnet ist, werden zu Enttäuschungen. Auch ein Bezug zwischen den Generationen wird als verbindendes Motiv verworfen. Der Film verwehrt sich damit ästhetisch reproduktiven Logiken. Während sich die Interviewten in HIDE AND SEEK positiv auf ihre eigenen Strategien in der Kindheit berufen und Lou und ihre Freundinnen als Kinder zu einem gemeinsamen narrativen Bezugspunkt werden, sind die Generationen in THE OWLS ganz voneinander getrennt und haben kein Verständnis füreinander. Auch wollen außer Iris alle Vertreterinnen der älteren Generation die Vergangenheit nur vergessen, sie hat keine Relevanz für die Jetztzeit mehr, ist ein reines Schmuckobjekt in Form von Postern geworden. Für Iris ist sie zu einer idealisierten Zeit geworden, an die sie gerne anschließen möchte, was sie aber nicht schafft.

Die Atmosphäre der Spielfilmsegmente in HIDE AND SEEK ist ruhig, nachdenklich und auf eine Art melancholisch. Dies liegt unter anderem an der Fokussierung auf Lou, die wenig spricht und viel beobachtet. Wir sehen, wie sie sieht und beobachtet, aber sie spricht nicht davon, wie sie sich fühlt. Um welche Gefühle es sich dabei handeln könnte, wird durch das *found-footage*-Material nahegelegt, das auf unterschiedliche Weise rigide und normativ Geschlecht und auch Begehren thematisiert, und über die Rahmung mit den Erfahrungen der erwachsenen Frauen, die beschreiben, dass sie sich in ihrer Kindheit ebenfalls als Außenseiter*innen fühlten. Obschon die Anforderungen, die in der Erziehung oder den Medien an Weiblichkeit gestellt werden, repressiv erscheinen, ist es doch ein lustvoller Rückblick, den die Frauen auf ihre Kindheit werfen. Wenn sie erzählen, wie sie als Kinder binärgeschlechtliche Zuweisungen unterlaufen haben, sind dies Momente, die als Möglichkeit und Widerständigkeit entworfen werden, weniger ein Leiden an gesellschaftspolitischen Strukturen als vielmehr Augenblicke der Selbstermächtigung.

Die beiden Filme, deren Produktion etwas mehr als zehn Jahre auseinanderliegt, unterscheiden sich auch im Material. HIDE AND SEEK ist ein analoger 16-mm-Film und THE OWLS ist ein digitaler HD-Film. Die Inszenierung der Interviews ist grundlegend verschieden. Während die Zeitzeug*innen in HIDE AND SEEK auch über den Raum, in dem sie sich befinden, verortet werden, sprechen die Protagonist*innen und Zeitzeug*innen in THE OWLS vor einer weißen Leinwand, sind also aus räumlichen Kontexten herausgenommen und im Bild freigestellt worden. Diese Art der Inszenierung von Zeitzeug*innen und Expert*innen in Dokumentarfilmen isoliert die Figuren, nimmt sie aus einer zeitlich-räumlichen Verortung, stellt sie damit auf eine Art frei und versucht so, Neutralität zu behaupten. Die Interviewten sind keinem Ort zuzuordnen. Ihr Sprechen wird als unabhängig von gesellschaftlichen Kontexten inszeniert. Selbstverständlich tragen sie über Kleidung, Gestik und Physiognomie auch weiterhin kulturell lesbare Zeichen bestimmter Zugehörigkeiten ins Bild. Die Konzentration auf das Sprechen der Interviewten über die raum-zeitliche Freistellung ist eine institutionalisierte Form des filmischen Umgangs mit Zeitzeug*innen und Expert*innen. Die Funktion der Zeitzeug*innen hat sich damit zwischen den beiden Filmen verändert. Während THE OWLS einen Effekt der Gewöhnung des andauernden Sprechens in queeren Dokumentarfilmen kritisiert, ist dieses Sprechen in HIDE AND SEEK produktiv im Sinne einer Gegenerzählung in heteronormativen Medien, die hier noch geschaffen werden muss. Die Bedeutung dieses medialen Verfahren ist also nicht festgeschrieben, sondern veränderbar.

HIDE AND SEEK ist ein retrospektiver filmischer Entwurf der Gemeinsamkeit. Der Film stellt exemplarisch an einer Figur eine kollektive Erfahrung von lesbischer Kindheit als eine Gegenerzählung zu dominanten Narrativen aus.

Die Figur der Lou ist ein Kondensat der Erfahrung von Vergeschlechtlichung in Bezug auf ein lesbisches Begehren, das in den Spielfilmelementen von HIDE AND SEEK als eine Form der Wahrnehmung verdeutlicht wird. Retrospektiv wird so eine Kindheit als lesbische Kindheit entworfen und zu einer gemeinsamen Erzählung zusammengeführt. Der eine Film thematisiert die Abwesenheit einer lesbischen Filmgeschichte und stellt medial diese Erfahrung der Abwesenheit aus, der andere Film dagegen thematisiert mit medialen Mitteln die Engführung der Gegenwart lesbischer Filmgeschichte vor der Erfahrung von Homonormativität und Assimilation. Beide Filme untersuchen die jeweiligen Zeitlichkeiten in den beiden Filmgattungen Dokumentarfilm und Spielfilm. Dabei stellen sie heraus, dass Vergangenheit im Film ein spezifisch mediales Konzept ist und Film die performative Möglichkeit hat, hier Vergangenheiten nachzuholen. Filmgeschichte ist in den Filmen kein lineares Konstrukt, sondern eine Ansammlung verschiedener medialer Verfahren und Gegenstände, ihrer Zeitkonzepte und Wirkmächtigkeiten: die *talking heads* als gleichzeitiges kollektivierendes Sprechen, das Fotoalbum als zeitliche Ordnung von Gemeinsamkeit, die Spielfilmgeschichte, die sich als ästhetisches Erbe weiterschreibt. Im Medium Film lässt sich eine queere Filmgeschichte nur scheinbar als lineare Fortschrittsgeschichte erzählen, tatsächlich sind die Zeitlichkeiten des Mediums sehr viel komplexer und uneindeutiger als eine Linearität es suggeriert.

5.3 Materialitäten

5.3.1 Barbara Hammers Politik der Abstraktion

Ähnlich wie Laura Mulvey sich in ihrem, für die feministische Filmtheorie zentralen Text *Visual Pleasure and Narrative Cinema* (2016 [1975]), für eine Veränderung der Filmform gegen die patriarchale Struktur des Apparates Kino ausspricht, hat sich Barbara Hammer in *The Politics of Abstraction* (1993) für eine spezifische filmische Form des Umgangs mit lesbischem Begehren im Film eingesetzt und dies auch in ihren eigenen Filmen immer wieder umgesetzt. Für beide Positionen, Mulveys wie Hammers, ist ein Zerschlagen der etablierten Strukturen der Narration, Montage und Bildelemente wichtig. Bei Hammer ist der Begriff der Erfahrung, und damit eine Rückkopplung des Films an ein außerfilmisches Erleben von Welt, bestimmend. Bei ihr geht es nicht um die Geschlechterdifferenz, sondern um die Frage nach der Möglichkeit, sich als lesbisch identifizierte Zuschauer*in im Film wiederzufinden. Nach Hammer produziert eine Identifikation als lesbisch eine Erfahrung, die auf einer gesellschaftlichen Verortung von und damit einem Umgang mit Lesbischsein basiert. Diese Erfahrung sei im Hollywood-Kino nicht repräsentiert, da dieses auf patriarchalen Strukturen basiere.

> »The numerous films that purport to be ›lesbian films‹ have failed to address me as a lesbian spectator. The romance, the onscreen gaze, the plot, the character development are all situated within a heterosexual life-style or a Hollywood imaginative life-style made for the cinema« (ebd., 70).

Wie Mulvey plädiert auch Barbara Hammer für eine Aneignung des Mediums im Hinblick auf die Möglichkeit der Zuschauer*innen, sich zum Film in Beziehung zu setzen. Film und Subjektpositionen werden in Ideen der Rezeption eng miteinander verkoppelt. Barbara Hammer spricht sich in ihrem Text für ein Kino der Abstraktion aus, das nicht linear-narrativ und repräsentativ organisiert ist. Wie eine solche Idee der Abstraktion im Medium mit Fragen nach Zeitlichkeit und Identitätskonstruktionen in Verbindung gebracht werden kann, werde ich im Folgenden ausgehend von Hammers Filmen reflektieren.

Barbara Hammer geht in ihrem Beitrag nicht explizit auf Zeitstrukturen ein, sie spricht von Abstraktionen. Ihr Ansatz einer abstrakten Auseinandersetzung mit lesbischem Begehren im Film ist jedoch ein Aussetzen narrativer Prinzipien, die über zeitliche Ordnungen wie Linearität oder chronologische Erzählweise die Geschlossenheit einer Geschichte herstellen. Zugleich hält sie an einem Konzept der Orientierung fest, indem sie betont, dass Erfahrungen, die an Identitätskategorien gebunden sind, im Film darstellbar seien oder vielmehr erlebbar gemacht werden könnten. Dieses Verständnis basiert auf der Analyse herkömmlicher filmischer oder auch kinematographischer Strukturen, die sie als patriarchal und heteronormativ organisiert beschreibt. Ihr Konzept bringt auch die Frage nach Möglichkeiten der Dekonstruktion patriarchaler Strukturen auf, aber es endet nicht dort, es beharrt auf identitätspolitischen Kategorien und stellt diese zur Diskussion, ohne dabei essentialistisch zu sein. Die Struktur von Film soll so angepasst werden, dass dieser eine Erfahrung vermitteln bzw. einschreiben und damit auch zur Diskussion stellen kann, die zuvor nur als Konstruktion innerhalb der patriarchalen Struktur vorgekommen ist. Es geht um eine Erfahrung von Lesbischsein (Barbara Hammer spricht selbst nicht von Queerness), die an eine Positionierung über Identitätszuweisungen innerhalb einer heteronormativen Matrix gebunden ist. Film soll diese Positionierungen und Zuschreibungen nicht doppeln, er soll sie begreifbar machen.

Das Konzept der Abstraktion, wie es Barbara Hammer entwirft, weist eine Ähnlichkeit zu strukturellen Beschreibungen der Idee queerer Zeitlichkeiten von J. Jack Halberstam auf (vgl. Halberstam 2005, vgl. Kap. 2). Wenn queere Zeitlichkeit sich dadurch auszeichnet, dass Linearitäten durchbrochen werden, Brüche und Störungen zu zentralen Momenten werden, dann findet sich diese auch in der Idee der Abstraktion. Es ist die Auseinandersetzung mit den normativen Aspekten des Kinos und des Films in Bezug auf Begehren und Geschlechterkonstruktionen, die eine solche Verbindung zu Halberstams Konzept ermöglichen. Halberstams queere Zeitlichkeiten sind Brüche in (hetero-)normativen Zeitordnungen, die sich auch medial weitertragen.

Barbara Hammer beschreibt ihre Filme in *The Politics of Abstraction* als »nonnarrative«, »nonrepresentational« und eben »abstract« (Hammer 1993, 73). Die Attribute nicht-narrativ und nicht-repräsentativ in Bezug auf eine Filmpraxis sind Zurückweisungen dominanter, hegemonialer Formen des Umgangs mit Film. Sie bindet die Möglichkeit der Kritik an Machtverhältnissen an die ästhetische Form von Film und steht damit in der Tradition feministischer Filmtheorie und -praxis. Da sie sich parallel hierzu stark auf die Konstruktion von Identität im Film beruft, können ihre Filme gleichzeitig als Versuche einer Konstruktion sowie einer Dekonstruktion von Bewegungsgeschichte und Identitätspolitik mit filmischen Mitteln verstanden werden. Die Abstraktion als filmisches Mittel steht neben den Momenten des Nicht-Narrativen und des Nicht-Repräsentativen für sich und ist nicht als Verneinung, sondern als ein Gegensatz zu verstehen.

Im Kontext der Filmgeschichte werden Filme als abstrakt gefasst, die den Fokus auf die filmspezifischen Möglichkeiten der Generierung von bewegten Bildern legen und nicht die narrativen Elemente in den Mittelpunkt rücken.[22] Der Begriff des abstrakten Films bezieht sich auf Filme unterschiedlicher Gattungen, es finden sich sowohl dokumentarische als auch fiktionale Filme in dieser Kategorie. Auch wird der abstrakte Film in seinem Verhältnis zu einem

22 Hans Scheugl und Ernst Schmidt bezeichnen in *Eine Subgeschichte des Films. Lexikon des Avantgarde-, Experimental- und Undergroundfilms* den abstrakten Film (dem sie auch den absoluten Film oder das Cinéma Pur zurechnen), zunächst durch sein Verhältnis zur (abstrakten) bildenden Kunst, durch die Nähe zur Lichtkunst und durch die Konzentration auf das Material, auf Rhythmus oder Montage (vgl. Scheugl/Schmidt 1974, 28-31).

nicht-abstrakten, narrativen Film bestimmt und bildet damit einen Gegenpart zum Erzählkino.

Hammers Begriff der Abstraktion bezieht sich auf eine Geschichte und eine bestimmte Richtung des Experimentalfilms und verweist dabei vor allem auf eine Form der Filmpraxis, die stärker von Fragen der spezifischen medialen Bildproduktion ausgeht als von narrativen Elementen. Das strukturierende Prinzip ist hier nicht die lineare Zeitlichkeit, sondern Formen oder auch – in Bezug auf die Montage – Rhythmen. Sie verbindet die Form des Films mit dem Wunsch nach einer Veränderung, insofern sie vor allem eine spezifisch lesbische Erfahrung in den Film einschreiben will (vgl. ebd., 70ff.). Ein konventionelles, narratives Kino und seine Erzähltraditionen sind für sie durch patriarchale Geschlechter- und Begehrensstrukturen bestimmt. Damit ist die Arbeit am Film und an den Strukturen für sie auch eine Arbeit an denjenigen Machtverhältnissen, die auf entsprechenden Geschlechter- und Begehrenszuweisungen basieren. Auch hier steht sie in einer Tradition feministischer Filmpraxis, die sowohl den Apparat des Kinos als auch die filminhärente Struktur unter dem Aspekt der Vergeschlechtlichung in den Blick genommen hat und an Möglichkeiten einer Neuordnung arbeitet. So schreibt Heide Schlüpmann in einem Beitrag zur Arbeit der Regisseurinnen Germaine Dulac und Maya Deren über Avantgardefilm und feministische Filmpraxis:

> »Sehr bald aber gewann ein Bewußtsein über die Politik der Form an Geltung: die Erkenntnis, daß das Medium Film, das Instrument der Kamera keine neutralen Mittel und Werkzeuge sind. In ihnen hat sich die Geschichte des patriarchalen Kinos sedimentiert. Er reicht nicht, daß der feministische Film neue Realitätsbereiche unter veränderten Perspektiven aufgreift, er muß eine Revision der bisherigen Filmgeschichte versuchen und einen Eingriff in die Bildwelt der Zuschauerinnen und Zuschauer darstellen.« (Schlüpmann 1984, 38)

Barbara Hammers Entwurf eines lesbischen Kinos, das auch nach film- oder kinoinhärenten Machstrukturen fragt, setzt bei der Differenz des Begehrens an, kombiniert mit Fragen nach Geschlechterdifferenz.

Hammers Fokus liegt zunächst auf dem Wunsch nach der Produktion eines lesbischen Kinos und dann auf der Frage nach dem Potential aktiver Zuschauer*innen. Zuschauende werden in ihrem Konzept durch den Film nicht über eine Narration geleitet und sind daher auf ihre eigene Wahrnehmung zurückgeworfen. Zugänge zum Film werden häufig erst über die wiederholte Rezeption möglich, Überforderungen und Unverständnis sind von Barbara Hammer mitgedacht und dezidiert gewollt.

Ein lesbisches Kino hat in Hammers Verständnis kein essentialistisches oder ontologisches Verständnis von lesbischer Identität und will dieses auch nicht produzieren. Sie spricht daher nicht von einem lesbischen Kino, sondern von Kinos und auch nicht von einem Lesbischsein, sondern von Formen des Lesbischseins. In Bezug auf die Möglichkeit der Dekonstruktion wirft sie ein, dass ein Zeichen erst da sein muss, damit es in semiotischer Perspektive betrachtet werden kann (vgl. Hammer 1993, 71). Sie arbeitet also im Film an einer Idee von Lesbischsein, um diese damit auch verhandelbar zu machen. Oder anders gesagt: Hammers Konzept eines lesbischen Kinos als Kino der Abstraktion ist also ein Moment der Konstruktion für die Möglichkeit der Dekonstruktion. Sie macht das Kino der Abstraktion an konkreten Erfahrungen fest, an Popkultur, Medien, Politik und gesellschaftlichen Verhältnissen und lehnt die einfache Produktion von Bedeutung, wie sie das narrative Kino bietet, ab. Sie beharrt auf Momenten der Differenz eines Lesbischseins und bindet dies an die filmische Form. Sie zeigt auf, dass sie mit ihren Filmen in den 70er Jahren angefangen hat, ein lesbisches Kino zu entwerfen und damit auch im Medium Film selbst verhandelt hat, was Lesbischsein (hier) sein könnte. Mit welchen Strategien sie dies umgesetzt hat, werde ich mir später in diesem Kapitel anschauen. Da Lesbischsein für Hammer eine Erfahrung außerfilmischer Realität ist, sind Fragen nach Möglichkeiten der Übertragung dieser Erfahrung in filmische Darstellungsweisen zentral. Lesbischsein im Film wird somit in Bezug auf Zeitlichkeiten des Films, wenn man narrative Erzählstrategien als Momente zeitlicher Ordnung begreift, außerhalb der normativen medialen Zeitlichkeit verortet. Zudem wird Lesbischsein im Film nicht zu einer Frage allein der Figuren und ihrer Begehrensweisen, sondern zu einer Form des Erlebens von Welt, das Film und Kino reflektieren und verhandeln können.

5.3.2 Generations

Zeitlichkeit, Materialität und Filmgeschichte

2010 entsteht Generations unter der Regie von Barbara Hammer und Joey Carducci, die in dem Film ihr jeweiliges Film-Material miteinander verbinden. Der Film ist ein Gemeinschaftswerk, das aus zwei zuvor eigenständigen Teilfilmen zusammengesetzt ist. Der erste, von Joey Carducci bearbeitete Teil des Films, bleibt bis zur Zusammenführung ein analoger Film, der zweite, Barbara Hammers, Teil des Films basiert auf der Bearbeitung des digitalisierten Materials. Das Ausgangsmaterial auf 16-mm-Film haben sie bei einem gemeinsamen Dreh produziert. Beide arbeiten also zunächst mit der gleichen, von beiden produzierten Grundlage. Zentrale Motive von GENERATIONS sind das 16-mm-Material und das Filmemachen selbst. So ist beispielsweise die Arbeit am Material im Bild zu sehen. Inhaltlich wird die Erzählung einer Generationenabfolge, die an Verwandtschaft denken lässt, über das Alter der beiden Filmemacher*innen zum Thema. Joey Carducci, ist deutlich jünger als die zur Zeit der Entstehung des Films 70-jährige Barbara Hammer. Thematisch sind es Alter, Vergänglichkeit, Generationenzugehörigkeit, ein Ende oder Abschied und Filmgeschichte (hier auch als Materialgeschichte), die im Film im Rahmen einer Auseinandersetzung mit Zeitlichkeiten auftauchen. Dabei ist es keine narrative Auseinandersetzung mit diesen Themen, sondern vielmehr eine ästhetische, die im Umgang mit dem Material und in der Montage stattfindet.

Das 16-mm-Filmmaterial stellt 2010 einen Anachronismus dar. Das Motiv der zwei unterschiedlichen Generationen scheint zwar wie eine Erbschaft/Verwandtschaft eingebunden, die sich über die queere Identitäten der Filmemacher*innen und viel mehr noch über die gemeinsame Arbeit, das Filmemachen, als Zusammengehörigkeit herstellt, wird aber durch die zwei voneinander sehr verschiedenen Teile auch wieder zurückgewiesen.

Motive des Films sind die Achterbahnen und Fahrgeschäfte auf Coney Island, die Fahrt der beiden Filmemacher*innen dorthin und der Prozess der Entstehung des Films selbst. So ist auch die Arbeit am digitalen sowie analogen Schnittplatz zu sehen. Das Ausgangsmaterial, der Zelluloidstreifen, ist auf unterschiedliche Arten bearbeitet, nämlich sowohl mechanisch verändert als auch digital nachbearbeitet worden.

Auf der Homepage von Barbara Hammer wird der Film wie folgt beschrieben:

> »Barbara Hammer, 70 years old, hands the camera to [Joey] […] Carducci, a young queer filmmaker. Shooting during the last days of Astroland at Coney Island, New York, the filmmakers find that the inevitable fact of aging echoes in the architecture of the amusement park and in the emulsion of the film medium itself. Inspired by Shirley Clarke's *Bridges Go Round*, both filmmakers edited picture and sound separately, joining their films in the middle when they finished making a true generational and experimental experiment.« (Hammer, o.J.)

Im Film wie in der Beschreibung werden das Motiv der zwei unterschiedlichen Generationen, das Moment des Alterns und die Idee einer experimentellen Praxis des Filmemachens zusammengebracht. Die materielle Vergangenheit des analogen Filmmaterials ist eine zeitliche Komponente, eine andere findet sich in der Beschreibung der Architektur des Freizeitparks, und schließlich ist auch das Alter der Filmemacher*innen hier thematisch verortet.

GENERATIONS ist selbstreferentiell. Der Film ist nicht das Transportmedium für eine Narration. Der materielle Aspekt des Films, die Herstellung und die Bearbeitung sind selbst Teil des Films und hier eben auch zentraler Gegenstand einer Auseinandersetzung mit Zeitlichkeit.

Den gesamten Film durchzieht eine Struktur der Wiederholung. Der erste analoge Teil des Films, Joey Carduccis Beitrag, ist über ein Countdown-Element strukturiert, das den Film in Abschnitte gliedert. Das Element der herunterzählenden Zahlen, welches auf dem Filmstreifen den Beginn des eigentlichen Films markiert, wird über Zahlentafeln, deren Nummerierungen abnehmen, angedeutet. Es ist ein Countdown innerhalb des Films, der sein Versprechen auf den Beginn eines geordneten linearen Geschehens allerdings nicht einhält. Dazu montiert ist ein immer wiederkehrender Sicherheitshinweis auf der Audiospur, der auf den Beginn der Fahrt hinweist. Der Sicherheitshinweis als wiederkehrendes Moment steigert die Erwartung eines Ereignisses und ist ein spannungsvolles Moment.

Auch das Motiv des Freizeitparks als Ort, das Filmemachen und das Altern strukturieren den Film übergreifend als zeitliche Momente. Der Freizeitpark und auch die beiden Filmemacher*innen sind visuell wiederkehrende Motive. Das Filmemachen und der Umgang mit dem Filmmaterial werden zu Formen der Auseinandersetzung mit dem Medium selbst und eine Möglichkeit, Altern und Zeitlichkeit medial zu begreifen. Unterschiedliche Formen der Bildgebung, wie zum Beispiel Experimente mit Licht und Schatten, Bewegung im Moment der Aufzeichnung, aber auch manuelle Bearbeitung am Filmstreifen selbst, werden im Film experimentell erprobt und vorgeführt.

Der Film verwehrt seinem Publikum jede klare Orientierung. Immer wieder eröffnen sich neue Räume, wie etwa der Freizeitpark oder die U-Bahn, die beide nach Coney Island bringt. Die Orientierung wird zudem durch Irritationen des Materials, durch Farbumkehrungen und Negativansichten erschwert. Auf einer zeitlichen Ebene werden immer wieder Filmbilder im Fluss gestoppt und frieren ein. Auf der Audiospur finden sich Loops und Sprünge in der Musik, Sätze brechen ab. Der Filmstreifen ist selbst als Objekt des Films im Projektor zu sehen und gleichzeitig wirft der Film die Rezipient*innen immer wieder zurück auf die Oberflächliche des Filmmaterials. So gibt es sowohl sichtbare kleine Kratzer und Spuren im Material als auch mechanische Manipulationen. Der physikalische Abdruck des Lichts auf dem Filmstreifen als zeitliches Moment, wie es Roland Barthes in *Die helle Kammer. Bemerkungen zur Fotografie* für die Fotografie beschreibt (vgl. Barthes 2014, 90ff.), wird hier noch ergänzt durch eine Manipulation des Materials, die in der Folge in der Projektion Bilder erzeugt, die ebenfalls Abdrücke – bzw. Manipulationen – in der Zeit sind, aber keine außerfilmische Wirklichkeit abbilden. Die Bedingungen der Bildgebung des Films werden als normative Grenzen dieser Bildgebung ausgestellt.

Der Film wird in GENERATIONS als ein alterndes Medium ausgestellt, gleichzeitig wird er schon im Verlauf des Films digitalisiert und damit auch erweitert, bereits im Entstehen archiviert. Nicht nur das analoge Material, auch das digitale Material wird zum Gegenstand des Films, wenn Barbara Hammer im zweiten Teil des Films, ihrem Teil des Films, am Schnittprogramm im Bild zu sehen ist und den Film auch am Computer bearbeitet und produziert.

Laura Mulvey beschreibt die Form der Auseinandersetzung mit dem Material des Films als ein Kennzeichen des Avantgarde-Films (vgl. Mulvey 2006, 67) und als eine Methode, die Lücke zwischen dem Filmstreifen und der Leinwand zu schließen, also den Filmstreifen selbst auch thematisch einzubauen. Barbara Hammer und Joey Carducci arbeiten in ihrem Film mit unterschiedlichen Verfahren des Umgangs mit dem Filmstreifen. Sie legen damit die Entstehungsgeschichte ihres Films selbst offen und bringen den Filmstreifen als ansonsten unsichtbaren Teil der Filmprojektion direkt ins Bild. Genauso arbeiten sie auch mit Momenten, die nach Verfahren des *direct films* aussehen, d.h. einer Bearbeitung des Filmstreifens ohne Kamera. Damit arbeiten sie auch eine Geschichte des experimentellen Films audiovisuell auf.

Experimentalfilm und frühes Kino als queeres Kino

Das Motiv des Freizeitparks und speziell der Fokus auf die Achterbahn binden GENERATIONS zurück an die Geschichte des frühen Kinos, das Tom Gunning als *cinema of attractions* beschreibt. Den Begriff der Attraktion, den Gunning als Charakteristikum für das Kino vor 1906 stark macht, übernimmt er von Sergei Mikhailovich Eisenstein und begründet dies wie folgt:

> »I pick up this term partly to underscore the relation to the spectator that this later avant-garde practice [Gunning verweist hier auf eine Form der Montage, die Eisenstein zunächst für das Theater beschreibt, die die Zuschauer*innen darin aktiviert N.F.] shares with early cinema: that of exhibitionist confrontation rather than diegetic absorption. Of course the ›experimentally regulated and mathematically calculated‹ montage of attractions demanded by Eisenstein differs enormously from these early films (as any conscious and oppositional mode of practice will from a popular one). However, it is important to realize the context from which Eisenstein selected the term. Then, as now, the ›attraction‹ was a term of the fairground, and for Eisenstein [...] it primarily represented their favorite fairground attraction, the roller coaster, or as it was known then in Russia, the American Mountains.« (Gunning 1986, 66)

Es ist sogar eben der von Hammer und Carducci für ihren Film ausgewählte Ort, Coney Island, den auch Tom Gunning als eine Spur des Avantgarde-Films beschreibt:

> »Now in a period of American avant-garde cinema in which the tradition of contemplative subjectivity has perhaps run its (often glorious) course, it is possible that this earlier carnival of the cinema, and the methods of popular entertainment, still provide an unexhausted resource – a Coney Island of the avant-garde, whose never dominant but always sensed current can be traced from Méliès through Keaton, through *Un Chien andalou* (1928), and Jack Smith.« (ebd., 70)

Der Ausgangspunkt von Gunnings Betrachtung des frühen Kinos sind Überlegungen dazu, wie Avantgarde-Bewegungen des Films Elemente des frühen Kinos weitertragen. Dabei unterscheidet er zwischen narrativen Elementen und nicht-narrativen Elementen, wie sie für das frühe Kino bestimmend waren. Dass er die Strategien des frühen Kinos in Filmen der Avantgarde bis hin zu dem queeren Experimentalfilmemacher Jack Smith (und damit queerem Film) wiederfindet, ist ein Hinweis auf die Spur, in der sich das frühe Kino weitergeschrieben hat. Sie wird als eine Form der Historiografie, die im Medium selbst enthalten ist, lesbar.

Barbara Hammers Konzept der Abstraktion, die sie an das Filmemachen bindet, zeigen Ähnlichkeiten mit jener Strategie des frühen bzw. des Avantgarde-Films, die Gunning beschreibt. Auch sie arbeitet nicht-narrativ, nicht-linear und verortet die Zuschauer*innen in Bezug auf ihre Filme ähnlich, wie Gunning es für die Avantgarde beschreibt: Der Film soll sie aktivieren und nicht passiv bespielen. Die Fragen nach den dem Film eingeschriebenen Machtverhältnissen und Konventionen, die im Avantgarde-Film zentral werden, werden hier mit Fragen nach Machtverhältnissen und Begehrensstrukturen, die sich ebenfalls in diesen Konventionen weitertragen und produktiv werden, verbunden.

Zeitlichkeit des Materials

Der analoge Filmstreifen ist in GENERATIONS als Gegenstand sichtbar, seine Materialität wird auch als Bedingung des Films thematisiert. GENERATIONS basiert zwar auf 16-mm-Filmmaterial, liegt am Ende jedoch in der digitalen Version vor. Während das analoge Material auf unterschiedliche Weise Bestandteil des Films wird, als sein Gegenstand und seine Bedingung, tritt die Digitalität dann ins Bild, wenn Barbara Hammer die digitale Version des Films mit dem Schnittprogramm am Computer bearbeitet. Über das Bild auf dem Computermonitor verdoppelt sich der Blick auf den Film. Hier ist es also der Computer als sichtbarer Apparat, der auf die Digitalität des Films verweist. Die audiovisuellen Aspekte des analogen Materials werden im digitalen Film inkludiert und wiederholt. In der finalen digitalen Version verweist der Film damit schon nicht mehr auf sich selbst und seine Materialität, sondern auf das, was er nicht mehr ist, auf seine eigene Geschichte, auf eine Geschichte der Bilderproduktion des Kinos.

Wie verhalten sich nun das Motiv der zwei unterschiedlichen Generationen und das des Freizeitparks zur medialen Auseinandersetzung? Der Freizeitpark ist mit dem Jahrmarkt, einem Ort, an dem etwa optische Tricks vorgeführt wurden, als historischem Schauplatz der Vor- und Frühgeschichte des Kinos verbunden. Wie das Kino kann auch der Jahrmarkt oder auch der Vergnügungspark mit Foucault als eine Heterotopie gelesen werden (vgl. Foucault 1990). Auch der Jahrmarkt basiert auf einem Aussetzen der gesellschaftlichen Zeitstrukturen. Das Erleben von Schaulust, auch hier schon in gewaltvollen Momenten, oder von starken körperlichen Reizen und Affekten etwa in der Achter- oder Geisterbahn kann als strukturell mit dem Kinoerlebnis verwandt beschrieben werden. Diese strukturelle Ähnlichkeit stellt der Film heraus, aber nicht indem er vordergründig die Fahrgeschäfte zeigt, sondern indem er im Kinosaal den Countdown zum Beginn der Fahrt inszeniert und Achterbahnfahrt und Filmerlebnis ästhetisch in eins setzt. Die Sicherheitsanweisungen zu Beginn der Fahrt richten sich somit auch affektiv an die Zuschauer*innen des Films. Auch hier zeigt sich der Anspruch Joey Carduccis, eine Erfahrung zu vermitteln und nicht, etwas darzustellen. So führt der Film eine Auseinandersetzung damit, wie es sich anfühlt, in einem Vergnügungspark zu sein, nicht damit, wie es am besten möglich ist, einen Vergnügungspark abzubilden. Die konventionelle Darstellung des Vergnügungsparks rückt vielmehr in den Hintergrund, es fehlt ein *establishing shot*, die Orientierung auf dem Gelände wird den Zuschauer*innen verwehrt. Stattdessen sehen wir Fragmente einzelner Fahrgeschäfte. Immer aus großer Nähe aufgenommen, bewirken diese Bilder, dass das Publikum direkt in den Film hineingezogen wird. Durch die Orientierungslosigkeit und die Immersion einerseits sowie durch das Alternieren der Aufnahmen auf Coney Island mit Aufnahmen des Bearbeitungsprozesses des Films andererseits werden Orte und Zeiten durcheinandergewirbelt.

Die erste Hälfte des Films ist stark mit technischen Bedingungen beschäftigt. Es ist die Auseinandersetzung mit analoger Filmtechnik. Der Film beginnt mit dem tonlosen Countdown, dann wird der Titel eingeblendet und es folgen auf der Audiospur Sicherheitshinweise: »For your safety and the safety of others, please listen to the following safety instruction [...].« Zudem sind Geräusche der Fahrgeschäfte, ein Gewirr von Stimmen und eine Musik, die an Leierkastenmusik denken lässt, zu hören. Diese Geräuschkulisse unterstützt die aufgeregte Stimmung. Der Countdown endet mit einem Schwarzbild, auf das eine unscharfe Detailaufnahme einer analogen Kamera folgt. Der Bildausschnitt vergrößert sich und wird deutlicher, während zugleich die Audiospur noch immer von den Geräuschen des Jahrmarkts dominiert wird. Die Hand, die an der Bolex-Kamera kurbelt, wird erkennbar. Gleich zu Beginn wird also das Fahrgeschäft mit der Technik der Aufnahme parallelisiert. Der analoge Film, der Filmstreifen und die Achterbahn werden im ersten Teil von GENERATIONS immer wieder miteinander in Verbindung gesetzt und auch parallelisiert. Im Abschnitt 7, noch relativ zu Beginn des Films, wird der Filmstreifen wie eins der Fahrgeschäfte inszeniert, der Film selbst wird zur Achterbahn: Der Film, wie die Wagen der Bahn, wird langsam weitertransportiert. Die Bewegung und das Ablaufen des Films sind dabei das zentrale Moment. Die Zuschauer*innen sehen dem Filmstreifen dabei zu, wie er transportiert wird, und die Geräuschkulisse besteht dabei aus Jahrmarktgeräuschen, Stimmengewirr und Musik.

Im nächsten Abschnitt, der den Countdown ab 6 herunterzählt, ist es die Achterbahn bzw. die Fahrspur/Schienen der Achterbahn, die zum Gegenstand wird. Hier wird visuell eine Ähnlichkeit zum Filmstreifen herausgestellt. Die

Abb. 43-46: Die Achterbahn und der Filmstreifen im Labor und Projektor, GENERATIONS*, Screenshots, Courtesy of Joey Carducci.*

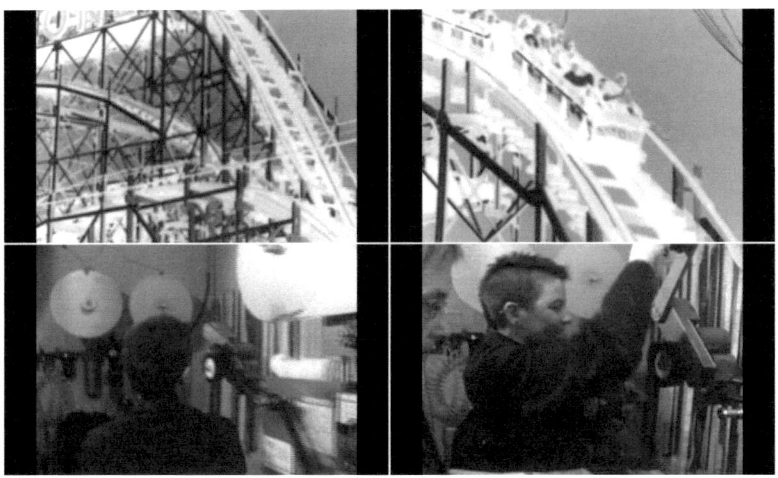

Streben der Schienen ähneln stark der Struktur der Filmstreifen mit ihren jeweils kleinen Trennlinien zwischen den einzelnen Bildern. Dazu werden hier Bilder der Arbeit im Labor, die Entstehung des Films hinzugefügt. Die Aufregung bei der Fahrt mit der Achterbahn und die Aufregung im Labor für den ablaufenden Filmstreifen in der gemeinsamen Arbeit werden parallelisiert.

Der Film stellt dann die eigene Möglichkeit aus, die Bewegung in der Zeit zu manipulieren. So ist die Achterbahnfahrt im Abschnitt 5 in Slow Motion versetzt. Diese Verlangsamung der Zeit wirkt wie ein Versuch, etwas genau zu beobachten und zu untersuchen, um es (besser) zu verstehen. Hier ist auf der Audioebene das Transportgeräusch der Kamera zu hören, die langsam die einzelnen Abschnitte des Filmstreifens weiterbewegt.

Sowohl dem Kinoraum als auch dem Vergnügungspark ist jeweils die Möglichkeit eingeschrieben, mit normativen Zeitkonzepten zu brechen. Damit machen sie diese normativen Zeitkonzepte aber auch erfahrbar. Der Jahrmarkt als Motiv des Films potenziert hier diese Fähigkeit des Kinos noch einmal. Und zudem sind der Jahrmarkt wie das Filmemachen beide Motive des Films. Anhand des Motivs des Jahrmarkts reflektiert GENERATIONS über das Filmemachen.

Die digitale Version von GENERATIONS

Joey Carducci ist am analogen Schnittplatz zu sehen und sagt: »I love how you make things happen.« Überblendet ist dieses Bild mit einer Aufnahme der Hand Barbara Hammers, die wiederum am Computer digital den Film schneidet. Der Prozess der Entstehung des Films ist also auch hier erneut ein Motiv.

Es ist angesichts der filmischen Entwicklung konsequent, dass zunächst die analog erstellte Version des Films und erst danach die digitalisierte zu sehen ist. Die digitale Arbeit ist in der Lage, die analoge Arbeit zu inkludieren und damit beliebig zu wiederholen und zu verändern. Hammers digitale Arbeit verliert also die materielle Grundlage und in Bezug auf Zeitlichkeit auch die Indexikalität, sie verfügt dafür über sehr viel mehr Freiheiten im Umgang mit dem Material und kann auch analoge Prozesse, wie zum Beispiel Kratzer auf dem Filmstreifen, simulieren und nachstellen. Umso naheliegender ist es, dass der Filmstreifen als Gegenstand im zweiten Teil des Films sehr viel weniger Raum einnimmt. Hier sind es vielmehr geglättete, ornamentale Muster, die aus der analogen Bearbeitung des Filmstreifens noch einmal in digital veränderter Form aufgenommen werden. Die Bilder, die sich nicht mit den Protagonist*innen des Films auseinandersetzen bzw. diese nicht zeigen, haben hier eine andere Funktion. Sie zeigen auch, was digitale Bearbeitung zeitlich möglich machen kann, wie hier Bilder ineinanderfließen können. Während Carduccis analoger Beitrag zum Film den Filmstreifen selbst zum Protagonisten werden lässt, sind die Bilder im zweiten, von Hammer digital montierten Beitrag sehr viel atmosphärischer und ergänzen die Auseinandersetzung mit dem Thema des generationalen Projekts, das darin besteht, gemeinsam einen Film zu machen.

Der Soundtrack besteht im zweiten Teil des Films aus elektronischer Musik, die eine stärkere Orientierung durch die Zeit des Films bietet und den Rhythmus des Filmschnitts stärker verdeutlicht, als das Stimmengewirr es im ersten Teil getan hat. Zudem stellt der zweite Teil die gemeinsame Arbeit der beiden Filmemacher*innen, ihre Dialoge bei der Arbeit sehr viel deutlicher in den Mittelpunkt. Das Labor, aber auch die U-Bahn und der Freizeitpark werden zu Motiven des Films, aber sehr viel stärker mit der Anwesenheit und Auseinandersetzung der beiden als Filmemacher*innen vor Ort verbunden, als es im ersten Teil des Films stattfindet. Die Orte rücken nun in den Fokus, weil sich die beiden dort aufhalten. Der Film erzählt keine Liebesgeschichte, sondern eine intergenerationale Freundschaftsgeschichte und eine Geschichte der gemeinsamen Filmarbeit. Damit kommt dem Filmemachen im Kontext queerer Entwürfe von Beziehungen auch hier eine spezifische Rolle zu.

Nicht nur das Filmemachen wird in Bezug auf Queerness und Zeitlichkeit in GENERATIONS relevant, es ist auch eine Filmgeschichte, eine Auseinandersetzung mit Materialität als Mediengeschichte, die im Film zu einer queeren Geschichte wird. Queerness wird explizit zu einer Frage der Mediengeschichte und zu einer Frage des Umgangs mit dem Material. Die hier erzählte Geschichte der Avantgarde wird damit zu einer queeren Medien- und Bewegungsgeschichte. GENERATIONS ist somit auch ein Versuch, Queerness nicht ausschließlich auf den Ebenen der Figuren bzw. ihrer Identitäten und der Narration zu thematisieren, Queerness ist hier eine Frage der Form. Dies bleibt zunächst an die Positionierung/Positioniertheit der beiden Filmemacher*innen als Stellvertreter*innen eines queeren Kinos gebunden, durch die der Film eine Verortung erfährt. Die Auseinandersetzung, die der Film führt, lässt sich nicht trennen von den Auseinandersetzungen, die feministische Filmemacher*innen und -theoretiker*innen schon zuvor geführt haben. Und sie lässt sich auch nicht trennen von einer Geschichte des Kinos und den Konventionen des Umgangs mit dem Medium, mit Normalisierungsbewegungen und Aushandlungen innerhalb des Mediums selbst.

Das Motiv der Generationen

Der Jahrmarkt ist ein Ort, der Zuschreibungen über Alter aussetzen kann. Er ist ein Ort kindlichen Vergnügens, der aber auch Erwachsenen zugänglich ist. Im Film sind es Vertreter*innen zweier deutlich entfernter Generationen, die zusammen diesen Vergnügungspark besuchen. Der Film ist ein Austausch zwischen diesen Generationen. Sie arbeiten zudem mit Technik, die sich ebenfalls in Generationen beschreiben lassen könnte, eine ältere analoge Technik und eine jüngere digitale Technik. Ein zeitliches Moment des Filmmaterials ist, wie schon gesagt, das des Anachronismus, da die beiden Filmemacher*innen als Ausgangsmaterial 16-mm-Film nutzen. Die Indexikalität des Materials ist ein weiteres zeitliches Moment, das durch das analoge Material zum Film hinzugefügt wird. In der digitalen Endversion des Films kann diese Materialität aber nur noch eine Spur oder eine Referenz sein.

Bei Laura Mulvey ist es der Stillstand und der Tod, der sich in das analoge Filmbild wie in die Fotografie einschreibt (vgl. Mulvey 2006). Beim digitalen Bild geht dieser indexikalische Bezug verloren, da es nicht so sehr durch sein Verhältnis zu einer außerfilmischen Realität gekennzeichnet ist als vielmehr durch seine Fähigkeit, sehr verschiedene Zeiten und Materialien miteinander zu verbinden und in sich aufzunehmen. Mulvey beschreibt, wie sich der Film infolge der Digitalisierung in ein altes und ein neues Medium aufgeteilt hat. Sie beobachtet für das Jahr 1997 den Beginn dieser Zäsur, zum 100. Geburtstag des alten, analogen Kinos ist dieses mit Fragen des Todes und des Alters verbunden.[23]

Die beiden Filmemacher*innen selbst sind als Protagonist*innen des Films zu sehen. Dabei filmen sie sich gegenseitig, sind also jeweils beide mit ihrer Kamera im Bild. Sie sehen sich mit der Kamera als Person hinter der Kamera an. Der Film trägt den Titel GENERATIONS, der auf der einen Seite auf die analoge und die digitale Version des Films verweist, die als eine Thematisierung von Generationen begriffen werden kann, und natürlich auf der anderen Seite auf den Altersunterschied der beiden Filmemacher*innen.

Gegen Ende fokussiert der erste Teil des Films Barbara Hammer, die Kreise auf ihr Gesicht malt. Auch weiterhin wird Zeitlichkeit thematisiert, in Bildern von sich drehenden Zahnrädern, aber auch in Unterbrechungen und stockender, hängender Audio- wie Videospur. Das Filmmaterial zum Schluss des ersten Teils löst die Person an der Kamera schemenhaft in Undeutlichkeit auf und scheint auch selbst einem Verfall preisgegeben zu werden. Dies ist offensichtlich die Scharnierstelle an der Grenze der beiden Arbeiten der Filmemacher*innen. Obschon Joey Carducci und Barbara Hammer das gleiche Material als Ausgangsmaterial ihrer Arbeit zur Verfügung hatten, kristallisiert sich im Umgang mit diesem ein jeweils eigenes Interesse heraus und das Resultat sind zwei sehr unterschiedliche Perspektiven.

---

23 »The year 1997 saw the first marketing of film on digital format. The resonance of ageing, and of death, associated with the cinemas's centenary coincided with the arrival of a technology that created a divide between the ›old‹ and the ›new‹ media. However significant the development of video had been for film, the fact that all forms of information and communication can now be translated into binary coding with a single system signals more precisely the end of an era. The specificity of cinema, the relation between its material base and its poetics, dissolves while other relations, intertextual and cross-media, begin to emerge. Furthermore, the digital, as an abstract information system, made a break with analogue imagery, finally sweeping away the relation with reality, which had, by and large, dominated the photographic tradition. The sense of the end of cinema was thus complicated aesthetically by a crisis of the photographic sign as index. Although a photograph may have other properties, the physical link between an object caught by a lens and the image left by rays of light on film is the material basis for its privileged relation to reality« (Mulvey 2006, 18).

Barbara Hammers im Laufe des Films gestellte Frage »What's collaborating with me like?« verweist auf den Film als gemeinschaftliches Projekt. Das Motiv der zwei Generationen ist hier stark an die beiden Filmemacher*innen gebunden. Die Faszination für die andere Person mit der Kamera ist sehr präsent. Es gibt eine Szene in der Straßenbahn, in der die beiden sich mit ihren Kameras verstecken und gegenseitig jagen, wie in einem Spiel. Das Zusammensein, der gemeinsame Aufenthalt im Freizeitpark ist ebenfalls deutlich stärker als im ersten Teil ausgestellt. Über diese Fokussierung auf die Zusammenarbeit und auf die beiden Protagonist*innen erscheint der Film narrativer als in der ersten Hälfte, die sich vor allem mit der Entstehung der Bilder und den Möglichkeiten des Materials auseinandersetzt. Einige Bilder aus dem ersten Teil des Films wiederholen sich im zweiten Teil. Barbara Hammer, die sich Kreise ins Gesicht malt, sagt hier aus dem Off, dass sie schon seit Jahren über einen Film nachdenkt, in dem sie sich »brown spots« ins Gesicht zeichnet.[24] Die im ersten Teil schon gezeigte Bemalung des Gesichts steht nun klarer in Verbindung zum Film und zur materiellen Beschaffenheit des Filmstreifens. Die *spots*, die auf dem Filmstreifen auch ein Resultat chemischer Prozesse oder eine Abnutzungserscheinung sein könnten, werden hier direkt auf den Körper aufgetragen. Barbara Hammer spricht über das Altern. Kurz zuvor ist im Film das Labor eingeführt worden, die Flaschen mit Chemikalien stehen aufgereiht auf einem Tisch. Hier wird das Altern des Körpers mit dem Altern und der Bearbeitung des Mediums in Verbindung gesetzt.

Im Anschluss an die Szene, in der Hammer sich die Kreise ins Gesicht malt, wechseln die beiden die Rollen und Joey Carducci wird Protagonist der nächsten Sequenz, während Barbara Hammer die Kamera hält. Er fährt sich zunächst mit einem Pinsel durch das Gesicht, als würde er das Gesicht wie ein Objekt entstauben und ist in der nächsten Sequenz zu sehen, wie er sich eine Flüssigkeit über den Körper gießt. Es sieht aus wie eine Chemikalie. Damit wird hier der Körper über die Bearbeitung im Labor als Material analog zum Filmstreifen inszeniert. Die Körper im Film sind somit hier auch Gegenstände, die aktiv hergestellt und im Medium Film untersucht werden.

Es ist Joey Carducci, der mit dem analogen Film als dem älteren Medium arbeitet, während Barbara Hammer als die Ältere auf die neuere, digitale Technik zurückgreift. Damit ist es auch eine Technikgeschichte, die der Film

---

24 Das Bild ist aber auch eine Wiederholung eines Filmbilds von Barbara Hammer selbst. Im Film WOMEN I LOVE (USA 1976) gibt es ebenfalls eine kurze Szene, in der ihr Kreise auf das Gesicht aufgetragen werden.

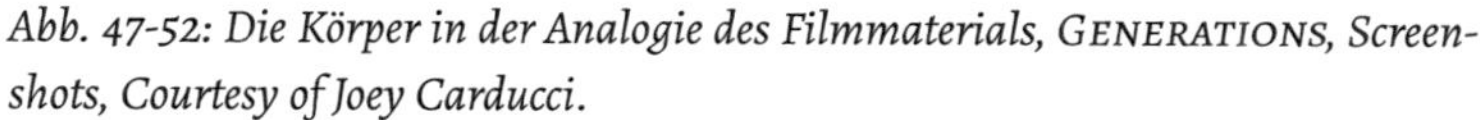

Abb. 47-52: Die Körper in der Analogie des Filmmaterials, GENERATIONS, *Screenshots, Courtesy of Joey Carducci.*

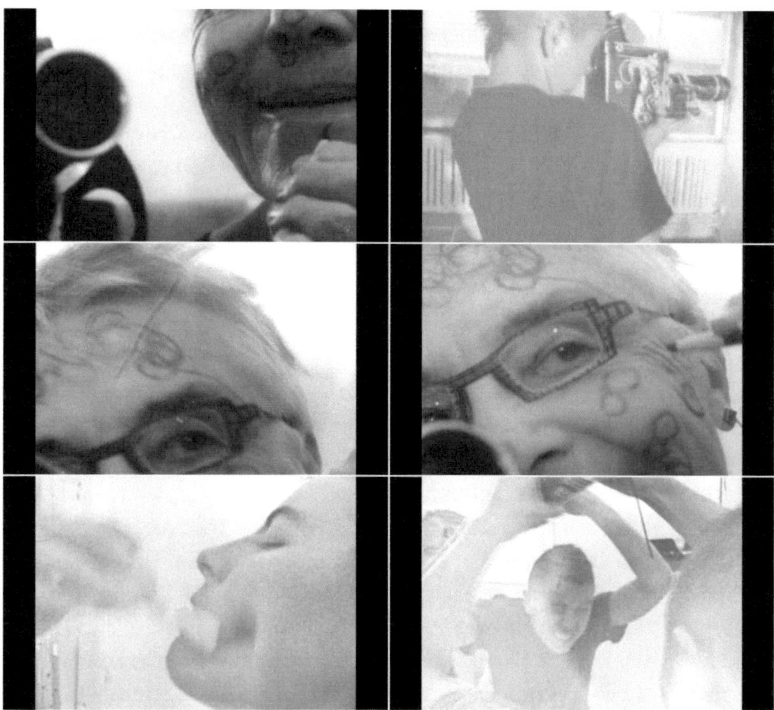

erzählt. Auch im zweiten Teil des Films findet sich das Motiv der zwei unterschiedlichen Generationen nicht nur in der Figurenkonstellation der beiden Filmemacher*innen, sondern auch in der Medialität. GENERATION weist damit auch eine Idee von Generationen, die ineinander übergehen und miteinander über Gleichheit verbunden sind zurück. Die Generationen sind hier auf vielen Ebenen verbunden, aber sie unterscheiden sich auch stark, sind über Differenz entworfen. Reproduktive Ideen von Generationen werden damit produktiv enttäuscht, die Verbindung besteht im queeren Film-Projekt in gemeinsamen Aushandlungen und Projekten.

Die filmische Gemeinschaftsarbeit GENERATIONS führt die dezidierte Auseinandersetzung mit Zeitlichkeiten auf sehr unterschiedlichen Ebenen.

Sie schreibt dabei nicht fest, sondern macht einen Assoziations- oder Denkraum auf, auf den sich die Zuschauer*innen einlassen müssen. Gerade weil das narrative Element, das im Film oft durch die Zeit leitet, fehlt, können in der experimentellen Auseinandersetzung sonst wenig beachtete zeitliche Ebenen thematisiert werden, hier werden biografische Entwürfe und Lebenszeit, Alter und Generationen, Technikgeschichte und Bewegungsgeschichte zu medialen Motiven des Films.

Es ist auch das Verhältnis seiner beiden Teile, das den Film als queeres Projekt lesbar macht: es ist ein kollektives Projekt, das den Austausch sucht und praktiziert und Differenz dabei in den beiden Projekten bestehen lässt, die aber auf der anderen Seiten aus gemeinsamem Material bestehen und am Ende wieder zusammengeführt werden. Die gemeinsame Arbeit der Filmemacher*innen ebenso wie die Verschränkungen von analoger und digitaler Arbeit und die Frage nach der Verbindung von Material, Zeitlichkeit und sichtbaren Körpern im Film macht GENERATIONS zu einem queeren Filmprojekt, das sowohl Filmform als auch Filmgeschichte in queerer Perspektive bearbeitet.

Queeres Kino als eine ästhetische Frage

GENERATIONS ist 2011 zusammen mit MAYA DEREN'S SINK (USA 2011), einer weiteren Regiearbeit Hammers, als bester Kurzfilm mit dem *Teddy Award* der Berlinale[25] ausgezeichnet worden. Die beiden Filme sind Teil der Auswahl von Filmen, die für den queeren Filmpreis nominiert sind. Die Auswahl setzt sich aus Filmen aus dem kompletten Programm der Berlinale zusammen, ist also nicht auf eine Sektion beschränkt. Die Filme werden demnach in einer nachträglichen Sichtung des Programms herausgesucht, wobei ihnen dann eine Relevanz im Hinblick auf die Idee eines queeren Kinos zugeschrieben wird. Damit finden immer auch Setzungen bezüglich dessen statt, was als queerer Film verstanden wird, mit diesen Auszeichnungen wird also (queere) Filmgeschichte geschrieben.

GENERATIONS wird als ein queerer Film gelesen, obwohl es kaum um ein sexuelles Begehren oder um Fragen nach geschlechtsbezogenen und/oder sexuellen Subjektpositionen geht. Die beiden ausgezeichneten Filme von Barbara Hammer funktionieren nicht – wie viele andere Filme, die den Teddy er-

25 Im Rahmen der Berlinale 1987 von Manfred Salzgeber und Wieland Speck erstmalig vergeben, ist der *Teddy* seither einer der wichtigsten queeren Filmpreise (vgl. Loist 2015, 114).

halten haben – über die Figurenkonstellation als queere Filme. Es ist die Filmemacher*in selbst, die sich als lesbische Filmemacher*in bereits etabliert hat und deren Filme daher im Kontext des queeren Films Relevanz zugeschrieben wird.

Einerseits erhält Barbara Hammer hiermit die Möglichkeit, mit ihren Filmen den Bereich queeren Films zu erweitern, sich von einer Fokussierung auf Figurenkonstellationen zu lösen. Andererseits wird dem Film tatsächlich auch über die formale Auseinandersetzung mit Alter und Generationen eine Queerness zugeschrieben. Da Queerness hier nicht so sehr an einer Erzählung von Begehren oder Sex hängt, sondern auf eine queere Art und Weise des Umgangs mit Film verweist, ist es möglich, sowohl die Filmgeschichte als auch die technischen Bedingungen von Film selbst auf normative Setzungen hin zu befragen.

In den nicht-narrativen Filmen Hammers verändert sich das Erleben der Zuschauer*innen. Während diese im narrativen Film zu Beobachter*innen von Szenen und Protagonist*innen werden und – über Montagetechniken – zwar mit dem Fluss des Films verbunden werden, aber doch in einer Außenposition verbleiben, zwingt der experimentelle Film sie zur Reflexion der eigenen Seherfahrung. Das Erleben des Films wird sehr viel stärker zu einer bewussten Seherfahrung.

Maya Deren's Sink, der zweite Film von Barbara Hammer, ist ebenfalls Spurensuche und Generationenprojekt. Auch dieser Film setzt sich dezidiert mit Film und Zeitlichkeit auseinander. Es ist ein Porträt der Experimental-Filmemacherin Maya Deren, eine wichtige Vertreterin der zweiten amerikanischen Avantgarde, die maßgeblich auch einen surrealistischen Einfluss auf den amerikanischen Film prägte (vgl. Scheugl/Schmidt 1974, 182ff.). Barbara Hammer inszeniert dieses Porträt Derens in den Häusern der verstorbenen Künstlerin in Los Angeles und New York. Dabei integriert sie Sequenzen aus den Filmen Derens und Interviewsequenzen in ihren eigenen Film. Die Häuser werden zu Orten, an denen Vergangenheit und Gegenwart überlappen. Diese Überlappung der Zeit ist über das Medium Film möglich. Der Ort, also das jeweilige Haus Maya Derens, wird im Film wortwörtlich zur Projektionsfläche.

Die Interviews mit Weggefährt*innen Derens und anderen Zeitzeug*innen sind in Bilderrahmen, auf Spiegel oder Wände in den Häusern projiziert zu sehen. Die Projektionen bzw. die Integration der Interviews als Bildschirme sind über die digitale Bearbeitung des Filmmaterials möglich. Dies ermöglicht es auch, das Material der Vergangenheit, die Arbeiten Maya Derens, in den Film zu integrieren. Obwohl auch die Häuser letztendlich im Film nur als digitale Bilder bestehen, wird doch ein Verweis auf das Überdauern dieser architektonischen Gegenstände über die Zeit gegeben. Das jeweilige Haus übernimmt in gewisser Weise die Aufgabe der Indexikaliät, die das digitale Filmmaterial nicht mehr aufweisen kann. Es ist der Verweis darauf, dass etwas wirklich gewesen ist und es verstärkt die Fähigkeit des Films, etwas in der Zeit zu bewahren. Es ist der Ort, an dem Maya Deren sich in einer anderen Zeit aufgehalten, an dem sie gelebt und gearbeitet hat. Im Sinne von Walter Benjamins Aura-Begriff, der die Einzigartigkeit gegen die Reproduktion stellt, ist es im Film das Haus, das ein auratisches Moment aufweist (vgl. Benjamin 1977). Das Hier und Jetzt des Films ist in Derens Haus eine Spurensuche, ein Verweis auf die Präsenz der Vergangenheit.

Maya Deren's Sink setzt die Vergangenheit und die Gegenwart im Film über die Häuser miteinander in Verbindung. Gleichzeitig ist das Motiv des Hauses eine Projektionsfläche im doppelten Sinne: auf das Haus und in das Haus werden die Erinnerungen an Maya Deren projiziert und zudem bringt der Film Hammers Wunschprojektion zum Ausdruck, eine Nähe zu der verstorbenen Künstlerin herzustellen, in der eigenen Arbeit einen Bezug zu ihr über die Zeit herzustellen. Diese Auseinandersetzung mit den Möglichkeiten einer queeren Bewegungsgeschichte oder einer Historiografie queerer Subjekte wird medial geführt. Sie ist anschließbar an die theoretischen Positionen der Queer Studies, die diese Möglichkeiten ebenfalls ausloten. Der Film stellt Bezüge her, statt Identität zu behaupten. Jede Form von Historiografie müsste eigentlich eine Revision der jeweiligen medialen Bedingungen dessen, was sie beschreibt und worin sie festgehalten ist, beinhalten. Im Medium Film wird die Geschichte jeweils sowohl verhandelt als auch entworfen.

Maya Deren's Sink greift zudem auch das Verhältnis von digitalem zu analogem Material auf. Hier sind es Derens Arbeiten, die als analoge Arbeiten herausgestellt werden. Ihr Haus und auch das titelgebende Waschbecken sind dabei Referenzen zum Entstehungsprozess der Arbeiten. Hier im Haus wurde das Material, mit dem Deren arbeitete, entwickelt; Arbeit und Leben der Künstlerin sind hier miteinander verwoben. Das Waschbecken weist ebenfalls eine Verbindung zum analogen Filmmaterial auf, denn in ihm wurden die Filmstreifen nach der Entwicklung gewaschen. Damit verbindet das Waschbecken als materielle Spur durch die Zeit auch das Filmmaterial mit dem Körper der Künstlerin.

Beide Filme, Generations und Maya Deren's Sink arbeiten historiografisch, indem sie sich auf eine andere Filmemacher*in beziehen. Maya De-

REN'S SINK tut dies explizit in der Nennung und Auseinandersetzung mit dem Erbe der Künstlerin Maya Deren, GENERATIONS verweist auf eine Arbeit der US-amerikanischen Experimentalfilmemacher*in Shirley Clarke, in deren Tradition Carducci und Hammer ihre gemeinsame Arbeit verorten. Damit schreiben sich die Filmemacher*innen in die Geschichte des experimentellen Films sowie in die Geschichte des US-amerikanischen Avantgarde-Films ein. Sie behaupten in dieser Geschichte ein Potential von Queerness und erweitern die Geschichtsschreibung gleichzeitig.

Barbara Hammers filmische Arbeiten sind sowohl Auseinandersetzungen mit Fragen nach (fehlenden) queer/lesbisch-feministischen Perspektiven im Film als auch Auseinandersetzungen mit der Normativität filmischer Konventionen und schließlich betreibt sie selbst mit ihren Filmen Historiografie, schafft eigene Bewegungsgeschichte_n indem sie immer wieder auf andere Künstler*innen wie Maya Deren, Shirley Clarke, Claude Cahun (LOVER OTHER (USA 2006)) oder Alice Austen, Hannah Höch und Nicole Eisenmann (THE FEMALE CLOSET (USA 1998)) verweist oder diese in ihren Filmen porträtiert.

5.3.3 Einschub: THE BALLAD OF GENESIS AND LADY JAYE – Liebe als medieninhärentes zukünftiges Versprechen

Im Jahr der Auszeichnung der beiden Filme Barbara Hammers mit dem Teddy Award wurde auch THE BALLAD OF GENESIS AND LADY JAYE von Marie Losier (2011) als bester Dokumentarfilm ausgezeichnet. Die Regisseurin des Films, Marie Losier, arbeitet in dem Porträt ihrer beiden Protagonist*innen Genesis P-Orridge und Lady Jaye ebenfalls mit analogem Material, genauer mit 16-mm-Zelluloid-Film. In dem Film wird die Vergangenheit von Genesis P-Orridge, als Performancekünstler*in und Musiker*in mit der Gegenwart und mit einer Liebesgeschichte verbunden. Die beiden Protagonist*innen gleichen sich über plastische Chirurgie immer mehr an. In Identitätskategorien benennen sie die eigene Identifizierung als Pansexualität.

Marie Losier hat sich dafür entschieden, die Geschichte ihrer beiden Protagonist*innen in einer aufwändigen Art, nämlich auf analoge Weise und mit voneinander getrennter Ton- und Bildspur zu bearbeiten. Im Katalog der Sektion Forum der Berlinale ist von Marie Losier Folgendes zu lesen:

> »Einen großen Teil habe ich mit einer 16mm-Bolex-Filmkamera aufgenommen. Da ich in erster Linie alleine drehte, wurde die Bolex gewissermaßen ein Teil meines Körpers, fast wie eine zusätzliche Hand. Ich näherte mich

> meinen Gegenständen, als stünden wir am Beginn der Ära des Kinos, zu Zeiten von Georges Méliès und der Brüder Lumière: Ich arbeitete mit Tableaux vivants, einer skurril-farbenfrohen Mise-en-scène und der nachträglichen Inszenierung von Geschichten und Interviews. Durch das Nachspielen von Szenen aus dem Leben der beiden Protagonisten zeigte sich eine Wahrheit, die weit über die Dimensionen von konventioneller dokumentarischer Filmarbeit hinausreicht.« (Losier 2011, 19)

Marie Losier bezieht sich mit ihrer Arbeit explizit auf das frühe Kino und dessen Pioniere wie die genannten Brüder Lumière und Georges Méliès. Mit dem Rückgriff auf die analoge Kamera besteht für sie auch die Möglichkeit, an eine frühe Form des Films anzuschließen. Losier setzt sich selbst somit in Beziehung zum Beginn der Filmgeschichte und beschreibt ihre Arbeit in Bezug zu dieser. Die Rückkehr zu Verfahren des Beginns der Filmgeschichte kann als ein Versprechen darauf verstanden werden, die über die Zeit festgeschriebenen Konventionen des Dokumentarfilms auszusetzen. Die Erzählung der Gebrüder Lumière und Georges Méliès als Gegensatzpaar, stellvertretend für zwei Seiten des Films, ist Teil konventioneller Filmgeschichtsschreibung. In dieser Geschichtsschreibung wird Méliès der Tradition des narrativen Films zugerechnet und die Gebrüder Lumière vor allem mit der Fähigkeit des Films verbunden, etwas im Bild festzuhalten, zu zeigen, zu vermitteln.[26] Tom Gunning spricht sich gegen diese Unterscheidung aus und vereint stattdessen beide Traditionen und das Kino bis zu den Jahren 1906/07 in seinem Begriff des *cinema of attraction*. Die Dominanz des narrativen Films setzt für ihn dann im Anschluss ein und er verbindet sie mit D. W. Griffith (vgl. Gunning 1986, 64).

In Losiers oben genannter Beschreibung ihrer Filmpraxis ist die Möglichkeit, den über die Zeit etablierten Konventionen des Films zu entgehen, eine positive Möglichkeit des Umgangs mit Film. Im Umkehrschluss werden die Konventionen in ihrer Perspektive zu Beschränkungen. Der Verweis auf die

---

26 Eva Hohenberger und Judith Keilbach weisen in ihrer Einleitung zum Sammelband *Die Gegenwart der Vergangenheit. Dokumentarfilm, Fernsehen und Geschichte* auf Tom Gunnings Ablehnung der binären Unterscheidung filmischer Traditionen nach den Gebrüdern Lumière und George Meliès hin. Die Kritik an dieser Unterscheidung nehmen sie als Ausgangspunkt für Fragen an herkömmliche Filmgeschichtsschreibung. »Mit der ›neuen‹ Filmgeschichtsschreibung erfährt auch der Dokumentarfilm ein neues historisches Interesse. Doch nicht mehr seine Genregeschichte als Abfolge von Filmen, Schulen und Autoren steht im Mittelpunkt, sondern seine Historizität« (Hohenberger/Keilbach 2003, 14).

Filmgeschichte ist damit auch ein Verweis auf einen Wunsch, beim Filmemachen unabhängig von und möglicherweise auch im Widerspruch zu vorherrschenden Kategorien und Konventionen arbeiten zu können.

In Losiers oben zitierter Aussage verbinden sich verschiedene Mediengeschichten. Die Bolex-Kamera ermöglicht auch ihr eine Art zu arbeiten, die sie in Verbindung mit dem frühen Kino setzt. Die Möglichkeit, alleine mit der Kamera zu arbeiten und damit unabhängig zu sein von der Schwerfälligkeit großer technischer Aufbauten und einem großen Team, distanziert sie aber gerade von der Situation des frühen Kinos und verweist auf eine andere Zeit, in der die Filmtechnik, finanziell und technisch, zugänglicher und handhabbarer wurde. Die Geschichte der Bolex-Paillard-Kamera beginnt bereits in den 1930er und ist stärker an den Avantgarde-Film der 60er Jahre als an das frühe Kino gebunden. Die günstige, leichte und damit flexible Technik und die qualitativ hochwertige Möglichkeit der filmischen Aufzeichnung, die mit dieser Kamera verbunden ist, hat das Interesse von Künstler*innen für die Arbeit mit dem Medium Film geschürt und den Zugang erleichtert bzw. erst ermöglicht (vgl. Bustamente 2000, 59).

Die Lebensgeschichte von Genesis P-Orridge wird in THE BALLAD OF GENESIS AND LADY JAYE verbunden mit ihrer*seiner Karriere als Musiker*in: mit einer Musikgeschichte. Es ist ein biografischer Film und ein Künster*innenporträt. Obschon die Liebesgeschichte und die chirurgischen Eingriffe nur ein Aspekt der Geschichte der beiden Protagonist*innen ist, ist dies in der Ankündigung des Films visuell immer wieder als zentral herausgegriffen worden. Ein Motiv der Vermarktung des Films sind Fotos/Filmstills der beiden Protagonist*innen, deren Gesichter mit Verbänden versehen sind. Da die Verbände jeweils identisch sind, findet in diesen Abbildungen auch die Inszenierung einer Synchronität von Verletzlichkeit statt. Das Konstrukt der Beziehung, das Genesis P-Orridge und Lady Jaye entwerfen, ist eine Radikalisierung der romantischen Liebe und monogamen Zweierbeziehung. Die Verbindung zueinander wird als so stark herausgestellt, dass sie visuell in den Körper eingeschrieben werden muss. Die Körper werden zu Zeugnissen der einen großen Liebe. Es geht nicht um die Konstruktion einer individuellen Wahrheit, sondern um die Konstruktion einer gemeinsamen Wahrheit. Die körperliche Angleichung ist nur mit medizinischen/technischen Hilfsmitteln möglich. In dieser Angleichung ist es nicht die binäre Geschlechterdifferenz, die grundlegend ist, es ist die jeweils andere Person. Genesis P-Orridge und Lady Jaye benennen ihre Annäherung bzw. die Körper, die sie werden, als pandrogyn. Im Film verweisen sie auf die Radikalisierung der Idee der Reproduktion und der romantischen Idee ihrer Arbeit am Körper. Statt ein gemeinsames Kind zu bekommen, wollen sie selbst neue Personen werden. Ihr Konzept binden sie aber auch an die Idee einer Avantgarde. Sie beziehen sich auf das literarische Konzept der *Cut-ups* und namentlich auf Brion Gysin und William S. Burroughs. Die *Cut-up*-Technik ist eine literarische Montagetechnik, die auf Gysin und Burroughs zurückgeht und auf der zufälligen Neukombination von Textbaustellen basiert, ein ebenfalls nicht-lineares literarisches Verfahren (vgl. Burroughs/Gysin 1978).

Wie ihre Protagonist*innen arbeitet Marie Losier in ihrem Film ebenfalls mit *Cut-ups*, einer Neuzusammensetzung auf zeitlicher Ebene. Ton und Bild sind in ihrer Aufnahme voneinander getrennt und auch in der Montage bleiben sie asynchron. Das heißt, es bleibt eine zeitliche Lücke zwischen Bild und Ton, beide bleiben damit eigenständig. Dies ist insbesondere in den Szenen auffällig, in denen die Protagonist*innen sprechen, in denen der Ton also diegetisch sein könnte. Dabei ist in manchen Sequenzen das Bild wie ein Widerhall des Tons, der schon vorher da ist, dann wiederum holt das Bild den Ton ein. Auch hier findet sich also das Konzept der Neuzusammensetzung, der *Cut-ups*, medial wieder. Das Loslösen der beiden medialen Ebenen voneinander und damit das Aufbrechen der zeitlichen Fixierung vervielfacht den Raum und die Zeit. Ton und Bild verweisen auf sich selbst, anstatt sich zu synchronisieren. Der Film wird zu einem Stummfilm, der Ton ist eigenständig und kommentierend, wie ein autonomes *Voice-over*.

Die Protagonist*innen äußern im Film den Wunsch, als ein Liebespaar bzw. für ihre Liebe erinnert zu werden. Marie Losier hat diesen Wunsch an das Ende ihres Films gesetzt und lässt ihre Protagonist*in diese Liebesgeschichte noch einmal erzählen. Es ist ihr Film, der diesen Wunsch, auf eine bestimmte Weise erinnert zu werden, erfüllen kann, weil es eine Phantasie und ein Versprechen ist, das medial produziert wird. Marie Losier befragt dieses Versprechen des Mediums Film (vgl. Kap. 5.1) und nimmt es zugleich ernst, indem sie auf die frühe Filmgeschichte zurückgreift und versucht, den Konventionen dokumentarischer Arbeit zu entgehen, diese zu brechen und neu zu denken.

Obschon die Körper von Genesis P-Orridge und Lady Jaye auf den Filmplakaten visuell sehr in den Fokus rücken, machen doch vielmehr der Film selbst, die von ihm produzierten Versprechen und Phantasien sowie die Möglichkeiten, Zeiten anders und neu zu ordnen, das queere Moment des Films aus. Wie im Film Edie and Thea: A very long Engagement (vgl. Kap. 5.1) ist es aber auch das normative Moment der Ehe und monogamen Zweierbeziehung, das über die beiden Figuren weitergeführt wird, den Film strukturiert und auch zur Disposition gestellt wird.

Die Auseinandersetzungen mit Zeitlichkeiten, die alle in diesem Kapitel bisher vorgestellten Filme in Bezug auf Fragen nach Normativität und Queerness führen, beschäftigen sich mit Fragen nach Setzungen, Konventionen und Narrativen der Filmgeschichte, mit der Normativität filmischer Formen und Verfahren sowie mit Narrativen, Chronologien und Linearitäten. Dabei sind vor allem die Beschaffenheit des filmischen Materials und die spezifischen Zeitlichkeiten Gegenstände dieser Auseinandersetzung. Die Filme arbeiten auf all diesen Ebenen an Fragen nach zeitlichen Ordnungen und den produktiven Machtverhältnissen, die dem Medium inhärent sind. Die Frage nach der Queerness eines Films wird auch als Frage nach seiner Zeitlichkeit gestellt und verweist auf Avantgarde-Bewegungen und ihre Fragen nach medieninhärenten Hegemonien.

Abschließend möchte ich noch einmal zum Beginn einer queeren Filmgeschichte bzw. eines queeren Filmschaffens zurückgehen, zu Barbara Hammers frühen lesbischen Filmen. Auch diese beziehen sich, obschon sie als Initiationsmoment eines lesbischen Kinos gedacht sind, schon immer auf Filmgeschichte. Zentral wird hier der Schwerpunkt auf Körpern im Film als lesbischen Körpern in Zusammenhang mit dem Wunsch, normative Strukturen von Film zu brechen. Auch in diesen Filmen sind Auseinandersetzungen mit Normativität und Film in Bezug auf Lesbischsein in zeitlichen Ebenen zu finden.

5.3.4 Barbara Hammers frühe Filme

SUPERDYKE als queere Bewegungsgeschichte

Einer der frühen Filme von Barbara Hammer, SUPERDYKE aus dem Jahr 1975, rückt Gemeinschaft und Kollektivität ins Zentrum. Er zeigt in sieben Episoden eine Gruppe lesbischer Frauen in San Francisco. Der Film entsteht zwei Jahre vor der Gründung des dortigen *Frameline*-Filmfestivals,[27] also zu einem Zeitpunkt, zu dem keine breite öffentliche Spielstätte und kein öffentlich geteiltes Forum für Bilder lesbischer Erfahrung in der Stadt existiert. Zu Beginn des Films laufen Frauen, Schilder mit dem Schriftzug »Amazon« oder mit dem Frauenzeichen vor sich tragend, aus Häusern auf die Straße. Sie besteigen gemeinsam einen Bus – laut einem Transparent im Rückfenster den

27 Zur Entstehung und Geschichte des Frameline-Festivals vgl. Loist 2008.

»Lesbian Express«. Eine Telefonzelle ist beschriftet mit »Closet«, in ihr reißen sich zwei der Frauen die Hemden vom Leib, um dann mit darunter getragenen *Superdyke*-Shirts bekleidet zurück auf die Straße zu laufen. Sie kommen einer Frau mit Gipsbein und Gehhilfen auf dem Weg zum Bus zur Hilfe. Alle drei steigen ein und der Bus fährt ab.

In den ersten kurzen Aufnahmen spielt Schrift eine wesentliche Rolle. Die Gruppe der Frauen wird über ihre T-Shirts mit der Aufschrift *Superdyke*,[28] über die Schilder, einen beschrifteten Hut mit feministischen Slogans, das Transparent am Bus und das gemeinsame Lesen des Magazins *Lesbian Tide* als lesbisch-feministisch verortet. Barbara Hammer schafft hier gleich zu Beginn ein Kollektiv. Sie ruft Motive wie das *closet* humorvoll auf, aus dem sie ihre Protagonistinnen befreit, um sie auf die Straße zu bringen. Die Frauen, die hier in die Öffentlichkeit gebracht werden, sind bis zum Ende des Films in Bewegung.

Der 16-mm-Film ist mit schneller Klaviermusik unterlegt. Die zweite Episode trägt den Titel »City Hall«. Die Frauen stehen nun mit ihren Schildern vor dem Rathaus der Stadt. Sie laufen/marschieren und tanzen an Passant*innen vorbei und durch Gruppen von Passant*innen hindurch. Am Ende tanzen sie umringt von Zuschauenden vor dem Rathaus. Die Kamera ist immer nah an den Frauen und Teil der Gruppe. Es gibt keine Einstellung, die einen Überblick über das Geschehen ermöglicht. Die letzten Sekunden sind fokussiert auf eine Frau,[29] die mit dem Anziehen des *Superdyke*-T-Shirts in die Gruppe der anderen Frauen aufgenommen wird. Eine Klaviermusik spielt *Happy Birthday to you*.

Die Episode mit dem Titel »In the Streets« zeigt Frauen auf Motorrädern. Sie werden über Montage mit den Frauen mit »Amazonen«-Schildern in einem Park verbunden. Berührungen und Küsse sind ein dominantes Motiv. Das führt zum nächsten Zwischentitel: »Erotic Art Museum«. Auf den Schildern der Frauen sind teils Vulva-Zeichen zu sehen. Vor einem Aktgemälde stehen zwei Frauen, die es betrachten und sich berühren. Es folgt eine De-

---

28 Richard Dyer weist mit Deborah Goleman Wolf darauf hin, dass es sich bei den *Superdyke*-T-Shirts um Bestseller aus den Frauenbuchläden handelte (Dyer 1990, 197).

29 Die Frau hier im Bild, die Akademikerin, Autorin und Aktivistin Sally Miller Gearhart, ist später auch Teil der Protagonist*innen des Films WORD IS OUT (USA 1977, R.: Mariposa Film Group), der als erster langer Dokumentarfilm der lgbtiq-Community gilt.

tailaufnahme eines Gemäldes einer Vulva, das vage an Gustave Courbets *Der Ursprung der Welt* (1866) erinnert.[30]

Eine Betrachterin macht mit Blick auf das Gemälde eine masturbierende Geste. Das ist nicht nur eine feministische Aneignung des Motivs, sondern behauptet eine Aneignung der Rezeption. Dem im Gemälde als empfangend konzipierten weiblichen Körper setzt Barbara Hammer Sex und einen aktiven weiblichen Körper, nicht im Hinblick auf die Möglichkeit der Reproduktion, sondern in Bezug auf eine lesbische (Schau-)Lust, entgegen. Aber auch das Bild im Film selbst bricht bereits die Zuschreibungen, die *Der Ursprung der Welt* mitführt. Zwar ist auch das in der Ausstellung erotischer Kunst zu sehende Bild ein Ausschnitt, der zentral auf die Genitalien der Frau im Bild hinweist, aber hier sind ihre Hände im Bild, die die Schamlippen umschließen. Durch die eigenen Hände an der Vulva wird das Bild mit selbstbewusster Sexualität und mit einer neuen ›weiblichen‹ Rahmung versehen.

Mit dem nächsten Zwischentitel »Macy's« folgt ein Gang im Zeitraffer durch das gleichnamige Kaufhaus, vorbei an Kund*innen und immer wieder unterbrochen vom Fokus auf eine Frau im *Superdyke*-Shirt, die einen riesigen Vibrator, einer Trophäe gleich, an ihrem Körper herauf- und herunterwandern oder sich auch berühren lässt. Die Inszenierung des Vibrators ist überbordend und erscheint überdreht. Die Aufnahmen adressieren stark die Kamera. Eine Kommentierung erfolgt über die Blicke der anderen Leute im Kaufhaus. Die Inszenierung greift aber auch das Versprechen der Lust auf, das vom Kaufhaus ausgeht. Anschließend führt der Film nach draußen zu Frauen, die um eine monumentale Skulptur einer vermutlich nationalen Heldenfigur, die aber nie komplett im Bild ist, mit Pfeil und Bogen posieren, beobachten, zielen, gemeinsam kämpfen.

Auf diese Szene mit den Krieger*innen folgt eine Sequenz mit dem Titel »At Home«, die Frauen zeigt, die jeweils von einer anderen Frau massiert werden. Durch die Länge der Einstellungen und durch Nah- und Detailaufnahmen wird eine intime Nähe erzeugt.

---

30 Das Kunstwerk *Der Ursprung der Welt* mystifiziert den Frauentorso, der sinnbildlich für Ursprung und Leben steht. Der Körper ist für den Blick ausgestellt, die Figur im Bild ist nicht in der Lage zurückzuschauen, ihr Oberkörper ist ab dem Brustansatz mit einem Laken verdeckt, eine Brust ist noch entblößt, der Kopf und das Gesicht gehören schon nicht mehr in den Bildrahmen. Durch die Perspektive einer Aufsicht zwischen die geöffneten Beine der Frau kombiniert mit dem Titel des Bildes wird der Körper auf die Möglichkeit der Geburt hin reduziert, Begehren und Sexualität wird im Hinblick auf Reproduktion thematisiert und gleichzeitig verklärt.

»In the Country« heißt die abschließende Episode, die eine Gruppe nackter Frauen und Mädchen zeigt, die sich in bzw. vor einem Zelt in der Natur aufhalten. Motive sind das Spiel von Licht und Schatten auf einem Körper sowie Bilder der Frauen aus der Auf- und Untersicht. Zwischen den Frauen werden Knochen weitergegeben, eine Frau wird mit Sand bedeckt, die Frauen gehen gemeinsam, eine Kette bildend, durch die Felder. Die Inszenierung der nackten Frauen und Mädchen in der Natur lassen an ein Ritual denken. Eine Collage von Bildern unterschiedlicher Segmente des Films endet mit dem Blick auf ein Auto, in dessen offenem Kofferraum sich Frauen mit »Amazonen«-Schildern erneut gemeinsam in Bewegung setzen.

Der Film besteht somit aus kurzen Episoden, die jeweils über eine Ortsbeschreibung begrenzt werden. Diese kleinen Momentaufnahmen erzählen keine geschlossene oder lineare, chronologische Geschichte. Und doch sind es immer wieder kleine Ereignisse, die inszeniert werden, etwa die Begebenheit derjenigen Frauen, die sich *Superdyke*-T-Shirts anziehen und von der Gruppe der übrigen Frauen aufgenommen werden. Von Beginn an werden die Frauen als Kämpferinnen/Aktivistinnen eingeführt und zu lesbisch-feministischen Zeichenträger*innen. Über die Reihung der einzelnen Segmente, die inhaltlich häufig nicht aneinander anschließen, kann die Zeit des Films als eine monumentale Zeit gelesen werden. Sie verwehrt sich einer linearen Erzählung und setzt auf ein Nebeneinander kurzer Szenen. Diese Szenen entwerfen eher ein Tableau als eine schließende Narration. Der Film ist nicht teleologisch aufgebaut, die Reihenfolge der Szenen könnte variieren. Viele Einzelsequenzen sind ereignishaft, wie etwa die Aneignung des Raumes vor der »City Hall«. Durch die Abwesenheit von Sprache und die kommentierende Klaviermusik, aber auch durch den Fokus auf die Körper im Raum hat der Film (auto-)ethnographische Züge. Die Segmente sind Momentaufnahmen, die Aspekte gesellschaftlichen Lebens spiegeln, häufig sind es Aneignungen von Räumen oder negativen/homophoben Zuschreibungen. Öffentliche Räume sind ebenso Schauplätze wie private Räume.

Die Kamera bzw. die Kadrierung weist an einigen Stellen darauf hin, dass es sich nicht um eine Inszenierung handeln soll, sondern um die Beobachtung eines Geschehens. Oft sind die Personen im Bild unscharf oder auch schnell wieder aus dem Bildrahmen verschwunden. Andere Szenen dagegen wirken theatralisch inszeniert mit Ab- und Aufgängen. So erinnert der Film an Amateuraufnahmen oder *Home-Videos* und stellt damit noch stärker die Behauptung/Bedeutung von Nähe und Authentizität aus.[31] Dies kann auch in der Tradition eines *cinéma vérité* oder Formen von (Auto-)Ethnographie gelesen werden. Die Unmittelbarkeit steht im Vordergrund. Video oder Film wird zu einer Möglichkeit, sich (öffentlichen) Raum anzueignen. Viele Sequenzen von SUPERDYKE sind eher atmosphärisch als narrativ. Der Film ist eine Reihung kurzer Sequenzen, anekdotisch und nah. Ein zentrales Moment des Films sind die Körper bzw. die Inszenierung der Figuren im Raum. Sie werden hier das eigentliche Material des Films, das über den Film Bedeutung bekommen soll, aber gleichzeitig auf die Möglichkeit von Bedeutungsproduktion befragt wird.

Queere Räume, die jenseits von normativen Vorstellungen von Erwachsensein funktionieren können, wie J. Jack Halberstam (2005) es darstellt, werden über die Anwesenheit der Kamera mit ermöglicht. Viele Sequenzen zeigen eine spielerische Aneignung von Räumen. Über die Art und Weise, wie die Frauen sich an den Orten bewegen, wie sie sie bespielen, wird ihnen eine Ernsthaftigkeit (ab-)genommen. Dies geschieht zum Beispiel vor der »City Hall« oder auch bei *Macy's*. Die Frage ist nicht: Was ist Lesbischsein? Die Frage ist: Was kann Lesbischsein im Film oder durch Film sein oder werden? Über die humorvolle, ironische und oft übertriebene Darstellung liefert der Film immer auch eine Verneinung der Konstruktion von Lesbischsein im Film mit. Die Produktion lesbischer Bilder ist ernst und ironisch zugleich. Die Episoden sind für den Film arrangiert und gleichzeitig verwehren sie den Zuschauer*innen eine Bindung über eine für den Blick inszenierte Narration.

Die Auseinandersetzung mit Frauen*körpern ist ein zentrales Moment in den Filmen von Barbara Hammer und taucht in ihnen immer wieder auf. Hier sind sie eingebettet in eine grundsätzliche Collage von Gemeinschaft/eines Kollektivs. Dies wird in vielen anderen Filmen Hammers weitergeführt, auch in einer Auseinandersetzung mit Sexualität und Weiblichkeit.

Mit der Positionierung der Frau vor dem Akt im Museum für erotische Kunst wird eine Geschichte der dort ausgestellten Arbeiten aufgerufen, in die der Film ein aktives lesbisches sexuelles Begehren einschreibt. Die erotischen Gemälde weiblich konnotierter Körper, bisher Objekt eines meist männlichen Blicks und Hinweis auf eine heteronormative Repräsentationsgeschichte weiblicher Körper und Sexualität, werden hier zu Agentinnen der Veränderung. Es ist keine auf einen Höhepunkt hin inszenierte Sequenz, sondern

---

31 Dieses Erinnern ist nur retrospektiv eine Möglichkeit, denn der Film entsteht ja zur selben Zeit wie *Home-Videos*.

eine Geste, fast nebensächlich und ironisch, die jedoch die Bildrezeption vollständig erneuert. Hammer setzt also ein lesbisches Begehren aktiv ins Bild, wo zuvor vor allem eine heteronormative Ordnung des Bildes mitsamt der anhängigen Rezeptionsgeschichte dominiert.

Viele Sequenzen sind humorvoll und ironisch. Der Film erinnert auch über die Musik an Komödien, es geht nicht nur um eine ernsthafte Darstellung oder Auseinandersetzung mit lesbischen Figuren, es ist eine humor- und lustvolle Montage. Schriftinserts, die Klaviermusik, die Tatsache, dass es sich um einen Stummfilm handelt, in dem es keinen diegetischen Ton gibt, und die Reihung der einzelnen Sequenzen rufen eine Geschichte des Kinos auf. Mit der strukturellen Ähnlichkeit zum frühen Kino, den einzelnen kleinen Szenen, die der Film zusammensetzt, geht auch Barbara Hammer für den Beginn ihrer lesbischen Filmgeschichte zu den Anfängen des Films zurück. Die Erfahrung, die sie vermitteln, hinzufügen und in die Filmgeschichte einschreiben möchte, lehnt sich daher bewusst und offensiv an Formen des frühen Kinos an. Damit verbindet sie eine mediale Vergangenheit mit einer Gegenwart.

Bewegungsgeschichte_n

Barbara Hammer erzählt mit SUPERDYKE eine lesbische Bewegungsgeschichte als Filmgeschichte. In jeder der Episoden beschäftigt sie sich mit der Idee von Kollektivität oder Gemeinschaft. Es gibt Frauenpaare im Film, mehr jedoch geht es um das Kollektiv der vielen Frauen, die zusammen verschiedene Orte besetzen. Die Frauen, die in kleinen Szenen dargestellt werden, agieren immer umgeben von einer Gruppe von anderen Frauen. Lesbisch-feministischer Aktivismus, aber auch Stereotype und Überzeichnungen kommen in Barbara Hammers Collage zusammen. Sie können als Idee eines utopischen Konzepts von Kollektivität gelesen werden. Es geht um die Gleichzeitigkeit verschiedener Entwürfe, die zusammen ihr Bild der *Superdykes* bilden. Die Bilder dieser möglichen Gemeinschaft ist wie einige andere Arbeiten Hammers im San Francisco der 70er Jahre verortet. Also entsteht der Film in der Zeit, auf die sich Theoretiker*innen der Queer Studies in Bezug auf Zeitlichkeiten und gesellschaftspolitische Narrative immer wieder beziehen. Es ist die Zeit einer schwulen Sexkultur, der – zumal im Gefolge der AIDS-Pandemie – im kollektiven (nationalen) Gedächtnis kein Wert zugesprochen wird. Sie wird abgelöst von der Zuweisung von Sorge und Verantwortung für sich selbst, in Bezug auf geschützte Sexualität, die zum Gegenstand homophoben Umgangs mit der Erkrankung geworden ist (vgl. Tedjasukmana 2008). Da lesbische Frauen zu den von HIV/AIDS am wenigsten betroffenen Personengruppen gehören, kommen Sie in den homophoben Zuschreibungen durch die Pandemie nicht so explizit vor wie schwule Männer.[32] In Dokumentarfilmen, die sich mit der Zeit des Ausbruchs der Pandemie beschäftigen, sind sie Protagonistinnen als Aktivistinnen von *Act Up*, aber auch als diejenigen, die bei der Versorgung und Pflege von Erkrankten mithelfen. Barbara Hammers Filme, die sich mit Möglichkeiten von Lesbischsein im Film auseinandersetzen, erzählen ebenfalls Geschichten, die keine Relevanz in einer nationalen Erzählung haben. So funktioniert SUPERDYKES retrospektiv ebenfalls wie ein Parallelnarrativ oder auch eine Ergänzung/Erweiterung zu einer Erzählung queeren Lebens in der Stadt vor der AIDS-Pandemie.

SUPERDYKES setzt sich vor allem mit Kollektivität oder Gemeinschaft lesbischer Frauen in den 1970er in San Francisco auseinander. Der Film ist nicht über ein fortlaufendes Narrativ zeitlich geordnet. Die Nähe der Kamera und der gehäufte Einsatz des Zooms betonen den Moment, das Hier und Jetzt. Andere Arbeiten Hammers zersetzen die Ordnungsstruktur der Zeit im Film als fortlaufend und linear noch stärker – auch im Umgang mit dem filmischen Material.

Ich werde nun beispielhaft zwei weitere frühe Filme Barbara Hammers kurz skizzieren, um zu zeigen, wie sie in diesen gegen die dominanten zeitlichen Strukturen von narrativem Film arbeitet, um filmische Formen für eine Idee von Lesbischsein zu finden. Sie nutzt dafür filmische Verfahren wie die Überblendung – generell eines der häufigsten Mittel in ihren Filmen –, arbeitet stark mit einer subjektiven Kamera und mit aktiven Blickstrukturen, die den diegetischen Rahmen des Filmraums verlassen, und konzentriert sich auf Rhythmen und Geräusche, nicht aber auf Sprache. Körper, insbesondere auch Vulven, Sex und Berührungen werden zu zentralen Elementen und Zeichen des Films.

MULTIPLE ORGASMS

MULTIPLE ORGASMS (USA 1976) ist eine einzige Abfolge von Überblendungen. Die drei Motive, die Großaufnahme einer Vulva und einer masturbierenden

32 Theoretiker*innen wie J. Jack Halberstam betonen, dass auch lesbische Figuren und andere marginalisierte Gruppen in Fragen nach Geschichtsentwürfen und Zeitlogiken, die sich angesichts von HIV und AIDS im Hinblick auf Kollektivität und Identität stellen, in den Blick genommen werden müssen (vgl. Halberstam 2005).

Hand, die Großaufnahme des Gesichts der Filmemacherin und schließlich Ansichten einer Höhle bzw. von Felsformationen und Natur werden wechselseitig ineinander geblendet. Die Frage der Darstellbarkeit von Orgasmen von Frauen im Film beantwortet Hammer mit dem Moment der Dauer. Der Film kommt ohne Ton aus, auch auf der Audiospur inszeniert der Film keinen akustisch vermittelten Höhepunkt. Über die Dauer des Films verbinden sich immer wieder die Formen der einzelnen Motive. Die Körperöffnungen und die Öffnungen der Landschaft verbinden sich miteinander. Es finden Berührungen und Projektionen statt. Der Film bricht abrupt ab. Mit diesem Ende verweigert er die Erwartungen an eine teleologische Erzählung. Es sind Bewegungen und Eindrücke, die zusammenkommen. Zudem ist es ein Film, mit dem Hammer auf sich als Filmemacherin selbst zurückverweist, denn das Gesicht in der Großaufnahme ist wie gesagt ihr eigenes Gesicht. Film wird hier auch zum Experiment der (eigenen) Lust und Schaulust und zu einem Spiegel. Es ist eher ein – wie Tom Gunning es beschreibt – exhibitionistisches Moment (vgl. Gunning 1986, 66), in dem der Film aktiv darauf hinweist, dass er etwas zur Schau stellt. Dies wird verstärkt durch den Blick Hammers direkt in die Kamera, sie ist diejenige, die adressiert und die Hoheit des Blicks behält. Im Übergang zwischen den einzelnen Motiven bzw. in ihrer Überlappung gibt es keine Kausalität und so wird auch die Zeitlichkeit des Films ausgestellt, sie tritt in den Vordergrund. Die Abfolge der Bilder wird über die Überblendungen irritiert und die zeitliche Dimension des Films über die der Gleichzeitigkeit erweitert. Es ist wie eine Versuchsanordnung: Wie kann Film als zeitbasiertes Medium, das über das zeitliche Moment so stark an narrative Abfolgen gebunden ist, nicht-narrativ sein? Die Überblendung und die Mehrfachbelichtung werden zu den visuellen Momenten, die Linearität und Chronologie als Möglichkeiten des Mediums Film im Umgang mit der Zeit entgegenstehen. Sie können als queere Momente verstanden werden, die normativen Zeitlichkeiten eines Erzählkinos aufzulösen.

Women I Love

Women I Love (USA 1976) ist eine weitere filmische Collage von Barbara Hammer, in der Überblendungen sowohl vielfache Assoziationsmöglichkeiten bereitstellen als auch eine zeitliche Fixierung unmöglich machen. Überblendungen, aber auch Mehrfachbelichtungen fixieren Spuren unterschiedlicher Vergangenheiten auf dem Filmmaterial. Der Film ist eine Collage mehrerer kurzer Porträts von Frauen. Ein verbindendes Motiv sind Gemüse- und

Obstbilder, die an Genitalien erinnern. Auf der Audiospur sind es Naturgeräusche wie Vogelstimmen oder auch Regenprasseln, die den Film bestimmen. Nähe und Berührungen sind auch hier zentrale Elemente. Der Titel verbindet die Frauen, die im Film zu sehen sind, als diejenigen, die die Filmemacher*in oder auch ein auktoriales »Ich« liebt. Mit dieser Collage wird ein gängiges Motiv von monogamer, romantischer Liebe aufgebrochen. Es ist nicht die eine Frau, die hier porträtiert wird, es ist eine Reihe von Frauen, die nebeneinander auftauchen und über ein (lesbisches) Begehren zueinander in Beziehung gesetzt werden. Der Film folgt keiner Narration von einzelnen Beziehungen, es wird kein Konflikt inszeniert, es ist einfach eine Reihung von Momenten. Der Kamerablick wird zu einem Blick der Liebhaberin. Über einen Spiegel wird er auch auf die Person hinter der Kamera selbst gerichtet. Sie hockt nackt in einer Küche auf einer Waschmaschine und blickt mit der Kamera auf sich im Spiegel. Dabei zoomt sie zwischen ihre Beine, auf ihre Genitalien. Auch hier werden Blickstrukturen und Machtverhältnisse umgeschrieben. Die Person hinter der Kamera thematisiert sich selbst als diejenige, die den Blick bestimmt, und wird auf eine Ebene mit den anderen Personen im Film gebracht.

Da der Ton vor allem atmosphärisch ist und der Kamerablick den der Rezipient*innen lenkt, wird das »Ich« aus dem Titel auch stark mit dem Blick der Zuschauer*innen verbunden. Die Nähe und die Reaktion der Frauen auf die Kamera, die sie immer wieder adressieren, binden die Zuschauer*in an die Perspektive der Person hinter der Kamera. Es ist keine beobachtende, distanzierte Perspektive, sondern eine Perspektive der Beteiligung.

Eine Variante einer Idee eines lesbischen Kinos bei Barbara Hammer

In den frühen Filmen Barbara Hammers sind das Filmemachen, Körper und Berührungen oft wiederkehrende Momente. Ihre Idee eines lesbischen Kinos oder die Vermittlung einer lesbischen Erfahrung, ist hier sehr stark an eine Signifikanz von Körperlichkeit gebunden. Ein häufiges Motiv ihrer Filme sind – wie etwa in der beschriebenen Masturbationssequenz – Vulva-Aufnahmen. Für das von ihr entworfene lesbische Kino ist Sex ein zentrales Motiv.

Die Erfahrung, die in den Filmen der 1970er Jahre medial aufgearbeitet ist, ist eine Erfahrung von Kollektivität, aber auch eine Aushandlung von medialer Auseinandersetzung mit Nähe und Körperlichkeit. Gerade diese Inszenierung von Nähe und Körperlichkeit macht auch die Radikalität der Arbeit Hammers aus. Sie stellt im Medium die Frage, wie ein Blick auf weiblich konnotierte Körper aus einer lesbisch-feministischen Perspektive in einem patriarchal strukturierten Medium möglich werden kann. Sie findet eine solche Möglichkeit über den aktiv begehrenden weiblichen Blick, aber auch über nicht-lineare Formen der Montage. Ist der Blick auf die Genitalien in SUPERDYKES ein Blick der Kunstgeschichte, den Hammer vor allem in Bezug auf eine neue Rezeption thematisiert, so wird er in ihren weiteren Arbeiten als ein wiederkehrendes filmisches Moment bedeutsam. In mehreren frühen Filmen Hammers ist der Blick auf die weiblichen Genitalien zentral, manchmal als eine (Selbst-)Beobachtung, manchmal als Inszenierung von Selbstbefriedigung und manchmal in Momenten von Sex mit einer anderen Person. Die Wiederholung dieses Motivs ist ein aktives Einschreiben in Filmgeschichte, es verändert Bildpolitiken und Blickstrukturen. Die Blicke, als Blick der Kamera, als Blick der Filmemacherin auf ihren eigenen Körper, aber auch auf die Körper ihrer Geliebten, werden zu einem Blick des Begehrens, zuweilen zu einem Moment der (Schau-)Lust, immer verbunden mit dem Wunsch, eine eigene Form für eine lesbische Erfahrung im Film zu finden und mit der Frage, was eine lesbische Identität hier sein könnte.

Barbara Hammers Arbeiten sind in Bezug auf queere Zeitlichkeit in mehrfacher Weise produktiv. Sie möchte über Film eine Auseinandersetzung mit Lesbischsein ermöglichen, ohne dabei dieses Lesbischsein abschließend mit Bedeutung zu füllen. Es findet eine laufende Aushandlung darüber statt, wie Film selbst – wie in dieser Arbeit fokussiert auf Zeitlichkeit als Ordnungsprinzip – Machtstrukturen (re-)produziert und was auf dieser Ebene der filmischen Verfahren Queerness sein könnte (dies trifft sich mit Bestrebungen des Avantgarde-Films, bestehende Konventionen in Frage zu stellen). Gleichzeitig kann die Frage nach Queerness nicht ausschließlich eine Frage nach der Form sein, weil sie immer auch mit Fragen der Repräsentation von nicht-heteronormativer Sexualität, Begehren und Identitätskonstruktionen verbunden ist.

In Kombination mit der Idee einer Politik der Abstraktion, die Hammer für die Möglichkeit der Darstellung lesbischer Erfahrungen im Film herausstellt, lässt sich anknüpfen an die Ideen und Auseinandersetzungen mit Queerer Zeitlichkeit. Hammers Filme zeigen, dass die Auseinandersetzung mit Zeitlichkeit, die die Filme selbst führen, immer auch eine Auseinandersetzung mit einer Geschichte des Mediums überhaupt ist. In diesem Fall ist es das frühe Kino mit seinen spezifischen Zeitlichkeiten, das Hammer wiederholt. Es ist auch der Moment, in dem die spezifisch mediale, zeitlich basierte Bedeutungsproduktion des Films beginnt.

So lässt sich anhand ihrer Filme auch eine Art von Historiografie nachzeichnen. Zunächst arbeitet sie daran, eine lesbische Perspektive und damit auch lesbische Körper und Figuren in eine Filmgeschichte einzuschreiben. Hier arbeitet sie stark assoziativ über Nähe, Körperlichkeit und kurze Sequenzen. In einigen Filmen setzt sich sich stark mit der Materialität des Films auseinandersetzen in anderen bearbeitet sie Geschichte_n feministischer Künstler*innen und begreift Film als eine Möglichkeit von Geschichtsschreibung.

Wenn Hammer schreibt, dass lesbisches Kino auf einer unsichtbaren Leinwand vorkomme und sie deshalb nach Möglichkeiten des Ausdrucks für eine lesbische Erfahrung im Medium Film gesucht hat (vgl. Hammer 1993, 70), dann verwirft sie Film nicht, vielmehr schreibt sie dem Film eine so gewichtige Rolle zu, dass sie die Dringlichkeit sieht, ihn zu verändern. Sie will den Status quo, in dem eine spezifische Erfahrung der Welt nicht vorkommt, verändern. Aber sie will hiermit auch Geschichte bzw. Geschichtsschreibung, die sich über Medien herstellt, modifizieren. Denn medial nicht vorkommen, heißt in der Gegenwart – sowie als Möglichkeit für die Zukunft – nicht existent zu sein. In all ihren Filmen, in den frühen wie in den späten, arbeitet Hammer an der Infragestellung und der Veränderung medialer Konventionen. In den frühen Filmen ist Geschlechterdifferenz, weibliches/lesbisches Begehren und die Gemeinschaft von (lesbischen) Frauen zentral. Das Verhältnis von Medium und Körper/Begehren wird als ein wechselseitiges herausgestellt und über Fragen von Historiografie und Zeitlichkeit im Medium immer wieder gestellt und ausprobiert und in Bewegungsgeschichte_n entworfen.

6. Hier ein Ende

Wie zu Beginn dieser Studie ausgeführt, findet in den Queer Studies eine Auseinandersetzung mit Zeitlichkeit statt, in der Filme eine zentrale Rolle spielen. Auch die hier diskutierten queeren Dokumentarfilme führen mittels ihrer vielfältigen medialen Möglichkeiten eine solche Auseinandersetzung mit Zeitlichkeit und erweitern die Diskussion um ihre spezifisch filmische Perspektive. Die Filme betreiben eine Form von queerer Historiografie, die auf filmischen Zeitordnungen basiert. Ideen der Brüchigkeit von Zeit oder auch Wiederholungen, ein Nebeneinander verschiedener Erfahrungen von Zeit sind im Medium Film angelegt. Sie sind spezifisch mediale Zeitlichkeiten und sie sind nicht fixiert. Es findet in den Filmen eine anhaltende Verschiebung und Aushandlung von Zeitordnungen statt. Dabei werden normative Aspekte manchmal produktiv angeeignet, aber immer wieder auch hinterfragt, verschoben und neugeordnet. Bewegungsgeschichte_n werden im Medium nicht linear und teleologisch hergestellt, sondern mit einer Offenheit entworfen, die ein kontinuierliches Durcharbeiten ermöglicht.

In den drei Analyseschwerpunkten wurden sowohl Motive, als auch die Verhandlung von Filmgeschichte sowie Fragen nach der Materialität des Films im Hinblick auf Zeitlichkeiten untersucht. Diese Aufteilung verwehrt sich einer ausschließlichen Fokussierung auf die Narration des Films als zeitliche Struktur. Vielmehr ist deutlich geworden, dass Bearbeitungen von Zeitlichkeit in den Filmen auf sehr unterschiedlichen Ebenen stattfinden und so in den hier vorliegenden Filmen immer auch die filmische Struktur im Hinblick auf die Normativität des Mediums durchgearbeitet wird. Dabei findet sich nicht nur eine Form, die in den Filmen als Queere Zeitlichkeit sichtbar wird, sondern sehr viele unterschiedliche, historisch situierte mediale Strategien eines Queerings. Queere Film- wie Theoriearbeit erscheint dabei als offenes Projekt, das sich laufend in gesellschaftspolitischen Kontexten verschiebt und auf Gewaltverhältnisse reagieren kann. Es ist gerade nicht linear oder teleologisch, sondern immer auch rückwärtsgewandt und verwoben.

Anhand der Filme habe ich herausgestellt, dass eine Auseinandersetzung mit Zeitlichkeit nicht nur im wissenschaftlichen Kontext der Queer Studies, sondern auf andere Weise auch in den Filmen selbst stattfindet. Dort lässt sich eine ständige Aushandlung der medialen Bedingungen beobachten, unter denen normative und queere Zeitordnungen entstehen.

In den theoretischen Ansätzen zeigt sich auch, dass die Diskussion in den Queer Studies an Traditionen spezifisch medienwissenschaftlicher Fragestellungen anschließt. So trägt sie Konzepte feministischer Filmtheorie in Bezug auf Zeitlichkeit weiter. Schon in diesen Konzepten wird Zeit als strukturierendes Prinzip des Films auf Machtverhältnisse fokussiert gelesen. In der Kritik an normativen, insbesondere patriarchalen, heteronormativen und geschlechterbinären Strukturen in den Traditionen vor allem des klassischen Hollywood-Kinos, die von der feministischen Filmtheorie untersucht worden sind, wurden bereits Fragen aufgeworfen, die auch in den Queer Studies aufgenommen werden. Gerade die konventionell linearen Strukturen eines narrativen Kinos wurden in der klassischen feministischen Filmtheorie als hegemoniale und patriarchale Strukturen herausgearbeitet. Sie gelten als Träger einer geschlossenen, teleologischen Bedeutungsproduktion, die ein spezifisch medialer Effekt ist. Das Anliegen einer feministischen Filmpraxis war und ist es, diese Strukturen zu verändern. Dieses Anliegen wird in den theoretischen Ansätzen der Queer Studies, aber eben auch in queeren Filmen, aufgegriffen, angepasst und weitergeführt. So habe ich über die Einbindung feministischer Filmtheorie einerseits verdeutlichen können, dass die Diskussion in den Queer Studies zur Zeitlichkeit als ein Beitrag zu Queer Cinema Studies gelesen werden kann, andererseits habe ich damit auch die Theorie selbst wieder an eine Vergangenheit zurückgebunden und damit auch für die akademische Forschung eine lineare Geschichte verwehrt. Viele Fragen, die sich hier stellen, sind nicht genuin neu, sondern Neuperspektivierungen vergangener Auseinandersetzungen.

Die Auseinandersetzung mit Zeitlichkeit in den Queer Studies umfasst Fragen nach Historiografie und Deutungshoheit, Bedeutungsproduktion, Konstruktionen (kollektiver) biografischer Entwürfe und nach Verkörperungen von Ideen der Produktivität und Effektivität als zeitlich basierte körperliche Einschreibungen. Sie beinhaltet Überlegungen zu Queerer Zeitlichkeit innerhalb (hetero-)normativer Zeitordnungen und zu Möglichkeiten von Widerständigkeit, zu Figurationen von Vergangenheit und Zukunft, zu

Zeitordnungen und die in ihnen angelegten Machtverhältnisse und Utopien. All diese Aspekte werden in den Filmen selbst verhandelt und auf ihre medialen Konfigurationen hin untersucht. Den Filmen liegt nicht nur das Versprechen zugrunde, eine außerfilmische Zeit zu bewahren, sie entwerfen mediale Figuren von Zeit, die dann auch außermedial machtvoll wirksam werden. In den hier analysierten queeren Dokumentarfilmen werden diese Effekte genutzt und reflektiert. Filmische Zeit ist nicht ausschließlich linear, sie ermöglicht Rückbezüge und Begegnungen mit einer Vergangenheit, sie ist gekennzeichnet durch ihre Nähe zum Tod, sie basiert auf Materialitäten, sie ist durchdrungen von einer Filmgeschichte. Und sie kehrt auch immer wieder zu den Anfängen dieser Filmgeschichte zurück.

Eine solche Filmgeschichte zeigt sich als produktiver Teil von Bewegungsgeschichte, der nicht abgeschlossen ist, sondern in queeren Auseinandersetzungen immer wieder durchgearbeitet werden muss, als queere Form filmischer Historiografie, als *Bewegungsgeschichte_n*, die die Lücke zwischen Narrationen und Historiografie offenhält.

Auch Materialitäten des Films werden auf ihre zeitlichen Dimensionen hin bestimmt und genutzt. Im Anachronismus des analogen Materials kann eine Form von Vergangenheit aufgerufen und aktualisiert werden. Das digitale Material eignet sich in seiner Fähigkeit der Inklusion anderer Medien noch einmal spezifisch für ein queeres Archiv und Queere Zeitlichkeit. Es ermöglicht eine weitere Flexibilisierung der zeitlichen Ordnungen und kann Materialien aus unterschiedlichen Zeiten sehr frei miteinander in Verbindung setzen. Das gilt auch für Momente der Gleichzeitigkeit im Bild selbst, nicht nur für den Zeitstrahl des Films.

Ein spezifischer Umgang mit normativer Zeitlichkeit in filmischen Strukturen lässt sich am Beispiel der Ehe demonstrieren, die als romantisches Motiv im Film eine Bewegung zum Stillstand bringen kann und die eigene Bedeutung dabei immer wieder bestätigt. Im identitätspolitischen Dokumentarfilm EDIE AND THEA: A VERY LONG ENGAGEMENT wird dieses filmische Motiv für eine Politik der Anerkennung genutzt. Der Film schreibt sich damit in normative Vorstellungen ein und basiert gleichzeitig auf den ausschließenden Effekten dieser Normativität. Das Recht zu heiraten, als Konsequenz einer Erzählung von langlebiger, monogamer Beziehung, erweist sich als schon im Medium angelegt. Gleichzeitig aber finden auch Verschiebungen in Bezug auf das Ehe-Motiv statt. Die staatliche und narrative Anerkennung des lesbischen Paars findet in EDIE AND THEA nachträglich, nach bereits Jahrzehnten gemeinsam verbrachter Zeit, statt. Die Beziehung erhält, über die Einpassung in die audiovisuell tradierte Form von Zusammengehörigkeit, im Film einen Status, der auf die Ehe verweist.

Der Filmemacher Tom Joslin und sein Partner Mark Massi, die Protagonisten des zweiten besprochenen Films SILVERLAKE LIFE: THE VIEW FROM HERE, sind in ihrem Sterben von einer gesellschaftlichen Anerkennung und auch Erzählung in den USA der 80er/90er Jahre gewaltvoll ausgeschlossen. Von der Erkrankung infolge einer HIV-Infektion geschwächt, verbringen sie einen großen Teil ihrer Zeit im privaten Raum ihres Hauses und später des Bettes. Hier schaffen sie über das Medium des Dokumentarfilms eine Öffnung des Privaten und stellen damit auch die Relevanz der eigenen Situation aus und medial selbst her. Sie nutzen schon im Moment der Aufzeichnung das Versprechen des Mediums, eine Vergangenheit zu bewahren und wiederholbar zu machen; und sie schaffen eine Gegenöffentlichkeit gegen die gewaltvolle queerfeindliche öffentliche Berichterstattung der USA zur Zeit ihres Sterbens (zur gewaltvollen medialen Berichterstattung vgl. Bersani 2010). Peter Friedman, der den Film nach dem Tod Tom Joslins zu Ende stellt, stellt auch die Fähigkeit des Films aus, eine Begegnung, eine Berührung noch einmal zu wiederholen, zurück ins Bild zu holen, medial zu realisieren. Vergangenheit, Gegenwart und Zukunft werden hier im Film gleichzeitig aufrufbar und können miteinander in Beziehung gesetzt werden. Diese medienspezifische Fähigkeit von Film, mit Zeit umzugehen, taucht als Figur einer queeren Historiografie immer wieder in der Diskussion der Queer Studies auf. Die Möglichkeit des flexiblen Umgangs mit der Zeit, die den Film trotz seiner linearen Struktur auszeichnet, macht eine solche queere Form der Historiografie denkbar und zeigt hier eine mediale Umsetzung. Über den Film wird ein Recht auf Anerkennung und auch die Möglichkeit einer queeren Version von Geschichte und Filmgeschichte erwirkt.

Die Verschränkungen von Filmgeschichte und Bewegungsgeschichte zeigen sich in den beiden Filme THE OWLS und HIDE AND SEEK. Hier geht es um die gleichzeitige Produktion und Reflexion von Filmgeschichte und um die Auseinandersetzung mit den normativen Zeitordnungen, die dieser Filmgeschichte inhärent sind.

HIDE AND SEEK nutzt ein Moment der Nachträglichkeit im Film und holt über eine Neuverortung historischer Medien eine Erzählung nach. Dabei gelingt es dem Film in seiner Kombination von dokumentarischen Interviewsequenzen, historischem Material und einer Spielfilmerzählung, die vergeschlechtlichende Wirkung medialer Anrufungen affektiv erfahrbar zu machen. Gleichzeitig kann er im Rückblick und in der Kombination von Spielfilm und Dokumentarfilm mit Lou eine Figur in den 60er Jahren etablieren, die so in den zeitgenössischen Medien nicht vorkommt. An ihr wird eine Kindheit als lesbische Kindheit audiovisuell nachgeholt und in eine Filmgeschichte eingeschrieben. Als Figur ist Lou auch Effekt ihrer medialen Umgebung, sie ist eine spezifisch mediale Figur, eine Beobachterin. Filmgeschichte wird mit Lou im Rückblick in Bezug auf ihre zeitlichen Ordnungen von Geschlecht und Begehren im Medium zugleich analysiert und retrospektiv aktualisiert.

Wie effektvoll eine Filmgeschichte ist und wie normative Setzungen sich fortlaufend verschieben und erneut durchgearbeitet werden müssen, ist in den Filmen Cheryl Dunyes medial verarbeitet. Mit THE WATERMELON WOMEN macht Dunye im Modus des dokumentarischen Films die Abwesenheit Schwarzer lesbischer Figuren im Film sichtbar und schließt diese Lücke für einen Moment performativ. In ihrem später mit dem Parliament Collective realisierten Film THE OWLS verschiebt sie die Figur der Zeitzeug*innen als Expert*innen queerer Filmgeschichte. Das Sprechen und Bedeuten einer Vergangenheit ist hier zu einem Selbstzweck geworden und von Politiken entleert. Dunye und das Parliament Collective arbeiten nun gegen ein Verständnis von Filmgeschichte als Befreiungsgeschichte queerer Figuren. Sie zeigen die machtvollen Konsequenzen einer Politik, die Homophobie als in der Gegenwart überwunden darstellt und (nur noch) in der Vergangenheit verortet. Dabei verändern sie die medialen Verfahren: Das Sprechen wird gedoppelt und ausgestellt, die Gattungskategorien von Dokumentarfilm und Spielfilm werden in Bezug auf Filmgeschichte problematisiert und verkompliziert, Filmgeschichte wird nicht als eine lineare Bewegung begriffen, sondern in viele einzelne Verfahren aufgeteilt. Die Vergangenheit ist auch in der Gegenwart noch wirksam. In der Figur der zerbrochenen Generationen wiederspricht der Film der Idee eines Kollektivs durch die Zeit und schafft stattdessen Raum für Differenz. Queere Filmpraxis ist hier nicht versöhnlich und kollektivierend, sondern radikal und kritisch, Strukturen und Zeitordnungen werden laufend neu bearbeitet. Ideen Queerer Zeitlichkeiten werden hier im Medium auch ästhetisch hergestellt.

Ausgehend von der Form des Films verfolgt Barbara Hammer eine Idee lesbischer Filmgeschichte. Queere Erfahrung ist bei ihr an die filmische Form gebunden. Damit wird Queerness auch zu einem Moment des Avantgarde-Films. Hammers filmische Verfahren Überblendung, Mehrfachbelichtung, extreme Close-ups und assoziative Montage verwehren ein Einpassen der Figuren in eine lineare Zeitordnung oder teleologische Erzählungen. Gleichzeitig wird in den frühen Filmen der 1970er Jahre Hammers der Körper signifikant, der hier über einen lesbischen Blick als weiblicher Körper ins Material eingeschrieben wird. Dieses Einschreiben funktioniert hier wiederum gerade nicht über ein Einpassen in normative Strukturen des Mediums, sondern von Anfang an als ein Bruch mit ihnen.

Die Zeitordnungen des Films werden auch in Hammers Filmen aus dem Jahr 2010 immer wieder genutzt und im Medium umgeschrieben. In den beiden vorgestellten Arbeiten, GENERATIONS und MAYA DEREN'S SINK wird die spezifische Zeitlichkeit des analogen Films mit der Zeitlichkeit digitaler Medien verbunden. Dabei stellen die Filme im Material selbst Fragen an das Material und verändern zeitgleich eine Filmgeschichte. Das Versprechen des Filmstreifens, eine Vergangenheit zu bewahren und verfügbar zu machen, tritt im – gemeinsam mit Joey Carducci realisierten – GENERATIONS noch einmal deutlich hervor. Es zeigt sich auch in der Konzentration auf die Oberfläche des Materials, das – wie der Körper – zeitliche Abnutzungserscheinungen trägt. Diese materielle Abnutzung als Zeichen der Vergänglichkeit gehen in einer zweiten digitalen Version verloren. Für Bewegungsgeschichte_n arbeitet der Film gegen ein reproduktives Verständnis von Generationen, betont eine Differenz im trotzdem gemeinsamen Projekt. Das Versprechen von Film tritt noch einmal in den Vordergrund, wenn im analogen Teil des Films von Carducci der Filmstreifen mit einer Achterbahn – einem Motiv des frühen Films – parallelisiert wird und über die zeitliche Manipulation der Wunsch, die Fahrt anzuhalten, ermöglicht wird. Der Film stellt den Wunsch nach Bedeutung als mediales Versprechen aus. Aber er verwehrt gleichzeitig eine Linearität und stellt Zeit als zyklisch, gespalten, kontingent aus und her.

Marie Loisier nutzt für ihre Arbeit THE BALLAD OF GENESIS AND LADY JAYE das analoge Medium und trennt darin – auch dies ein Umgang mit der Zeit – Ton- und Bildspur, um sie im Film neu zusammenzusetzen und damit im Medium Brüche in der Zeitlichkeit zu erzeugen. Sie kehrt zu einem Beginn einer Filmgeschichte zurück und findet in der Vergangenheit eine anschließbare Form für ihr Projekt. Auch in diesem Rückbezug auf einen Anfang werden Erzählungen von linearen Fortschrittsgeschichten unterlaufen. Medial finden sich formal dort queere Momente wieder, wo das Medium noch nicht kategorisiert, Narrative standardisiert und Filmformen normiert wurden. So wird auch ein Beginn einer Filmgeschichte immer wieder neu gefasst und durchgearbeitet, dekonstruiert und mit neuen Hoffnungen versehen.

Über die stetige Arbeit an Fragen zum Status des Dokumentarischen liefern die dokumentarischen Filme auch Beiträge zu einem queeren Archiv, wie es Ann Cvetkovitch herausgestellt hat (vgl. Cvetkovich 2003). Was bleibt als

Dokument im Film-Archiv, was wird hier bewahrt, auf welchen Formen von Historiografie basiert es und wie lassen sich die darin enthaltenen Lücken sichtbar machen? Hier bieten sich Anschlüsse innerhalb der Queer Studies an, gerade auch in Bezug auf eine spekulative Arbeit queerer dokumentarischer Filme. Darüber hinaus werden im Hinblick auf normative Zeitlichkeit auch theoretische Arbeiten und eine Wissensgeschichte daraufhin befragbar, welche linearen geschlossenen Setzungen ihre jeweiligen Methoden mitbringen und wo sie normative Zeitstrukturen reproduzieren oder brechen. So kann auch die Dringlichkeit für weitere Entwürfe queerer Methodologien für akademisches Arbeiten in der Diskussion zu Zeitlichkeit plausibel werden. Für den Forschungsbereich der *Queer Death Studies*, die nicht die Zeitlichkeit, sondern den Tod zu ihrem Ausgangspunkt machen, zeigt die Arbeit medienwissenschaftliche Perspektiven auf, da der Bezug des Mediums zum Tod ein zentrales Moment der Filme darstellt. Diese Verbindung könnte gerade im Hinblick auf Bedeutungsproduktion, Normativität und Queerness weiter in den Blick genommen werden.

Zeitordnungen, die in den Queer Studies problematisiert und befragt werden, sind, so haben die Analysen gezeigt, medial hergestellt und werden hier in Filmen verhandelt, angepasst und gequeert. In ihnen entstehen Bewegegungsgeschichte_n und Konzepte Queerer Zeitlichkeit.

Bibliografie

Literatur

Aaron, Michele (2004): *New queer cinema. A critical reader*. Edinburgh: Edinburgh University Press

Ahmed, Sara (2011): Happy Futures, Perhaps. In: McCallum E.L./Tuhkanen, Mikko (Hg*innen): *Queer Times, Queer Becomings*. New York: State University of New York Press, S. 159-183

Ahmed, Sara (2010): *The Promise of Happiness*. Durham: Duke University Press

Andreas, Michael/Frankenberg, Natascha (Hg*innen) (2013): *Im Netz der Eindeutigkeiten. Unbestimmte Figuren und die Irritation von Identität*. Bielefeld: transcript

Arnheim, Rudolf (1999 [1932]): Film als Kunst. In: Albersmeier, Franz-Josef (Hg.): *Texte zur Theorie des Films*. Stuttgart: Reclam, S. 176-200

Barthes, Roland (2006 [1975]): Beim Verlassen des Kinos. In: ders.: *Das Rauschen der Sprache*. Frankfurt a.M.: Suhrkamp, S. 376-380

Barthes, Roland (2014 [1981]): *Die helle Kammer. Bemerkungen zur Photographie*. Frankfurt a.M.: Suhrkamp

Benjamin, Walter (1977 [1936]): *Das Kunstwerk im Zeitalter seiner technischen Reproduzierbarkeit. Drei Studien zur Kunstsoziologie*. Frankfurt a.M.: Suhrkamp

Berlant, Lauren/Edelman, Lee (2014): *Sex, or the unbearable*. Durham: Duke University Press

Berlant, Lauren (2011): *Cruel optimism*. Durham: Duke University Press

Bersani, Leo (2010 [1987]): *Is the rectum a grave? And other essays*. Chicago, London: The University of Chicago Press

Bordwell, David/Thompson, Kristin (2004): *Film art. An introduction*. Boston: McGraw-Hill

Brauerhoch, Annette/Loch, Mirjam (Hg*innen) (2004): *Das Alte und das Neue* (Frauen und Film, Band 64). Frankfurt a.M.: Stroemfeld, 2004

Brunow, Dagmar/Dickel, Simon (Hg*innen) (2018): *Queer Cinema*. Mainz: Ventil Verlag

Burroughs, William S./Gysin, Brion (1978): *The third mind*. New York: Viking Press

Bustamente, Carlos (2016): The Bolex Motion Picture Camera. In: Fullerton, John/Söderbergh Widding, Astrid (Hg*innen): *Moving Images: From Edison to the Webcam*. Bloomington: Indiana University Press, S. 59-66

Butler, Judith (1991 [1990]): *Das Unbehagen der Geschlechter*. Frankfurt a.M.: Suhrkamp

Butler, Judith (1997 [1993]): *Körper von Gewicht*. Frankfurt a.M.: Suhrkamp

Butler, Judith (2003 [1991]): Imitation und die Aufsässigkeit der Geschlechtsidentität. In: Andreas Krass (Hg.): *Queer denken. Gegen die Ordnung der Sexualität*. Frankfurt a.M.: Suhrkamp, S. 144-168

Butler, Judith (2005 [2004]): Gewalt, Trauer, Politik. In: dies.: *Gefährdetes Leben. Politische Essays*. Frankfurt a.M.: Suhrkamp, S. 36-68

Butler, Judith (2011): *Queere Bündnisse und Antikriegspolitik*. Hamburg: Männerschwarm Verlag

Crosby, Christina et al. (2001): Queer Studies, Materialism, and Crisis. A Roundtable Discussion. In: *GLQ: A Journal of Lesbian and Gay Studies* 18 (1). Durham: Duke University Press, S. 127-147

Cvetkovich, Ann (2002): In the Archives of Lesbian Feelings: Documentary and Popular Culture. In: *Camera Obscura* 17 (1), S. 107-147

Cvetkovich, Ann (2003): *An archive of feelings. Trauma, Sexuality, and Lesbian Public Cultures*. Durham: Duke University Press

Cvetkovich, Ann (2012): *Depression. A public feeling*. Durham: Duke University Press, 2012

Danbolt, Mathias/Rowley, Jane/Wolthers, Louise (2009): *Lost and Found. Queering the Archive*. Copenhagen: Nikolaj Copenhagen Contemporary Art Center

Danbolt, Mathias (2010): We're Here! We're Queer? Activist Archives and Archival Activism. In: *Lambda Nordica* 15 (3-4): *Queer Methodology*, S. 90-118

Davis, Nick (2013): *The desiring-image. Gilles Deleuze and contemporary queer cinema*. Oxford, New York: Oxford University Press

Dayan, Daniel (1974): The Tutor-Code of Classical Cinema. In: *Film Quarterly* 28 (1), S. 22-31

De Lauretis, Teresa (1994): *The Practice of Love. Lesbian Sexuality and Perverse Desire*. Bloomington and Indianapolis: Indiana University Press

Deleuze, Gilles (1997 [1983]): *Das Bewegungs-Bild. Kino 1*. Frankfurt a.M.: Suhrkamp

Deleuze, Gilles (1997 [1985]): *Das Zeit-Bild. Kino 2*. Frankfurt a.M.: Suhrkamp

Derrida, Jacques (1986): Semiologie und Grammatologie. Gespräch mit Julia Kristeva. In: ders.: *Positionen*. Graz, Wien: Passagen, 1986. S. 52-82

Despineux, Carla/Mund, Verena (Hg*innen) (2000): *Girls, Gangs, Guns. Zwischen Exploitation-Kino und Underground*. Marburg: Schüren

Deuber-Mankowsky, Astrid (2017): *Queeres Post-Cinema. Yael Bartana, Su Friedrich, Todd Haynes, Sharon Hayes*. Berlin: August Verlag

Diepenbroick, Dorothée von/Loist, Skadi (Hg*innen) (2009): *Bild:schön. 20 Jahre Lesbisch Schwule Filmtage Hamburg*. Hamburg: Männerschwarm-Verlag

Dietze, Gabriele/Haschemi Yekani, Elahe/Michaelis, Beatrice (2012): Queer und Intersektionalität. In: *Portal Intersektionalität*. Online unter: http://portalintersektionalitaet.de/theoriebildung/ueberblickstexte/dietzehaschemimichaelis/ (zuletzt abgerufen 25.02.2021)

Dinshaw, Carolyn (1999): *Getting medieval. Sexualities and communities, pre- and postmodern*. Durham: Duke University Press

Dinshaw, Carolyn et al. (2007): Theorizing Queer Temporalities: A Roundtable Discussion. In: *GLQ: A Journal of Lesbian and Gay Studies* 13 (2-3), S. 177-195

Doane, Mary Ann (2002): *The Emergence of Cinematic Time. Modernity, Contingency, The Archive*. Cambridge/Mass., London: Harvard University Press

Duggan, Lisa (2003): *The Twilight of Equality? Neoliberalism, Cultural Politics, and the Attack on Democracy*. Boston: Beacon Press

Dyer, Richard (1990): *Now you see it. Studies on lesbian and gay film*. London, New York: Routledge

Dyer, Richard (2002 [1992]): *Only Entertainment*. London, New York: Routledge

Dyer, Richard (2002): *The Culture of Queers*. London, New York: Routledge

Edelman, Lee (2004): *No Future. Queer Theory and the Death Drive*. Durham: Duke University Press

Elsaesser, Thomas (2005): Zu spät, zu früh. Körper, Zeit und Aktionsraum in der Kinoerfahrung. In: Brütsch, Mathias (Hg.): *Kinogefühle: Emotionalität und Film*. Marburg: Schüren, S. 415-439

Fabian, Johannes (2014 [1983]): *Time & The Other. How Anthropology Makes Its Object*. New York: Columbia University Press

Felix, Jürgen (Hg.) (2002): *Moderne Film Theorie*. Mainz: Bender

The Filmcollaborative (o.J.): The Owls. Pressematerial. Online unter: www.thefilmcollaborative.org/films/img/epk/Press_Kit_The_Owls_020310.pdf (zuletzt abgerufen 10.03.2021)

Foucault, Michel (1990 [1967]): Andere Räume. In: Barck, Karlheinz et al. (Hg.): *Aisthesis. Wahrnehmung heute oder Perspektiven einer anderen Ästhetik*. Leipzig: Reclam, S. 34-46

Foucault, Michel (2017 [1976]): *Der Wille zum Wissen*. Frankfurt a.M.: Suhrkamp

Foucault, Michel (1985 [1981]): Von der Freundschaft als Lebensweise. Gespräch mit René de Ceccatty, Jean Danet und Jean Le Bitoux. In: ders.: *Von der Freundschaft als Lebensweise. Michel Foucault im Gespräch*. Berlin: Merve, S. 85-93

Foucault, Michel (1991): *Sexualität und Wahrheit.* Frankfurt a.M.: Suhrkamp

Frankenberg, Natascha (2018): Wann und wo wird queerer Film gewesen sein? Keine Coming-Of-Age Geschichte. In: Brunow, Dagmar/Dickel, Simon (Hg*innen): *Queer Cinema*. Mainz: Ventil Verlag, S. 198-218

Freccero, Carla (2006): *Queer/early/modern*. Durham: Duke University Press, 2006

Freeman, Elizabeth (Hg*in) (2007): *Special Issue: Queer Temporalities. GLQ: A Journal of Lesbian and Gay Studies* 13 (2-3). Durham: Duke University Press

Freeman, Elizabet (2010): *Time binds. Queer temporalities, queer histories*. Durham: Duke University Press

Fuchs, Cynthia/Holmlund, Chris (Hg*innen) (1997): *Between the sheets, in the streets. Queer, lesbian, gay documentary* (Visible evidence, Volume 1). Minneapolis: University of Minnesota Press

Fullerton, John/Widding, Astrid Söderbergh (Hg*innen) (2000): *Moving Images. From Edison to the Webcam*. Bloomington: Indiana University Press

Gever, Martha/Parmar, Pratibha/Greyson, John (Hg*innen) (1993): *Queer looks. Perspectives on lesbian and gay film and video*. New York: Routledge

Gimmler, Antje (Hg*in) (1997): *Die Wiederentdeckung der Zeit. Reflexionen – Analysen – Konzepte*. Darmstadt: Primus-Verlag

Gramann, Karola (Hg*in) (1982): *Die erotische Projektion* (Frauen und Film, Band 33). Berlin: Rotbuch Verlag

Gramann, Karola (Hg*in) (1984): *Avantgarde und Experiment* (Frauen und Film, Band 37). Frankfurt a.M.: Stroemfeld/Roter Stern

Gunkel, Henriette (2018): Rückwärts in Richtung queerer Zukunft. In: Brunow, Dagmar/Dickel, Simon (Hg*innen): *Queer Cinema*. Mainz: Ventil Verlag, S. 68-81

Gunning, Tom (1986): The Cinema of Attraction: Early Film, Its Spectator and the Avant-Garde. In: *Wide Angle* 8 (3-4), S. 63-70

Haase, Matthias/Siegel, Marc et al. (Hg*innen) (2005): *Outside. Die Politik queerer Räume*. Berlin: b_books

Halberstam, J. Jack (2005): *In a Queer Time and Place. Transgender bodies, subcultural lives*. New York: New York University Press

Halberstam, Jack/Muñoz, José Esteban/Eng, David L. (Hg*innen) (2005): *What's Queer about Queer Studies Now?* (Social Text 23 (3-4)). Durham: Duke University Press

Halberstam, J. Jack (2008): The Anti-Social Turn in Queer Studies. In: *Graduate Journal of Social Science* 5 (2), S. 140-156

Halley, Janet E./Parker, Andrew (Hg*innen) (2011): *After sex? On writing since queer theory*. Durham: Duke University Press

Hammer, Barbara (1993): The Politics of Abstraction. In: Gever, Martha/Pamar, Pratibha/Greyson, John (Hg*innen): *Queer Looks*. London, New York: Routledge, S. 70-75

Hammer, Barbara (o.J.): Generations. In: *Website von Barbara Hammer*. Online unter http://barbarahammer.com/films/generations (zuletzt abgerufen am 02.03.2021)

Hark, Sabine (2005): *Dissidente Partizipation. Eine Diskursgeschichte des Feminismus*. Frankfurt a.M.: Suhrkamp

Haschemi Yekani, Elahe/Michaelis, Beatrice (Hg*innen) (2005): *Quer durch die Geisteswissenschaften. Perspektiven der Queer Theory*. Berlin: Querverlag

Heidenreich, Nanna (2005): ›Der Kampf der Subkulturen‹ – Homophobie vs. Rassismus? In: Haschemi Yekani, Elahe/Michaelis, Beatrice (Hg*innen): *Quer durch die Geisteswissenschaften. Perspektiven der Queer Theory*. Berlin: Querverlag, S. 203-215

Hein, Birgit/Laade, Wolfgang (1981): *Film im Underground. Von seinen Anfängen bis zum Unabhängigen Kino*. Frankfurt a.M.: Ullstein

Hieber, Lutz/Villa, Paula-Irene (Hg*innen) (2007): *Images von Gewicht. Soziale Bewegungen, Queer Theory und Kunst in den USA*. Bielefeld: transcript

Hirsch, Marianne (2012): *Family Frames. Photography, Narrative, and Postmemory*. Cambridge, Mass.: Harvard University Press

Hoenes, Josch/Paul, Barbara (Hg*innen) (2014): *Un/verblümt. Queere Politiken in Ästhetik und Theorie*. Berlin: Revolver Publishing

Hoenes, Josch (2015): *Nicht Frosch – nicht Laborratte: Transmännlichkeiten im Bild. Eine kunst- und kulturwissenschaftliche Analyse visueller Politiken*. Bielefeld: transcript

Hohenberger, Eva (Hg*in) (2000): *Bilder des Wirklichen. Texte zur Theorie des Dokumentarfilms* (Texte zum Dokumentarfilm, Band 3). Berlin: Vorwerk 8

Hohenberger, Eva/Keilbach, Judith (Hg*innen) (2003): *Die Gegenwart der Vergangenheit. Dokumentarfilm, Fernsehen und Geschichte* (Texte zum Dokumentarfilm, Band 9). Berlin: Vorwerk 8

Hohenberger, Eva/Mundt, Katrin (Hg*innen) (2016): *Ortsbestimmungen. Das Dokumentarische zwischen Kino und Kunst* (Texte zum Dokumentarfilm, Band 18). Berlin: Vorwerk 8

hooks, bell (1992): The Oppositional Gaze. In: dies.: *Black Looks. Race and Representation*. Boston: South End Press, S. 115-132

hooks, bell (2006): *Outlaw culture. Resisting representations*. New York: Routledge

Jagose, Annamarie (2001 [1996]): *Queer Theory. Eine Einführung*. Berlin: Querverlag

Jakobsen, Janet/Seckinger, Beverly (1997): Love, Death and Videotape: Silverlake Life. In: Fuchs, Cynthia/Holmlund, Chris (Hg*innen) (1997): *Between the sheets, in the streets. Queer, lesbian, gay documentary* (Visible evidence, Volume 1). Minneapolis: University of Minnesota Press, S. 144-157

Jones, Angela (2013): *A Critical Inquiry into Queer Utopias. Critical Studies in Gender, Sexuality, and Culture*. New York: Palgrave Macmillan

Jones, David M./Juett, JoAnne C. (Hg*innen) (2010): *Coming out to the mainstream. New queer cinema in the 21st century*. Newcastle upon Tyne: Cambridge Scholars

Juhasz, Alexandra (2006): Video Remains. Nostalgia, Technology, and Queer Archive Activism, in: *GLQ: A Journal of Lesbian and Gay Studies* 12 (2), S. 319-328

Kern, Doris (Hg*in) (2008): *Unerhörte Erfahrung. Texte zum Kino: Festschrift für Heide Schlüpmann zum Geburtstag*. Frankfurt a.M.: Stroemfeld

Klippel, Heike (Hg*in) (2006): *Celluloid &Co* (Frauen und Film, Band 65). Frankfurt a.M.: Stroemfeld

Klippel, Heike (2009): *Zeit ohne Ende. Essays über Zeit, Frauen und Kino*. Frankfurt a.M.: Stroemfeld

Köppert, Katrin (2013): Scrap-Book of Tears. Entwürfe des Selbst im (Zeit-)Gefüge von Schmerz und Hoffnung. In: Regener, Susanne/Köppert, Katrin (Hg*innen): *privat/öffentlich. Mediale Selbstentwürfe von Homosexualität*. Wien: Turia + Kant, S. 175-203

Krämer, Sybille (Hg*in) (2004): *Performativität und Medialität*. München: Fink

Kraß, Andreas (2003): Queer Studies – eine Einführung. In: ders. (Hg): *Queer Denken. Gegen die Ordnung der Sexualität*. Frankfurt a.M.: Suhrkamp, S. 7-30

Kristeva, Julia (1981): Women's Time. In: *Signs* 7 (1), S. 13-35

Loist, Skadi (2008): Frameline XXX: Thirty Years of Revolutionary Film. Der Kampf um queere Repräsentationen in der Geschichte des San Francisco International LGBT Film Festival. In: Wischermann, Ulla/Thomas, Tanja (Hg*innen): *Medien – Diversität – Ungleichheit: Zur medialen Konstruktion sozialer Differenz*. Wiesbaden: VS Verlag für Sozialwissenschaften, S 163-181

Loist, Skadi (2010): *Sexy Media? Gender/Queer-theoretische Analysen in den Medien- und Kommunikationswissenschaften*. Bielefeld: transcript

Loist, Skadi (2015): *Queer Film Culture: Performative Aspects of LGBT/Q Film Festivals*. Diss., Universität Hamburg. Online unter: http://ediss.sub.uni-hamburg.de/volltexte/2015/7333/pdf/Dissertation.pdf (zuletzt abgerufen 25.02.2021)

Losier, Marie (2011). The Ballad of Genesis and Lady Jaye. In: *Berlinale Forum Programmheft* 2011. Online unter: https://www.berlinale.de/external/programme/archive/pdf/20110991.pdf (zuletzt abgerufen 03.02.2021)

Love, Heather (2009): *Feeling Backward: Loss and the Politics of Queer History*. Cambridge, Mass.: Harvard University Press

Luciano, Dana (2007a): Coming around again. The Queer Momentum of Far from Heaven. In: *GLQ: A Journal of Lesbian and Gay Studies* 13 (2), S. 249-272

Luciano, Dana (2007b): *Arranging Grief. Sacred Time and the Body in Nineteenth-Century America*. New York, London: New York University Press

McCallum, Ellen L./Tuhkanen, Mikko (Hg*innen) (2011): *Queer Times, Queer Becomings*. Albany: State University of New York Press

Mulvey, Laura (2006): *Death 24x a second. Stillness and the moving image*. London: Reaktion Books

Mulvey, Laura (2016 [1975]): Visuelle Lust und Narratives Kino. In: Peters, Kathrin/Seier Andrea (Hg*innen): *Gender & Medien Reader*. Zürich, Berlin: Diaphanes, S. 45-60

Muñoz, José Esteban (2009): *Cruising utopia. The Then and There of Queer Futurity*. New York: New York University Press

Nichols, Bill (2001): *Introduction to Documentary*. Bloomington: Indiana University Press

Olson, Jenni (Hg*in) (1996): *The Ultimate Guide to Lesbian & Gay film and video*. New York: Serpent's Tail

Paul, Barbara/Tietz, Lüder (Hg*innen) (2016): *Queer as ... – Kritische Heteronormativitätsforschung aus interdisziplinärer Perspektive*. Bielefeld: transcript

Paul, Barbara/Hoenes, Josch et al. (Hg*innen) (2018): *Perverse Assemblages. Queering Heteronormativity Inter/Medially*. Berlin: Revolver Publishing

Peters, Kathrin/Seier, Andrea (Hg*innen) (2016): *Gender & Medien-Reader*. Zürich, Berlin: Diaphanes

Peters, Kathrin/Trinkaus, Stephan (Hg*innen) (2017): *Psychische Apparate* (Zeitschrift für Medienwissenschaft Nr. 17). Bielefeld: transcript

Phillips, John (2006): *Transgender on Screen*. Basingstoke, New York: Palgrave Macmillan

Preciado, Beatriz (2013): *Testo Junkie. Sex, Drugs and Biopolitics in the Pharmacopornographic Era*. New York: The Feminist Press at CUNY

Puar, Jasbir K. (2007): *Terrorist assemblages. Homonationalism in queer times*. Durham: Duke University Press

Puar, Jasbir K. (2012): Coda: The Cost of Getting Better: Suicide, Sensation, Switchpoints. In: *GLQ: A Journal of Lesbian and Gay Studies* 18 (1), S. 149-158

Redden, Molly (2017): Edith Windsor, icon of gay rights movement, dies aged 88. In: *The Guardian Online*, 12. September 2017. Online unter: https://www.theguardian.com/us-news/2017/sep/12/edith-windsor-lgbt-rights-activist-dies-at-88 (zuletzt abgerufen am 28.02.2021)

Regener, Susanne/Köppert, Katrin (Hg*innen) (2003): *Privat/öffentlich. Mediale Selbstentwürfe von Homosexualität*. Wien: Turia + Kant

Reiche, Claudia (2014): *quite queer*. Bremen: Thealit Frauen.Kultur.Labor

Rich, B. Ruby (2004 [1992]): The New Queer Cinema. In: Benshoff, Harry/Griffin, Sean (Hg*innen): *Queer Cinema. The Film Reader*. London, New York: Routledge, S. 53-60

Rich, B. Ruby (2014): Queeres Kino: Einsam durch Netflix? In: *Spiegel Online*, 15 Oktober 2014. Online unter: www.spiegel.de/kultur/kino/b-ruby-rich-ueber-25-jahre-new-queer-cinema-lesbisch-schwule-filmtage-a-996488.html (zuletzt abgerufen am 28.02.2021)

Rosenberg, Jordana/Villarejo, Amy (2012): Queerness, Norms, Utopia. In: *GLQ: A Journal of Lesbian and Gay Studies* 18 (1), S. 1-18

Russel, Catherine (1999): *Experimental Ethnography. The work of film in the age of video*. Durham, London: Duke University Press

Russo, Vito (1987 [1981]): The Celluloid Closet. New York: Harper & Row

Scheugl, Hans/Schmidt, Ernst (1974): *Eine Subgeschichte des Films. Lexikon des Avantgarde-, Experimental- und Undergroundfilms*. Frankfurt a.M.: Suhrkamp

Schlüpmann, Heide (1982): Kinosucht. In: Gramann, Karola (Hg*in): *Die erotische Projektion* (Frauen und Film, Band 33). Berlin: Rotbuch Verlag, S. 45-50

Schlüpmann, Heide (1984): Die Emanzipation des Films. Zu Germaine Dulacs und Maya Derens Theorien der Avantgarde. In: Gramann, Carola et al.

(Hg*innen): *Avantgarde und Experiment* (Frauen und Film, Band 37). Frankfurt a.M.: Stroemfeld/Roter Stern, S. 38-51

Schlüpmann, Heide (2004): Filmwissenschaft als Kinowissenschaft. In: *Nach dem Film* Nr. 5. Online unter: https://www.nachdemfilm.de/issues/text/filmwissenschaft-als-kinowissenschaft (zuletzt abgerufen 25.02.2021)

Sedgwick, Eve K. (2003): Epistemologie des Verstecks. In: Kraß, Andreas (Hg.): *Queer denken. Gegen die Ordnung der Sexualität*. Frankfurt a.M.: Suhrkamp, S. 113-143

Seier, Andrea/Warth Eva (2005): Perspektivverschiebungen: Zur Geschlechterdifferenz in Film- und Medienwissenschaft. In: Bußmann, Hadumod/Hof, Renate (Hg*innen): *Genus. Geschlechterforschung/Gender Studies in den Kultur- und Sozialwissenschaften*. Stuttgart: Alfred Körner, S. 81-108

Seier, Andrea (2007): *Remediatisierung. Die Performative Konstitution von Gender und Medien*. Münster: LIT Verlag

Siegel, Marc: Spilling Out on Castro Street. In: *Jump Cut* Nr. 41. Online unter: www.ejumpcut.org/archive/onlinessays/JC41folder/OnCastroStreet.html(zuletzt abgerufen 25.02.2021)

Slotnik, David E. (2007): Edith Windsor, whose same-sex Marriage fight led to Landmark Ruling, dies at 88. In: *The New York Times Online*, 12. September 2017. Online unter: https://www.nytimes.com/2017/09/12/us/edith-windsor-dead-same-sex-marriage-doma.html (zuletzt abgerufen am 28.02.2021).

Spielmann, Yvonne (1993): Zeit, Bewegung, Raum. Bildintervall und visueller Cluster. In: *Montage/AV* 2 (2), S. 49-68

Stacey, Jackie/Street, Sarah (Hg*innen) (2007): *Queer screen. A Screen reader*. London, New York: Routledge

Stockton, Kathryn Bond (2009): *The Queer Child, or Growing Sideways in the Twentieth Century*. Durham: Duke University Press

Tedjasukmana, Christian (2008): Queer Life in Dark Rooms – Aids, Melancholie und die Öffentliche Intimität des Kinos. In: Kern, Doris/Nessel Sabine (Hg*innen): *Unerhörte Erfahrung. Texte zum Kino. Festschrift für Heide Schlüpmann zum Geburtstag*. Frankfurt a.M.: Stroemfeld, S. 431-481

Tedjasukmana, Chris (2014): *Mechanische Verlebendigung. Ästhetische Erfahrung im Kino*. München: Fink

Thompson, Kristin (2003 [1988]): Neoformalistische Filmanalyse. Ein Ansatz, viele Methoden. In: Albersmeier, Franz-Josef (Hg): *Texte zur Theorie des Films*. Stuttgart: Reclam, S. 427-464

Vertov, Dziga (2003 [1922]): Wir. Variante eines Manifestes. In: Albersmeier, Franz-Josef (Hg.): *Texte zur Theorie des Films*. Stuttgart: Reclam, S. 31-35

Warner, Michael (1993): *Fear of a Queer Planet. Queer Politics and Social Theory*. Minneapolis: University of Minnesota Press

Warner, Michael (1999): *The Trouble with Normal. Sex, Politics, and the Ethics of Queer Life*. New York: Free Press

Warth, Eva (1992): »A Woman who I'm very much like and not like at all«: Zur Darstellung des Mutter/Tochter-Konflikts in Michelle Citrons Daughter Rite (1978). In: Brauerhoch, Annette et al. (Hg*innen): *Dokumentarfilm, USA* (Frauen und Film, Band 52). Frankfurt a.M.: Stroemfeld/Roter Stern, S. 64-72

Windsor v US (2010): Complaint. US District Court Southern District of New York, 09. November 2010. Scan der Originalklageschrift, *American Civil Liberties Union*. Online unter: https://www.aclu.org/files/assets/2010-11-9-WindsorvUS-Complaint.pdf (zuletzt abgerufen am 10.03.2021)

Williams, Linda (1991): Filmkörper – Geschlecht und Genre. In: Lischka, G. J./Weibel, Peter (Hg.): *Feminismus und Medien*. Bern: Benteli, S. 249-278

Zutavern, Julia (2015): *Politik des Bewegungsfilms*. Marburg: Schüren

O.V. (2017): Homoehe Aktivistin Edith Windsor gestorben. In: *FAZ Online*, 13. September 2017. Online unter: www.faz.net/aktuell/gesellschaft/homoehe-aktivistin-edith-windsor-in-amerika-gestorben-15196226.html (zuletzt abgerufen am 28.02.2021)

Filmografie

Anthem (USA 1991, R.: Marlon Riggs)

Basic Instinct (USA 1992, R.: Paul Verhoeven)

Black Star: Autobiography of a Close Friend (USA 1977, R.: Tom Joslin)

Boys don´t cry (USA 1999, R.: Kimberly Peirce)

The Brandon Teena Story (USA 1998, R.: Susan Muska/Gréta Ólafsdóttir)

By Hook or by Crook (USA 2001, R.: Harry Dodge/Silas Howard)

The Celluloid Closet (USA 1995, R.: Rob Ebstein/Jeffrey Friedman)

Children of Men (USA 2006, R.: Alfonso Cuarón)

The Childrens Hour (USA 1961, R.: William Wyler)

Coal Miner‘s Daughter (USA 1980, R.: Michael Apted)

Coleminers Granddaughter (USA 1991, R.: Cecilia Dougherty)

Dear Gabe (USA 2003, R.: Alexandra Juhasz)
Desert Hearts (USA 1985, R.: Donna Deitch)
Edie and Thea: A Very Long Engagement (USA 2009, R.: Susan Muska/Gréta Ólafsdóttir)
Fabulous! The Story of Queer Cinema (USA 2006, R.: Lisa Ades/Lesli Klainberg)
Far from Heaven (USA 2002, R.: Todd Haynes)
Fast Trip, Long Drop (USA 1993, R.: Gregg Bordowitz)
The Female Closet (USA 1998, R.: Barbara Hammer)
Generations (USA 2010, R.: Joey Carducci/Barbara Hammer)
Go Fish (USA 1994, R.: Rose Troche)
Havarie (D 2016, R.: Philip Scheffner)
Hide and Seek (USA 1996, R.: Su Friedrich)
K.I.P. (USA 2002, R.: Nguyen Tan Hoang)
Lover Other (USA 2006, R.: Barbara Hammer)
Multiple Orgasms (USA 1976, R.: Barbara Hammer)
The Owls (USA 2010, R.: Cheryl Dunye/Parliament Collective)
Safe (USA 1995, R.: Todd Haynes)
Das Schweigen der Lämmer (USA 1991, R.: Jonathan Demme)
She must be Seeing Things (USA 1987, R.: Sheila McLaughlin)
Silverlake Life: The View from here (USA 1993, R.: Tom Joslin/Peter Friedman)
Superdyke (USA 1976, R.: Barbara Hammer)
Tick Tock Lullaby (USA 2007, R.: Lisa Gornick)
Tongues Untied (USA 1991, R.: Marlon Riggs)
Tribe 8: Femme Bitch Top (USA 1996, R.: Amy Yunis/Romy Suskin)
Velvet Goldmine (USA 1998, R.: Todd Haynes)
Video Remains (USA 2005, R.: Alexandra Juhasz)
The Watermelon Woman (USA 1996, R.: Cheryl Dunye)
Women I Love (USA 1976, R.: Barbara Hammer)
Word is Out (USA 1977, R.: Mariposa Film Group)

Dank

An dieser Stelle noch ein Ende voller Dankbarkeit für all diejenigen, die dieses Zeitprojekt in vielen Phasen begleitet und unterstützt haben, durch Wiederholungen und Pausen, in Zukünften und Vergangenheiten, mit Zuversicht auf einen Schluss mit mir vor- und zurückgespult haben.

Das hier vorliegende Buch ist eine unwesentlich überarbeitete Version meiner Dissertationsschrift, die ich 2018 am Institut für Medienwissenschaft der Ruhr-Universität Bochum eingereicht habe.

Eva Warth und Barbara Paul gilt als Betreuerinnen meiner Arbeit mein großer Dank für die kontinuierliche, positive Unterstützung, für ihre Offenheit und die produktive Diskussion meiner Arbeit. Eva Warth danke ich darüber hinaus für die Ermutigung zu einem Forschungsaufenthalt in Los Angeles und für unglaublich hilfreiche Strukturen in entscheidenden Momenten. Barbara Paul danke ich außerdem für die Möglichkeit, Teil eines queeren Kollegs, eines Wunscharbeitszusammenhangs, sein zu dürfen.

Ich hatte das Glück, die Arbeit in gleich vier Kolloquien, in Bochum, Oldenburg und Bremen diskutieren und vorstellen zu können. In den Gesprächen dort habe ich immer wieder viele gute Rückmeldungen und Anregungen bekommen und großartige Kolleg*innen und ihre Arbeiten kennenlernen dürfen, unter ihnen stellvertretend: Jasmin Degeling, Alice Detjen, Maja Figge, Julia Figdor, Julia Eckel, Kat Lawinia Gorska, Katrin Hamid, Philipp Hanke, Johanna Hartmann, Josch Hoenes, Sarah Horn, Sonja Kirschall, Oliver Klaassen, Andrea von Kameke, Katja Molis, Julia Noah Munier, Maryam Schnepper, Mary Shnayien, Véronique Sina, Christian Steven, Hanna Surma und Peter Vignold. Dies waren Kontexte, die ich gerne auf Dauer gestellt hätte. Hier danke ich auch den anderen ausrichtenden Professorinnen Astrid Deuber-Mankowsky, Silke Wenk und Irene Nierhaus, Andrea Sick und Melanie Unseld für ihre Fragen, Hinweise und Diskussionen.

Michael Andreas', Atlanta Ina Beyers, Hilde Hoffmanns, Anja Michaelsens und Rena Onats genauen Lektüren, Anmerkungen, Vorschlägen und Fragen zu letzten und dann auch allerletzten Fassungen der Arbeit waren für die Fertigstellung entscheidend. Ihnen danke ich vor allem für die intensive Auseinandersetzung und ihre Zeit, aber auch für die Begleitung, für's Mut machen, für den Austausch in Telefon- und Küchengesprächen. Das genaue und klare Lektorat durch Ulf Heidel war für meine Arbeit eine große Hilfe.

Jennifer Peters danke ich für ihre große Freiheit und Phantasie im Denken, Sein und Sagen während der ganzen Zeit und für das gemeinsame Projekt, die Zeit anzuhalten.

Meiner Familie und ganz besonders Karin Frankenberg und Eva Ratzke bin ich dankbar für den durchgehenden Glauben daran, dass ich es schaffen werden würde, für's Daumen drücken und die Unterstützung.

Danke Henriette Gunkel für die Zeit und die Diskussion queerer Zukünfte.

Danke an Ulrike Bergermann, Ebrima Bojang, Marco Bonk, Carola Hannusch, Stefanie Görtz, Stefanie Götz-Mangen, Sarah Grahl, Nanna Heidenreich, Skadi Loist, Martin Müller, Herbert Nolte, Saskia Oidtmann, Gudrun Peters, Betty Schiel, Ute Schulze-Eyßing, Helge Schwache, Nina Selig, Sandra Wellemeyer und an Regina Wolf.

Danke an Joey Carducci dafür, in New York noch einmal den Projektor für GENERATIONS anzuwerfen und für das tolle Motiv des Covers dieses Buches.

Dem Internationalen Frauen* Film Fest Dortmund+Köln danke ich für das Glück, ein queeres Filmprogramm verantworten zu dürfen. Und allen Filmemacher*innen, deren Filme mich in den Jahren begleitet haben, danke ich für die Möglichkeiten einer je anderen Zeit im Raum des Kinos.

Während der Arbeit an diesem Buch sind Barbara Hammer (2019) und Edie Windsor (2017), die mich in ihren Filmen und im Nachdenken sehr viel begleitet haben, gestorben. Ihnen hätte ich gerne von der Arbeit erzählt und meiner Omi Eva Ratzke, Hans-Joachim Kickartz, Josch Hoenes und Birgit Grzempowski hätte ich das Buch sehr gerne in die Hand gegeben.